KB272845

출판에 대하여

출판에 대하여

출판에 대하여

한국 출판정책의 역사와 미래

김동혁 김정명 박찬수
배진석 최성구 지음

"이 책은 출판의 과거를 통해
미래를 읽는 지도가 될 것이다."

　농경사회가 산업사회, 정보화 사회, 메타데이터 사회, AI 사회가 되면서 시대는 하루가 다르게 기술과 구조가 변화하고 있다. 소위 소셜미디어에 의한 정보기기의 첨단화 사회가 되면서부터는 모든 지식과 정보와 의식이 공개되는 사회가 되었다. 내 것이라는 개념에서 너와 나 모두의 것으로 공유화 개념으로 되면서 잘잘못에 대해 바로 평이 오가는 것이 그 분야 발전의 기틀이 되었다.

　출판은 '개인을 위해, 사회와 국가를 위해, 인류를 위해 돕는 일'을 한다. 여기서 돕는 일이란 개인의 지적, 정보적, 의식적 발전을 위한 것이고, 사회공동체인 국가 복지와 이익을 위하는 것을 넘어 인류문화의 발전을 위하는 것이다. 이런 가정 설정은 개인의 인간관계를 원만하게 하기 위함이고, 그것은 더 나아가 사회생활의 의사결정과 여론형성을 원만하게 하기 위함이며, 인류가 평화롭게 살면서 지구촌을 이루어가기 위함이다.

　그러기 위해서 출판의 역할은 다음과 같아야 한다.

　출판은 다수 국민을 대변하는 '국민의 입'이 되어야 한다. 이런 인식은 출판이 개인소유의 사기업이면서 공기업적 성격을 지닌 공공재임을 다짐하는 것이다. 이 공공재적 성격으로 공공사항에 대해 다수 국민의 이익을 대변하는 구실을 하고 있다. 그러기 때문에 출판물에는 다양한 독자의 목소리가 들어 있다. 그래서 독자의 이해능력과 지적 수준에 따라 문화의 여러 계층에 걸맞는 희망과 요구가 표출되게 한다.

출판은 '리더의 귀'와 같아야 한다. 왜냐하면 출판은 여론형성 매체이기 때문이다. 리더는 자기에게 들려오는 온갖 여론을 수렴하여 의사결정에 반영하고 있다. 따라서 출판 역시 저자의 메시지를 매체라는 그릇에 담아 전달하고 있는 것이다. 출판인도 저자와 마찬가지로 자기 귀에 들려오는 여론을 수용하여 출판물을 기획하는 등 독자의 기대에 찬 대안을 만드는 것이다.

출판은 다양한 사상과 생각을 담는 그릇이 되어야 한다. 출판은 독자들의 다양한 여론을 들어 시대변화, 역사의 흐름을 따라 매체화한 저술 활동이기 때문에 출판물에는 시대상이 들어 있고, 그것을 통해 문화를 창조·전승·보존해 가고 있다. 출판이 새 시대를 연다는 말도 이런 문화 추진력이라는 맥락에서 생각해야 한다. 문화 추진력은 매체생산의 자유에 해당하는 학문과 예술의 자유, 언론·출판의 자유, 사상표현의 자유라고 하는 넓은 범위의 저술여건 속에서 형성되게 된다. 특히 개화기 이래, 일제강점기에는 일본의 민족문화 말살 기도에 의해, 또 미군정기에는 이데올로기에 의해, 또 1948년 8월 15일 해방 이후에 와서는 국토분단과 통일이념에 의해, 사상수용과 그 표현, 확산에 제동이 걸려 있었고, 1980년 군사정권의 감시와 검열, 2018년 블랙리스트 사건 등 일부 정권들이 권력유지 차원에서 저술여건을 풀어주지 않았다.

우리는 역사적으로 일제강점기 36년, 미군정기 3년, 정부수립 후 45년간을 이데올로기에 의한 국토 양단의 그늘에 가려 있었다. 그럼에도 출판이 개화기 이래 100년이 훨씬 넘어서는 동안 신문·잡지·도서의 형태별 양산이 이루어진 것은 괄목할만하다. 출판매체 개발 측면으로 보아도, 개화기의 엘리트 단계에서 미군정기의 대중화 단계로 진입했다. 1980년대의 단행본 출판 전문화 단계로 이어지면서 형태별 도서의 눈부신 성장을 가져왔다. 이 시기는 대하소설[1]의 시대였고, '이념도서 40년 만의 해금' 방침을 강조하며 《칼 마르크스, 그의 생애와 시대》에 납본필증을 내줬고, 반면《타는 목마름으로》에 판매금지 처분을 내리기도 했다. 1985년에는 도서 306종을 불온·불법 출판물로 규정하고 단속해 '금서파동'이 생겼으며 당시 수많은 출판사에 사전검열, 간행물 내용 수정 요구, 세무사찰, 압수수색, 불법연행, 장기구금, 구류, 구속, 출판등록취소, 신규출판등록 규제 등 탄압이 있었다.

1990년대는 국제표준도서번호ISBN, 판매시점관리POS 프로그램이 도입되었다. 출판시장이 가장 활발하게 움직이는 시기였다고 해도 과언이 아닐 정도였지만 1998년 IMF 사태로 매출 순위 1, 2위를 기록했던 서적도매상을 비롯해 수많은 도·소매서점이 연쇄 도산하는 위기를 맞게 되었다.

2000년대는 MBC의 〈느낌표〉 '책, 책, 책, 책을 읽읍시다!' 프로그램을 통해 매월 1~2종의 도서를 선정·발표해 모두 25종의 책이 수십만 부 이상 판매가 되었고, 판매수익금으로 '기적의 도서관' 건립 및 불우이웃돕기와 독서진흥기금으로 활용했다. 2003년 2월 27일 시행된 〈출판 및 인쇄진흥법〉으로 온라인서점은 정가의 10% 할인판매를 할 수 있었으나, 오프라인서점은 정가판매를 해야 했다.

---

1   《장길산》(황석영),《태백산맥》(조정래),《객주》(김주영),《지리산》(이병주),《임꺽정》(홍명희),《토지》(박경리) 등.

                                                                    출판에 대하여

당시 30%에 이르는 할인판매에서 15%(직접할인 10%, 간접할인 5%)로 제한되자 온라인서점의 매출이 급감했다. 그러나 마일리지와 경품 등으로 혼란의 양상은 더욱 심해졌다.

2010년대는 한국출판문화산업진흥원이 개정된 〈출판문화산업진흥법〉에 의해 2012년 7월에 출범하였다. 2003년 2월 〈출판 및 인쇄진흥법〉 제16조로 간행물윤리위원회 설치 근거가 이관되었고, 2008년 1월 20일에 〈출판문화산업진흥법〉으로 법명이 개정되었다. 2015년 7월 서울에서 전북혁신도시로 이전(전북개발공사 청사 일부를 임대)했으며, 〈출판문화산업진흥법 시행령〉에 따라 정부의 5개년 계획을 한국출판문화산업진흥원에서 수행하고 있다. 박근혜 정부(2013~2017)의 '문화계 블랙리스트' 사태 때 출판 분야 블랙리스트 행위로 세종도서 선정 사업에서 2014년 9종, 2015년 13종이 배제되었다. 또한 세종도서 사업뿐만 아니라 '찾아가는 도서전', '초록·샘플 번역 지원 사업' 등에서도 블랙리스트를 적용했다. 2021년 창비 등 11개 출판사가 국가배상 소송에서 문학동네를 제외한 10개 출판사에 손해배상하라고 원고 일부승소 판결이 있었다.

출판문화의 순환은 저술·연구 활동의 축척이 있는 후 그것이 출판인의 눈에 뜨이고, 그 메시지가 채택되어 편집자의 재창조 작업이 이루어져서 비로소 문화에 이른다. 이런 단순한 이치가 통용되지 않는 상태가 이를테면 정체이다. 지배민족 정책, 이데올로기 지배, 문화종속 현상 등은 비민주적인 부당한 정권 하에서 이루어진다. 정치, 경제, 사회, 문화, 교육 등 여러 분야에서 그 흐름이 정상화되지 않고 악순환이 거듭될 때 출판은 그 정치, 경제, 사회, 문화, 교육을 그대로 반영하게 된다. 이러한 이유로 출판은 흔히 '시대의

거울'로 불린다.

1장은 한국 출판정책 기능이 산업적인 측면과 문화적인 측면에서 긴장감이 지속되어온 시대를 이해하고자 했다. 출판사出版史 시대구분은 전영표, 김희락, 안춘근, 고덕환, 부길만, 변영희, 이두영 등 선생님들의 노력을 이해하고자 했다. 시대별 출판정책은 개화기 출판정책에서부터 제6공화국의 출판정책을 살펴보며, 시대적으로 이슈가 되었던 내용을 중심으로 정리하였다.

2장은 출판문화산업 진흥계획을 중심으로 살펴보았다. 문화가 국가의 주요 산업이 된 시점이 1990년부터라고 하는데, 이는 세계무역과 시장화 및 민주화가 되면서 산업의 변화가 이루어졌다. 2003년부터 시작된 5개년 계획은 시대상황을 반영하려고 했으나 정책방향과 실행방향은 다른 결과를 만들어 내고 있음을 알 수 있다.

3장은 출판문화산업 진흥발전계획 변천사 및 제1차 출판·인쇄문화산업 진흥발전계획(2003~2007년)부터 제5차 출판문화산업 진흥계획(2022~2026년)의 비전, 목표, 계획분석, 평가 등을 다루었다.

4장은 한국 출판산업 정책 세분화를 통해 출판법과 제도, 한국출판문화산업진흥원과 출판정책, 출판 전문인력 양성 및 연구 정책, 서점 정책, 출판유통 정책, 지역출판 정책, 디지털콘텐츠(전자책, 오디오북, 웹소설 등) 정책, 출판수출 정책, 저자와 저작권 정책을 살펴보고, 마지막으로 독서 정책에 대해 다루었다. 출판산업의 기반이 되는 산업 중심의 정책들을 분석하고 이해하려고 했다. 아쉬운 점은 출판사, 독자 등에 관한 심도있는 내용은 다루지 못했다. 출판사 지원은 꾸준히 있어 왔고, 다양한 형태로 지원이 되었다. 그러나 이러한 지원에 비해 정책 효과를 객관적으로 평가할 수 있는 결과

지표는 충분히 마련되지 못했으며, 성과측정조차 진행되지 않고 있다. 또 다른 측면에서 독자와 저자에 관한 정책은 체계적으로 설계되거나 고민의 흔적이 보이지 않고 있기도 하다.

이 책은 출판정책의 정체성과 방향성에 대해 필자들의 짧은 경험과 학문적 성과를 담고자 했다. 비록 각자의 전문 분야는 다르지만, 타 정책에 대해서도 일정한 이해를 바탕으로 서로 보완하며 정리했다. 그럼에도 불구하고 이 책의 내용 중 오류가 있다면 그것은 전적으로 저자들의 책임이다. 인용 표기에 성실히 임했으나, 누락된 부분이 있을 수 있다. 이 점에 대해 미리 양해를 구한다. 무엇보다 앞선 선배 연구자들의 축적된 자료가 없었다면 이 작업은 불가능했을 것이다. 책 생태계 관계자 모두에게 감사의 마음을 전한다. 그리고 이 책의 내용은 앞으로도 꾸준히 보완해 나갈 것이다.

2026년 2월

김동혁, 김정명, 박찬수, 배진석, 최성구

<<한국 출판정책 연표>>

개화기
1883년 박문국 설치 — 1884년 한성순보 창간 — 1884년 갑신정변

일제강점기
1909년 출판법 제정 — 1925년 치안유지법 — 1938년 조선어 과목 폐지

미군정기
1945년 출판등록제 실시

제1, 2공화국
헌법에 출판의 자유 보장 — 공보처가 출판행정 담당 — 1952년 대한출판문화협회 설립

제3, 4공화국
1961년 출판사 및 인쇄소 등록에 관한 법률 제정 — 1963년 도서관법 제정 — 1969년 한국도서출판 윤리위원회 발족

제5공화국
1980년 공정거래법 시행: 도서를 정가 판매 허용 상품으로 지정 — 1980년 교보문고 개점 — 1981년 언론기본법 제정 — 1985년 금서파동

제6공화국
1989년 문화공보부 해체, 문화부와 공보처 분리 — 1990년대 국제표준도서번호 ISBN 도입 판매시점관리 POS 프로그램 도입 — 1990년대 바로북, 예인정보, 북토피아 등 전자책 전문기업 등장 — 1991년 동아출판사 (발행자 번호 00)를 시작으로 ISBN 발급 시작

2000년대
2003년 출판 및 인쇄진흥법 — 2006년 독서문화진흥법 제정 — 2007년 아마존 킨들과 애플 아이패드 (2010년) 등장 — 제1차 출판·인쇄문화 산업 진흥계획 (2003~2007년)

2010년대
2012년 출판문화산업 진흥법으로 법명 개정 — 2012년 한국출판문화 산업진흥원 설립 — 2013년 한국지역 출판연대 결성 — 2014년 9종, 2015년 13종 선정 배제 (블랙리스트 사건) −2021년 10개 출판사 승소 — 2014년 개정된 도서정가제 시행

2020년대
2021년 출판유통통합전산망 운영
2021년 출판 분야 표준계약서 10종 제·개정 — 제5차 출판문화산업 진흥계획(2022~2026년)

민간출판사 광인사, 신문관 등장

1954년 한국 최조 국제도서전 참가, 미국 워싱턴 세계아동도서전시회저작권법 제정·공포 — 1958년 저작권법 제정·공포

1969년 (사)한국출판금고 설립 (현, 한국출판문화진흥재단) — 1972년 유신헌법 — 1972년 문화예술진흥법 제정

1980년 정기간행물 172종 등록 취소 — 1987년 출판생활화조치로 431종 판매금지도서 허용 — 1987년 국제저작권협회 가입 — 1989년 (사)한국간행물 윤리위원회 재발족

1993년 도서관 및 독서진흥법 국회통과 — 1994년 어문출판국 폐지, 출판진흥과 변경 — 1994년 출판사 및 인쇄소 등록에서 허가제에서 신고제로 개선 — 1998년 예스24, 알라딘 개점

2001년 한국문학번역원 출범 — 2005년 독일 프랑크푸르트도서전 주빈국 참가 — 제2차 출판·인쇄 문화진흥 발전계획 (2007~2011년) — 2007년 출판유통심의 위원회 구성

2014년 지역문화 진흥법 제정 — 2015년 지역서점 인증제 도입 — 2016년 지역서점 활성화 조례 제정 및 시행 — 2017년 출판인쇄 독서진흥과 — 제3차 출판문화산업 진흥계획 (2012~2016년) — 제4차 출판문화산업 진흥계획 (2017~2021년)

2024년 한강 작가 노벨문학상 수상 — 2026년 웹툰, 웹소설 콘텐츠표준식별체계 UCI 발급 — 2026년 AI 기본법 시행(1.22)

차 례

3장 출판문화산업 진흥발전계획

4장 한국 출판산업의 정책 분석

[1장]

한국 출판정책의 변천

1   출판정책의 기능

출판정책은 정부기관이 공식적으로 결정한 정책의 기본방침을 바람직한 사회·문화·정치적 형태로 달성하기 위해 정책목표와 필요한 정책수단이 수립되었을 때, 국민들의 올바른 가치관 형성에 영향을 미치며, 사회·문화·정치적 상황과 밀접한 관계에서 이루어지는 바람직한 출판문화가 국가발전에 기여할 수 있도록 출판활동과 관련된 중장기적, 인적, 재정, 법률적, 제도적 목표들을 달성하기 위한 수단으로 정의할 수 있다.[2]

한편 국가의 출판정책은 현실적으로 사용 가능한 수단을 통해 행사하게 되는데,[3] 첫째, 출판정책은 일반적인 문화정책이나 산업정책의 차원을 넘어 공공정책으로서의 성격이 매우 강한 특성이 있다. 출판정책의 궁극적 목표는 문화와 산업이 보유하고 있는 문화적 자본을 재평가하고 그러한 문화적 자원의 창조와 소비환경을 정비하는 것이다. 출판문화의 생산자와 소비자는 읽고 쓸 수 있는 능력Literacy과 독서습관에 대한 교육을 전제한다는 점에서 출판정책의 공공정책적 성격이 선명하다. 출판정책의 지고한 가치는 국민의 기본권으로서 '읽을 권리', '알 권리'와 '출판의 자유'를 보장하고 신장시키는 역할을 한다는 점에서도 공공정책적 의의가 크다.

둘째, 출판활동의 진작은 학술연구 및 문화·예술 활동을 진작시

---

2   윤세민, 〈한국 출판산업 진흥을 위한 출판정책 연구〉, 「출판학연구」 제40호, 한국출판학회, 1998, 87~88쪽.

3   이두영, 〈출판정책의 이념과 출판산업 비전〉, 「한국출판학연구」 제46호, 한국출판학회, 2004, 134~138쪽.

키고 문화의 시장경제활성화를 촉진하는 소비와 수요 창출을 통해 경제시스템을 활용한다는 점이다.

셋째, 문화적 산물Cultural goods이자 경제적 상품이라는 책의 이중성은 출판부문의 기술적·경제적 특징만큼 교육, 과학, 문화와 정보의 통로로서, 그 중요성을 고려한 통합적 접근이 중요하다.

마지막으로 도서의 생산과 분배행위는 산업을 형성하지만 출판산업은 단순한 산업이 아니다. 도서가 정신적 힘을 가지고 있고 중요한 문화적·교육적 역할을 담당하고 있다는 사실은, 출판을 발전시키는 계획의 가치기준을 문화나 경제적 기준 가운데 어느 하나에만 묶어둘 수 없다는 점을 명확히 해 주고 있다. 계량화하기 힘든 추상적 문화가치 요소들은 출판정책의 성격을 더욱 복합적인 것으로 만들고 있다.[4]

가르종Álvaro Garzón[5]은 "한 나라의 출판정책의 주요 목적은 책에 대한 접근이 모두에게 더욱 쉽고 원활하게 이루어지도록 하는 것을 확실하게 하는 것"이라고 전제하면서, "이것을 달성하기 위해서는 독자와 저자를 연결하는 문화적·산업적·상업적 관계들의 복합적인 상호관계와 함께 국가의 교육적·문화적 정책들과 출판부문의 산업적 발전 사이의 정교한 균형을 고려하여야 하므로, 출판생태계에 연결된 고리들 각각의 특정한 목적들 간의 상관관계를 조정해야 할 필요가 있음"을 강조하고 있다.

우리나라의 출판정책은 산업적인 측면에서 육성과 문화적인 측면에서 지원이 미비했다. 해방 이후 출판정책은 통제와 탄압이 심했고, 육성과 지원은 형식적인 수준에 그쳤다. 1990년 이후 한국의 출판산업은 대내외적으로 급격한 변화를 맞이했고, 출판환경의 변화와 출판정책의 변화도 요구받았다. 이를테면 ISBN 도입, 베른 협약 저작권 가입, 출판유통시장 개방, 편집기술 도입 등이다.

출판정책은 문화정책의 하위개념으로 정치·경제·사회·문화체제의 틀 안에서 그 성격이 규정되기 때문에 정부의 통치이념이나 성격과도 밀접한 관계를 갖는다. 실질적인 출판정책은 문화체육관광부 내 일정 부서에서 행해진다. 해당 부서의 위치와 역할 등을 규명하는 것이 출판정책의 성격을 규정하는데 중요하다.

정부가 출판정책을 수립하고 집행하는 과정에서 수행하는 역할은 규제기능, 조성기능, 조정기능, 참여기능 등으로 구분할 수 있다.[6]

첫째, 규제기능restictive function은 어떤 종류의 커뮤니케이션 내용을 국민으로부터 멀리하도록 규제·금지시키는 것으로 통제방법과 내용은 정권의 성격에 따라 달랐지만, 어느 시대 어느 정권에서든 취하는 기능이다.

둘째, 조성기능faciliating function은 출판정책에서 가장 요구되는 기능으로 출판매체가 국가발전을 위해 기여할 수 있도록 보조 지원하는 기능이다. 정부는 지원하되 간섭해서는 안 된다.

셋째, 조정기능regulating function은 산업의 발달과 매체경쟁의 변화에 따라 서로 이해관계가 많아지기 때문에 발생하는 기능이다. 전자출판물 시대가 도래하면서 강화된 기능이다.

넷째, 참여기능participating function은 정부가 직접 매체를 소유하

---

4   부길만,《한국 출판의 흐름과 과제》, 한국학술정보, 2007, 240쪽.

5   Álvaro Garzón,《National Book Policy: A Guide for Users in the Field》, UNESCO Publishing, 1997, p.88.

6   윌버 슈람, 김규환 옮김,《매스커뮤니케이션》, 서울대출판부, 1970, 127~135쪽.

여 국민과 커뮤니케이션하는 것으로 정부 관련 보고서, 홍보물 등을 간행해서 활용하는 경우이다.

출판정책은 문화의 창달과 전수, 보전으로 이어지는 일련의 과정에서 지속적인 관심과 지원하는 정책이 되어야 한다. 그러나 정치적 측면에서 음란서적, 불법복제, 저작권위반, 과도한 상업출판의 병폐 등이 문제점으로 제기되고 있고, 경제적인 측면에서 열악한 산업구조의 한계점을 극복해야 하는 과제들이 산적해 있으며, 문화적 측면에서 정부와 민간영역의 차별화된 브랜딩은 없었다.

2   출판사出版史 시대구분

우리나라 출판사를 고찰함에 있어서 그 시대구분을 어떻게 하는가는 〈표 1-1〉과 같이 보는 이에 따라 견해가 다를 수 있음을 알 수 있다. 언론사 시대구분의 준거는 첫째, 시대정신이나 이념, 둘째, 기술(미디어), 셋째, 경제·산업, 넷째, 정치(이데올로기) 등이다. 이를 근거로 한국 출판사의 시대구분을 적용한다면 첫째, 시대정신이나 이념, 둘째, 정치(이데올로기) 등으로[7] 구분된다.

출판정책에 따른 시대구분의 공통점은 첫째, 1884년 갑신정변 이후를 근대출판으로 보고 있고, 둘째, 1945년 이후부터 현재에 이르는 시기 구분이 세분되어 있지 않다는 점이다. 이러한 원인은 한국 출판사의 시대구분에 여러 주장들이 있었으며, 연구자에 따라 규정을 달리하고 있음을 알 수 있다. 특징적인 요소를 살펴보면 사회적 변화에 따라 구분하고 있으며, 시대상황과 출판운동에 따라 출판사 시대구분을 달리하고 있다.

　　　　　　　　　　　　　　　　　　출판에 대하여

<표 1-1> 한국 출판사의 시대구분[8]

연구자	목차	참고자료
전영표	1. 나려(羅麗)시대(751~1392) 2. 조선시대(1393~1882) 3. 개화기(1883~1909) 4. 일제기(1910~1944) 5. 광복기(1945~1949) 6. 최근기(最近基)(1950~1980)	〈한국출판의 사적 연구– 개화기 및 일제기를 중심으로〉 중앙대 석사학위논문, 1981.
김희락	1. 고대출판(古代出版) 　　1기: 삼국시대~고려(1392) 　　2기: 조선 태조(1392)~선조(1576) 2. 중세출판 　　1기: 조선 선조~영조(1725) 　　2기: 영조~1884) 3. 근대출판 　　1기: 1884~을사조약(1905) 　　2기: 1905~3.1운동(1919) 4. 현대출판 　　1기: 1919~해방(1945) 　　2기: 1945~현대	〈한국출판의 시대구분론〉, 《언론연구논집》 제1집, 중앙대 신문방송대학원 언론연구소, 1983.
대한출판 문화협회	1. 고대로부터 한말까지 　　1) 삼국시대 　　2) 고려시대 　　3) 조선시대 2. 일정시대(日政時代) 　　1) 계몽 독립정신 앙양기(1910~1920) 　　2) 항일 애국운동 전개기(1921~1945) 3. 광복 이후 　　1) 계몽적 출판기(해방 직후~1950년대) 　　2) 교양적 출판기(1960년대) 　　3) 대중적 출판기(1970년대 전반기) 　　4) 의식적 출판기(1970년대 후반기) 　　5) 출판 역량의 다원화기(多元化基) 　　　 (1980년대)	대한출판문화협회 자료집 《한국출판문화 1,300년》, 1987.
안춘근	1. 전사시대(前史時代) 2. 중세 3. 근대 4. 현대 　　1) 개화사상 고취기(1883~1910) 　　2) 계몽 독립정신 앙양기(1910~1920) 　　3) 항일 애국운동 전개기(1920~1945) 　　4) 상업주의 출판기(1945~현재)	《한국출판문화사대요》, 청림출판, 1987.

7　방정배,《한국언론개혁론》, 나남, 1991, 173쪽.

8　백운관·부길만,《한국 출판문화 변천사》, 타래, 1992, 25~28쪽.

고덕환	1. 골품제 사회의 출판(삼국 통일신라시대) 2. 문벌 귀족사회의 출판(고려사회) 3. 양반 관료사회의 출판(조선시대 중기) 4. 개화세력(민중참여)사회의 출판 　　(조선말 대한제국) 5. 제국주의 지배사회의 출판(일제시대) 6. 국민주권 분화사회의 출판(해방 이후)	〈개화세력사회의 출판연구〉, 중앙대 신문방송대학원 석사학위논문, 1985.
최준	1. 제1기: 갑오경장 이후 한일합병 시기 2. 제2기: 합병 후 무단(武斷)정치시대 3. 제3기: 을미년 독립만세운동 후 소위 　　　　문화정치라는 민족회유시대 4. 제4기: 대한문화 말살시대 5. 8·15해방 이후	〈한제국시대의 출판연구– 출판문화와 한국 근대화에 관하여〉, 〈법정논총〉 제17집, 중앙대 법정대학 학생회, 1963.
김근수	1. 전근대 출판문화시대(1864~1883) 2. 근대적 출판문화시대(1883~1910) 　　1) 근대화의 초기 　　2) 근대화의 자주독립운동시대 3. 언론·출판탄압시대(1910~1945) 　　1) 출판물의 수난 　　2) 출판탄압의 완화 　　3) 친일적 출판의 강요	〈서울 600년〉 제3권: '출판', 서울특별시사 편찬위원회, 1979.
부길만	고려 시대 사찰판본 조선 전기 관판본 조선 전기 언해본 조선 후기 방각본 개화기 계몽도서 일제강점기 금서 1950년대 교과서 1960년대 전집 1970년대 문고본 1980년대 베스트셀러	《한국출판역사》, 커뮤니케이션북스, 2013.
이임자	1. 근대출판 여명기(1883~1910) 2. 계몽적 애국 출판기(1910~1945) 3. 출판 활성 준비기(1945~1961) 　　1) 1기: 해방 공간 및 미군정기 　　2) 2기: 제1, 2공화국 4. 통제 속 출판정착기(1962~1972) 5. 권위주의적 출판활성기(1973~1987) 　　1) 1기: 제4공화국 　　2) 2기: 제5공화국 6. 자본주의적 외형신장기(1988~1996)	《한국 출판과 베스트셀러》, 경인문화사, 1992.

변영희	1. 개화기의 출판정책(1883~1909) 2. 일제 식민지하의 출판정책(1910~1945) 3. 미군정기 출판문화 형성정책 　(1945.8.15.~1948.8.15.) 4. 공화국 시기의 출판정책(1945.8.15.~) 　1) 제1기: 제1, 2공화국의 출판정책 　　(1948.8.15.~1961.5.16.) 　2) 제2기: 제3, 4공화국의 출판정책 　　(1961.5.16.~1981.3.2.) 　3) 제3기: 제5공화국의 출판정책 　　(1981.3.3.~1988)	〈한국의 출판정책〉, 《출판학연구》, 1991.
이두영	1. 출판여명기, 왕조시대의 출판 2. 근대 출판의 태동(1883~1910) 3. 일제강점기의 출판과 국권회복운동 　(1910~1945) 4. 조국 건설과 궤를 같이한 출판 　(1945~1970) 5. 본격적인 상업출판 시대(1970~2000)	〈유형별로 본 우리 출판 100〉, 이중한·이두영·양문길·양평 《우리 출판 100》, 현암사, 2001.
이동성	1. 해방 이후의 출판문화 정책 2. 초기 군사정부의 출판문화 정책 3. 후기 군사정부의 출판문화 정책 4. 문민정부의 출판문화 정책	〈한국 출판정책〉, 중앙출판문화원 엮음, 《현대출판론》, 세계사, 1997.
부길만	제1기 14세기 후반 이전: 　한국 출판문화의 시작 제2기 14세기 후반~16세기: 　엘리트 지식인의 문화의식과 　금속활자의 활용을 통한 출판문화 제3기 17세기~1883년: 　평민의식의 고양과 독서문화의 확산 제4기 1883~1945년: 　국민 계몽 및 민족의식의 발현과 출판 　(1) 1883~1910: 국민 계몽 운동 및 　　근대적 출판의 등장 　(2) 1910~1945: 민족의식의 　　성장과 출판 제5기 1945~현재: 　민족의식의 성장과 출판산업의 확장 　(1) 1945년~1960년대: 　　해방 및 전쟁 후유증 극복 　(2) 1970년대~현재: 한글세대의 　　등장과 출판산업의 확장	《한국 출판의 흐름과 과제2》, 시간의물레, 2014.

[2장]

시대별 출판정책 변동

            # 개화기의 출판정책

1884년 갑신정변은 개화세력의 몰락과 서구 문화가 유입되는 격동의 시기였다. 정부는 신식 활판인쇄기술을 도입해 〈한성순보〉를 발간함으로써 제도개혁뿐만 아니라 대중의 계몽수단으로 활용하였다. 이는 출판문화의 육성·발전과 국민들의 문화 참여를 위한 정부의 출판육성 정책이라고 볼 수 있다. 특히 1883년 8월 17일 박문국博文局이 설치되고, 그해 10월 〈한성순보〉가 창간되었다. 〈한성순보〉 창간호 서문에서 알 수 있듯이, "정부에서 박문국을 설치하여 외국 소식을 널리 번역·소개하는 한편, 국내의 여러 가지 사정寫情도 함께 실어 국내는 물론 국외까지도 널리 알린다"로 되어 있다. 〈한성순보〉와 〈한성주보〉가 관보의 성격을 띄고 있었으나, 신문의 발간은 국민들에게 새로운 지식보급과 문명개화를 촉구하는 촉매 역할뿐만 아니라 근대사회에서 신문기능에 대한 인식이 높아져 출판문화 활동의 중요성을 강조한 계기가 되었다.

박문국에 이어 광인사廣印社는 민간 출판업체로 등장, 개화에 크게 기여한 출판사이다. 갑신정변으로 박문국 시설이 파괴되어 공무의 기능이 정지되자 이를 광인사로 옮겨 신문을 인쇄하라는 칙명이 있었다. 광인사의 규모를 짐작할 수 있는 부분이다. 광인사는 그 시대의 개화파 인사들의 책을 출판하여 신문화 수용과 출판문화 발전에 크게 영향을 미쳤던 것으로 보인다. 그 밖에 최남선이 세운 신문관新文館 등이 있다.[9]

---

9   한국민족문화대백과사전, https://encykorea.aks.ac.kr/Article/E0005200

　　일본의 침략으로 언론·출판은 자유를 상실하게 된다. 일본의 조선총독부는 1907년 한국 국민들의 애국적인 언론관에 당황하여 그해 7월 내각으로 하여금 한국 민간인의 신문을 단속하기 위해 〈신문지법新聞紙法〉 제정과 종래의 인가제認可制를 허가제許可制로 변경했으며, 1909년 2월 23일 법률 제6호로 새로 전문15조로 된 〈출판법出版法〉 제정을 통해 신문이나 기타 출판부를 검열하였다. 〈출판법〉에 의하면 모든 한국인의 잡지와 서적출판은 사전검열을 받아야 하는데, 〈출판법〉 제2조에 따르면 원고를 해당 관서에 제출하여 내부대신의 허가를 받도록 되어 있다. 그리고 제11조의 규정에는 벌칙으로 3년 또는 2년 이하의 체형體刑과 10개월 이하의 금옥禁獄, 그리고 100원 이하의 벌금형 등을 명시하고 있다. 1910년 한국인의 출판물에 대해 출판법칙出版法則을 발표하고, 그해 10월에는 한국인이 집필하는 각급학교 교과서까지 금지시켰다. 1925년 〈치안유지법治安維持法〉을 공포하고 1938년에는 중등학교의 조선어朝鮮語 과목을 폐지함으로써 우리말 사용을 통제했다. 〈출판법〉이 공포된 1909년에 압수된 책이 5,767권이나 된다.[10] 또한 1928년 10월부터 1941년 1월 말까지 조선총독부에 의해 국내에서만 총 2,820여 종의 도서를 판매금지 처분했는데, 그중 우리나라에서 출판된 국한도서國漢圖書가 188종이었다.[11]

　　이어서 1941년 1월 10일에는 신문지등게재제한령新聞紙等揭載制限令, 12월 13일에는 신문사업령新聞事業令을, 1943년 2월 17일에는 출판사업령出版事業令을 만들어[12] 한글로 된 출판 자체를 금지시켰다.

  미군정기의 출판정책

　해방 후 우리나라 출판계는 다른 어떤 분야보다도 활발하게 움직였다. 특히 미군정기는 비록 3년이라는 짧은 기간이었지만 미치는 영향은 매우 크고 중요했으며 지속되었다. 미군은 당초 언론·출판의 전면적인 자유를 선언함과 동시에 미군정 제11호로서 일본이 언론탄압을 위해 제정·시행해온 12종의 각종 언론통제법령을 폐지시켰다. 또한 공보국을 두어 홍보행정과 함께 출판행정을 장악하도록 했다. 1945년 9월, 그동안 출판활동을 억제해온 법령을 모두 폐지하고 10월에 출판등록제를 실시하였다.

　미군정의 출판정책은 무엇보다도 가장 시급한 교과서 발행에 집중했고, 일반출판은 자유방임정책自由放任政策을 폈다.[13] 그 예로 1945년 11월에는 조선어학회 편찬의 교과서를 군정청 학무국이 사용하기로 하여《한글 첫걸음》100만 부와《초등국어교본(상)》60만 부를 각 학교에 배부하여 조선어를 가르치는데 우선적으로 사용하도록 했다.[14]

10　변영희,〈한국의 출판정책〉,「출판학연구」, 한국출판학회, 제33호, 1991, 93~94쪽.

11　안춘근,《現代韓國出版史略》3,〈圖書〉제8호, 을유문화사, 1965, 59쪽.

12　최민지 외,《言論關係法規》2부,〈일제하 민족언론사론〉, 일원서각, 1987.

13　민병덕,〈한국에서의 커뮤니케이션 정책과 출판개발〉,「출판학연구」, 한국출판학회, 범우사, 1989, 292쪽.

14　이종국,《대한교과서사》, 대한교과서주식회사, 1998, 39~40쪽.

제1, 2공화국의 출판정책

　정부 조직의 시대구분은 현행 대한민국 임시정부(1919.4.11.~1948.8.14.), 대한민국 제1공화국(1948.8.15.~1960.6.15.), 대한민국 제2공화국(1960.6.15.~1963.12.16.), 대한민국 제3공화국(1963.12.17.~.1972.12.26.), 대한민국 제4공화국(1972.12.27.~1981.2.24.), 대한민국 제5공화국(1981.2.25.~1988.2.24.), 대한민국 제6공화국(1988.2.25.~현재)으로 되어 있다. 대한민국 임시정부 시기를 거쳐, 1948년 대한민국 정부수립으로부터 대한민국의 역사가 시작된다. 이승만 대통령의 제1공화국으로부터 1987년 이후의 제6공화국 체제까지 대한민국의 역사는 구분된다. 공화국의 차수는 대체로 〈헌법〉의 개헌 횟수에 따라 결정된다. 다만 1987년부터 대통령의 5년 단임제를 골자로 한 제6공화국 〈헌법〉이 30년 이상 유지되고 있기에 제6공화국부터는 각 정부별로 시기를 구분하는 것이 일반적이다. 제6공화국(노태우 정부), 문민정부(김영삼 대통령), 국민의 정부(김대중 대통령), 참여정부(노무현 대통령), 이명박 정부, 박근혜 정부, 문재인 정부, 윤석열 정부, 국민주권정부(이재명 대통령)의 각 행정부를 부르는 명칭은 대통령들의 결정에 따른다.

　〈헌법〉에는 "모든 국민은 법률에 의하지 아니하고는 언론 출판·집회·결사의 자유를 제한받지 아니한다"고 규정되었다. 출판의 자유를 〈헌법〉에 의해 보장받게 되었으며, 출판행정은 공보처가 담당했다.

　1950년 '교과서 도서검열인정규정敎科書 圖書檢閱認定規定 및 국정교과서 도서편찬규정령國定敎科書 圖書編纂規定令'이 공포·시행되었으며,

1951년 10월에는 사단법인 대한출판문화협회가 "출판자유의 확보와 한국 출판문화의 향상 발전과 동업자 간의 상호 친선을 도모함"을 목적으로 설립되었다.

정부는 1952년 10월, 1954년 1월 무실적 출판사에 대해서 등록취소 조치를 했으며, 출판사 수는 28개 사가 증가했다. 출판계 성장은 1951년 9월 신학기를 앞두고 교과서의 수요가 급증하자 문화공보부가 10여 개 출판사에 각각 1억 원의 거액 융자혜택을 주어 국정교과서를 간행하게 했고, 일반출판사들의 교과서 출판을 지원해주었다. 이에 1954년 11월 대한출판문화협회와 국립도서관은 공동으로 독서주간을 설정, 범국민운동을 전개하였고, 제1회 전국도서전시회도 개최하였다.[15]

1955년 정부조직법이 개정되어 공보처가 공보실로 변경되어 방송행정은 대통령 직속기관인 공보실로 귀속되었고, 출판행정은 문교부로 이관되었다. 그리고 1958년 〈저작권법〉이 제정·공포되었다.

1950년대는 독서인구가 많지 않아서 도서판매가 활성화되지 못했고, 한국전쟁으로 인한 빈곤과 영세성으로 불황이었던 시대였다. 아울러 정부의 출판정책 역시 체계적이지 못했던 것 같다. 즉 출판정책은 관리기능만이 있었지 정책기능은 부재했던 것으로 보인다. 대한민국 정부수립 후 1959년까지 10년간 출판행정의 핵심은 출판사 등록 및 납본업무가 전부였다.

제2공화국 〈헌법〉 제13조에는 "모든 국민은 언론·출판의 자유와 집회·결사의 자유를 제한받지 아니한다"고 개정되었다. 1960년

---

15 이종국, 앞의 책, 791쪽.

출판종수는 1,618종으로 전년도에 비해 12종만이 증가했는데, 이는 정권교체 등 정치·사회의 불안정으로 보인다.[16]

제1, 2공화국의 출판정책은 불황과 침체의 시련과 난관을 겪으면서도 양적인 성장과 함께 제작기술, 내용면에서 질적인 향상을 위해 노력했고, 출판문화 향상과 업계의 발전에 두드려진 성장을 거두었다.

5 제3, 4공화국의 출판정책

정부는 1961년 8월, 366개의 무실적 출판사의 등록을 취소하였다. 또한 종래의 규정을 종합 강화한 〈출판사 등록에 관한 법률〉을 새로 제정 공포하였다. 등록사무는 각 시·도교육위원회로 이관하였다. 법률의 취지는, 출판에 관한 실태를 보다 정확히 파악하고 출판사 상호 간의 무익한 경쟁을 지양함으로써 출판의 역할을 건전하게 발전시킨다는 데 있었다. 난립된 출판사를 정리하여 출판업의 기업화를 촉진하고 문화진흥의 기틀을 마련하겠다는 것이었다.

1963년 제3공화국이 출범하였고, 같은 해에 〈도서관법〉이 제정 공포되었으나 권장조항에 그쳤을 뿐 실효성이 적다는 지적을 받기도 했다. 1965년 '한국출판윤리강령'이 선포되었고, 1968년부터 출판업이 면세 대상으로 지정되면서 출판산업의 재정적 부담을 덜어주는 효과가 시작되었다. 그해 7월 문화공보부가 신설되면서 출판행정은 기관 소속의 출판과가 담당하게 되었다. 문화공보부의 주요 시책으로는 출판금고의 설치, 출판상 제정, 우수 출판물의 선정보급 및 지원, 문고본 출판 권장, 도서전시회 개최, 도서 공급체계 확립 지원과 출판용지의 수급, 출판윤리위원회 설치 운영, 불법출판물에 대한 단속 강화, 저작권 보호, 국제저작권기구 가입에 대한 연구, 인세 조정, 국제도서전시회 참가, 외국(동경)에 한국서점 개설 지원, 자유우방과의 도서교환 등을 확정 발표하여 행정 의지를 보였다. 이어 8월 문화공보부가 '한국아동만화윤리위원회'를 발족시켰다.[17]

1969년 정부 시책으로 '한국도서출판윤리위원회'가 발족되었다. 이유는 황폐해가는 정신세계를 순화하고 정화하여 민족문화중흥의 기틀을 마련하는데 있었다. 이후 1970년 '한국도서잡지윤리위원회'로 개편되었고, 1989년 8월 사단법인 '한국간행물윤리위원회'로 재발족되었다. 1969년 7월 7일 사단법인 '한국출판금고'(현, 재단법인 한국출판문화진흥재단)가 창립되었고, 1970년을 문화공보부가 '출판진흥의 해'로 지정하기도 했다. 전집물의 성행과 남발, 기획의 유사성 초래, 과다경쟁, 제작과 유통 측면에서 정당하지 못한 사례가 발생하자 출판문화의 역할을 회복하자는 취지에서 적극적이고 종합적인 정책이 수립되었다.[18]

1970년대는 '유신독재' 체제하에서 언론에 대한 통제가 매우 심했던 기간이었다. 1971년 국가비상사태를 선언하면서 〈국가보위에 관한 특별조치법〉을 제정해 언론통제 가능한 법적 근거를 마련하였다. 1972년 10월 〈유신헌법〉이 공포되었다. 그해 8월 〈문화

---

16   변영희, 앞의 글, 97쪽.

17   변영희, 앞의 글, 98쪽.

18   민병덕, 앞의 책, 299쪽.

예술진흥법〉이 제정 공포되었고, 1973년 10월 한국문화예술진흥위원회가 설립, 제1차 '문화예술중흥 5개년 계획'과 '문예중흥선언'이 발표되었다. 1972년 12월 〈출판사 및 인쇄소 등록에 관한 법률〉을 개정하여 등록취소 조항과 벌칙조항을 강화하였다. 또한 1973년 국회는 〈국민투표법〉, 〈국회의원선거법〉 등을 개정해서 정부의 규제 강화 정책이 표면화되었고, 5월에는 불법·불량 출판물들이 일제히 단속되기도 하였다. 1974년 1월 8일 오후 5시부터 시행된 '긴급조치 제1호'의 핵심내용은 첫째, 〈헌법〉을 부인·반대·왜곡 또는 비방하는 일체의 행위를 금할 것, 둘째, 〈헌법〉의 개정 또는 폐지를 주장·발의·제안 또는 청원하는 일체의 행위를 금할 것, 셋째, 이러한 일이 있음을 방송·보도·출판·기타 방법으로 알리는 일체의 언동을 금할 것 등이었다. 1975년 5월 정부는 국가안정과 공공질서의 수호를 위한 '긴급조치 제9호'를 선포하고 국가안보를 저해할 우려가 있는 도서의 출판과 판매를 규제하였다.

6　　제5공화국의 출판정책

1980년대의 전문화 단계로 이어지면서 형태별 도서와 내용별 잡지매체의 개발진전이 외형적으로 눈부시게 발전했다. 이 시기는 대하소설의 시대였고, '이념도서 40년 만의 해금' 방침을 강조하며 《칼 마르크스, 그의 생애와 시대》에 납본필증을 내줬고, 반면에《타는 목마름으로》는 판매금지 처분을 내리기도 했다. 1981년 2월 문교부 장관은 "앞으로 이데올로기 교육은 학생들 스스로가 비판할 수 있는 지적능력을 길러줘야 한다"고 이데올로기 교육에 대한 방침을 밝혔다.[19] 그러나 1982년 2월 정부는 이데올로기 관련 도서 출판을 부분적으로 허용했는데, 그것은 이데올로기 비판교육을 강화한다는 방안의 하나였다. 1980년대는 1970년대부터 지식인들의 활동무대였던 〈창작과 비평〉, 〈문학과 지성〉 등 양대 계간지를 비롯해 〈뿌리 깊은 나무〉, 〈씨알의 소리〉 와 같은 월간지 등 총 172종의 정기간행물이 등록 취소되는 사태가 발생하였다. 한번 취소된 등록물이 복간되는 경우는 없었고 신규 정기간행물의 등록은 원천적으로 허용되지 않았다. 이러한 정기간행물에 대한 발간 억제 정책은 제5공화국 기간 동안 유지되었다. 이처럼 제5공화국 정부의 출판통제 정책 유형은 크게 세 가지였다. 첫째, 법제에 의한 통제, 둘째, 법제에 근거한 물리적 탄압, 셋째, 재정적 원조에 의한 통제 등[20]이다.

1985년은 이념도서 출판에 대한 압수와 판매금지 등 규제가 있었으며, 실질적 출판통제가 강화된 시기였다고 본다.[21] 1985년에 306종을 불온·불법 출판물로 규정하고 단속해 '금서파동'이 생겼으며 당시 수많은 출판사가 사전검열, 간행물 내용 수정 요구(석탑, 사계절출판사, 형성사, 한울, 청년사, 인간사), 세무사찰(창작과 비평사 (198.6.11), 일월서각(1983.9.17.), 사계절출판사(1985.9.25.)),[22] 압수수색

19 경기뉴스, '판금해제와 이데올로기 교육의 방향', 1982.4.10일자.

20 김왕성·임동욱 외,《한국언론의 정치경제학》, 아침, 1990, 276쪽.

21 변영희, 앞의 글, 101쪽.

22 사계절출판사《임꺽정》(홍명희), 창작과비평사《타는 목마름으로》(김지하), 일월서각 《부끄러운 이야기》(박찬종)

(28개 출판사 40회), 불법연행, 장기구금·구류·구속(1984년~1987년까지 거름, 한울림, 일월서각, 풀빛, 돌베개, 사계절출판사, 아침, 형성사, 광주, 청년사, 미래사, 인간사, 친구, 녹두, 세계, 동녘 관계자들), 출판등록취소(거름(1984.11), 아침(1985.10), 화다(1985.11), 창작과비평사(1985.12), 녹두(1986.7), 계간문예지 실천문학(1985.8)), 신규출판등록 규제 등 탄압이 있었다.

1987년 10월 19일 이른바 '출판생활화조치出版生活化措置'를 통해 431종 판매금지도서 해제, 납본필증 즉시 교부, 출판사 등록 개방 등이 실시되었다. 그해 12월 문화공보부의 조직개편으로 출판행정이 매체국에서 문화국으로 이관됨에 따라 출판계는 그동안 규제되었던 정책이 해소되는 방향으로 전환되기도 했다.

7   제6공화국의 출판정책

① 노태우 정부(1988년~1993년)

1987년 6월 민주항쟁 이후 언론과 표현의 자유가 확대되면서 출판물에 대한 사전검열이 점진적으로 완화되었다. 1989년 1월, 기존의 문화공보부를 해체하고, 문화부와 공보처를 분리했다. 문화정책의 전문성과 독립성을 강화하려고 했으며, 이는 출판산업을 포함한 문화예술 분야의 발전을 촉진하는 기반이 되었다.

1990년대는 국제표준도서번호ISBN, 판매시점관리POS 프로그램이 도입되었다. 1993년은 '국민독서의 해' 지정으로 국민의 독서율 높이기 위한 독서운동 추진이 인상적이며, 해외도서전 참가를 통해 한국 출판의 국제적 위상을 강화했고, 출판 관련 법제의 정비가 이루어졌다. 출판시장이 가장 활발하게 움직이는 시기였다고 해도 과언이 아닐 정도였지만 1998년 IMF 사태로 매출 순위 1, 2위 했던 서적도매상을 비롯해 수많은 도·소매서점이 연쇄 도산하는 위기를 맞게 되었다.

② 문민정부(김영삼 대통령, 1993년~1998년)

문화부와 체육청소년부를 문화체육부로 개편했으며, 1994년 5월 4일 대통령령 제14249호로 문화체육부와 그 소속기관 직제개편으로 어문출판국이 폐지되고, 어문출판국의 도서출판과와 출판자료과가 통합되어 출판진흥과로 변경되었다. 또한 출판사 및 인쇄소를 등록하면서 제출한 신원진술서 5부 폐지, 저작권위탁관리업 허가제에서 신고제로 개선, 외국 정기간행물 수입업은 허가제 시행 등이 있었다.

1993년은 대한출판문화협회 등 출판계의 노력으로 '책의 해'로 지정했으며, 〈책을 펴자 미래를 열자〉라는 캐치프레이즈로 책의 중요성과 독서의 필요성을 강조했다. 주요 사업으로는 기업에 독서운동 확산, 청소년도서 감상문 모집, 서울도서전 개최, 지방순회도서전 개최, 예술행사장에서의 도서전시회와 해변도서전, 저자와의 대화 확대, 책 선물 주고받기 운동과 사랑의 책 보내기 운동, 〈책읽는 가족, 밝은 가정〉 전국순회 독서강연회, 멀티미디어 국제심포지엄 개최, '한국출판문화 1300년전'과 옛 인쇄문화특별전, 〈퍼블리쉬 위클리〉지에 한국 특집판 발행보급, 책의 문화총서 간행 등과 더불어 범국민독서 새물결운동 5개년 사업 계획을 같은 해 6월 11일에

수립했다. 〈도서관 및 독서진흥법〉이 국회에서 통과되기도 했다.[23]

③ 국민의 정부(김대중 대통령, 1998년~2003년)

2000년대는 MBC의 〈느낌표〉 '책, 책, 책, 책을 읽읍시다!' 프로그램을 통해 매월 1~2종의 도서를 선정하고 발표했다. 총 25종의 책을 수십만 부 이상 판매가 되었고, 판매수익금으로 '기적의 도서관' 건립 및 불우이웃돕기와 독서진흥기금으로 활용했다. 2003년 2월 27일 시행된 〈출판 및 인쇄진흥법〉으로 온라인서점에서 정가의 10% 할인판매를 할 수 있었고, 오프라인서점은 정가판매를 해야 했다. 당시 30%에 이르는 할인판매에서 15%(직접할인 10%, 간접할인 5%)로 제한되자 온라인서점의 매출이 급감했다, 그러나 마일리지와 경품 등으로 혼란의 양상은 더욱 심해졌다.

④ 참여정부(노무현 대통령, 2003년~2008년)

참여정부의 출판정책은 〈출판 및 인쇄진흥법〉의 시행이다. 2002년 7월 31일에 국회에서 의결된 〈출판 및 인쇄진흥법〉은 6개월의 경과기간을 두고, 2003년 2월 27일부터 시행되었다. 이 법은 기존의 출판관련 법률로는 출판의 자유를 신장하고 출판·인쇄문화산업을 종합적으로 진흥시키는 데 미흡하기 때문에, 시대 변화에 맞추어 〈출판사 및 인쇄소 등록에 관한 법률〉, 〈외국 간행물 수입 배포에 관한 법률〉 등을 통합하여 미래지향적이고 종합적인 법체계를 마련하려는 취지에서 제정된 것이다. 이 법의 설립정신에 따

23　중앙출판문화원 엮음,《현대출판론》, 세계사, 1997, 187~189쪽.

　　　　　　　　　　　　　　　　　　　出판에 대하여

라, 출판사 신고제, 도서정가제 등의 정책이 시행되었으며, 과거 정부에서 시행되었던 규제 위주의 출판정책이 진흥 위주로 전환하게 되었다.

참여정부의 문화진흥정책에 따라, 출판계는 〈출판 및 인쇄진흥법〉의 시행, 출판·인쇄문화산업진흥 발전계획(2003-2007) 수립, 파주출판문화정보산업단지의 조성, 문화관광부 내 출판산업과 신설, 프랑크푸르트도서전 주빈국 행사 유치, 학술 및 양서 출판진흥, 출판물의 해외수출 증가 등 성과를 냈다. 또한, 구체적인 실천계획에 따라, 파주출판문화정보산업단지 조성('어린이 책한마당' 행사), 파주단지 내 출판물 종합유통센터 건립, RFID 출판물류 표준화시스템 구축, 학술 및 양서 출판진흥, 번역출판지원, 출판아카데미SBI 운영지원, 전자출판 활성화를 위한 지원, 출판유통진흥원의 설립, 출판산업 해외진출 지원, 출판문화포럼 개최, 출판 국제교류 활동 등의 사업을 추진했다.

⑤ 이명박 정부(2008년~2013년)

2010년대는 한국출판문화산업진흥원이 개정된 〈출판문화산업진흥법〉에 의해 2012년 7월에 출범하였다. 2013년 2월 〈출판 및 인쇄진흥법〉 제16조로 법정기구 설치 근거가 이관되었고, 2012년 1월 20일에 〈출판문화산업진흥법〉으로 법명이 개정되었다. 2015년 7월 전북혁신도시로 이전(전북개발공사 청사 일부를 임대)했으며, 〈출판문화산업진흥법 시행령〉에 따라 정부의 5개년 계획을 한국출판문화산업진흥원에서 사업계획 및 승인 등 출판문화산업 정책을 수행하고 있다.

⑥ 박근혜 정부(2013년~2017년)[24]

　박근혜 정부는 출판, 도서 분야에서도 블랙리스트 범죄를 시행했다. 구체적으로 문화체육관광부의 출판인쇄독서진흥과와 한국출판문화산업진흥원을 중심으로 지원 배제 등이 작동된 것으로 확인되었다. 「김기춘 외 3인 1심, 2심 형사판결문」과 ‘2017년 6월 문체부 기관운영 감사’를 통해 ‘세종도서-교양 및 문학부문 선정·보급 사업’에서 2014년 9종, 2015년 13종이 선정 배제되었음이 확인되었다. 문화예술계 블랙리스트 진상조사 및 제도개선 위원회(이하 ‘블랙리스트 진상조사위’)의 조사 결과, 세종도서 선정사업뿐만이 아니라 ‘찾아가는 중국도서전’, ‘초록·샘플 번역 지원 사업’ 등에서도 블랙리스트를 적용했다. 블랙리스트 실행 과정에서 블랙리스트 명단 배제 적용, 적용을 위한 명분 발굴, 심사과정에 대한 모니터링 및 수시보고, 심사위원 등에 대한 직간접적인 배제 요청, 심사표 조작, 심사위원 회의록 허위 작성 등이 이루어졌다.

　문화체육관광부는 북스타트, 독서동아리 지원, 문학나눔 등 민간에서 수행하던 사업을 한국출판문화산업진흥원에 이관하는 등의 과정에서 일방적인 정책 결정 및 잦은 사업 변경으로 출판 및 독서 관련 정책에 혼란을 초래했으며, 이 과정에서 문화체육관광부와 한국출판문화산업진흥원이 수직적 지시전달체계가 심하되었다. 이러한 위계적이고 수직적인 사업 추진구조가 블랙리스트 범죄를 실행하는 체계로 활용되었다. 한국출판문화산업진흥원은 “출판문

24　블랙리스트 재발방지 제도개선 이행협치추진단, 〈블랙리스트 재발방지 제도개선 이행협치추진단 백서〉, 문화체육관광부, 2022, 172~183쪽 재인용.

　　　　　　　　　　　　　　　　　　　　　　　　　　

화산업의 진흥, 발전을 효율적으로 지원, 육성하고 출판문화산업을
종합적이고 체계적으로 진흥함으로써 국가 지식 경쟁력 강화에 기
여함을 목적"(한국출판문화산업진흥원 정관 제1장 총칙, 제3조 목적)으로
설립된 법인으로, 블랙리스트 범죄 이후 한국출판문화산업진흥원
의 정상화, 자율성 확보 등을 위한 조직 개혁과 제도개선이 시급했
다. 이에 과제별 이행 현황 및 경과를 살펴보면 다음과 같다.

가) 기관 위상 및 이사회 권한 정립
ㄱ) 한국출판문화산업진흥원 위상 재정립,
민관 협치 체계 활성화
민관협치 활성화를 위한 민관협의체 운영 확대 및 상설
화를 시행했다. 2017년(출판정책협의회 3회), 2018년(해
외진출분과 8회/전자출판분과 3회), 2020년(산업분과 6회/
국제분과 4회 /독서분과 3회 등 분야별 월 1~2회 실시로 민관
협치 활성화 노력 지속)
ㄴ) 한국출판문화산업진흥원 임원 구성 및
이사회 권한 재정립
출판진흥원 위상 재정립을 위해 핵심기능 중심 조직개
편(출판유통선진화센터, 정책연구통계센터 신설 등/직제개
정, '18.5)을 통한 출판유통 부문 선진화를 실행했다. 임
원추천위원회 도입(정관 개정, '18.4)으로 임원 구성의 자
율성·독립성을 강화하고, 원장, 이사, 감사를 임원추천
위원회를 통해 임명('18.7 원장 임명, '18.12 이사·감사 임명,
'19.7 감사 임명, '19.12. 이사 임명, '21.1, 이사 및 감사 임명)했

다. 출판계 의견을 반영한 이사진을 구성했으며,(총 8명 중 출판계 5명, 서점 1명, 출판학계 1명, 당연직 1명/'17.12~) 연 12회 이사회 개최 의무화(정관개정, '18.12) 및 매월 이사회 경영보고 도입('19.1~)으로 기관 운영의 책임성·투명성 확보 체계를 마련했다.

나) 출판문화 지원기관으로서의 운영혁신 및 전문성 강화

ㄱ) 개방형 직위 제도 도입

개방형 직위를 도입(인사규정 개정, '18.5)하여, 정책연구통계센터장(개방직 채용 '19.1.1) 및 사무처장 직위 공모를 신설(인사규정 내 근거조항 마련 '20.10.14)하고, 최초로 사무처장을 개방직으로 채용('21.5)했다.

ㄴ) (가칭)출판문화연구센터 설립 운영 및 평가 관련 정보 공개

정책연구통계센터를 신설(직제개정, '18.5)하여 정책연구, 출판통계조사, 산업동향조사 등을 추진 중이다. 정책연구관리규칙을 제정('20.2)하여 정책연구 전문성 제고 및 연구결과물 활용 확대 등을 위한 정책연구심의위원회 및 정책연구평가위원회 운영을 도입했다 한국출판문화산업진흥원 운영 및 평가 관련 정보, 정책연구과제 결과물, 사업성과 발표회 자료, 사업설명회 자료 등을 공개(홈페이지, 알리오 등)하고 있다.

ㄷ) 사업선정 결과, 문화체육관광부 보고 방식 폐기, 심사 및 선정 과정의 투명성 강화

사업선정 결과를 문화체육관광부에 사전보고 하는 절차가 없어졌다(지속실시 중). 감사실을 신설(직제개정, '18.6)하여, 공모지원사업 심사과정의 공정성 및 투명성 강화를 위한 심사위원회 위원 구성, 심사계획 및 심사결과 등 일상감사를 도입('18.9)했다. 공모지원사업 심사운영지침을 제정('18.9)하여, 심사위원 전원 외부위원으로 구성, 심사위원 제척 및 공정심사 서약 제도 운영, 의사록 작성 의무화, 심사결과물 보존, 내·외부의 강요 및 청탁 신고제도 운영 등을 시행했다.

다) 표현의 자유 확대와 간행물윤리위원회 폐지
ㄱ) (가칭)'간행물윤리위원회 폐지를 위한 TF' 구성 및 운영

TF를 구성하여 운영('18~'19, 6회)하였으나, 위원회 폐지에 대한 각 기관, 단체 간 이견으로 합의점을 도출하지 못하고, 간행물윤리위원회 개선 관련 연구용역을 시행('19.10~'20.5)하였다. 간행물윤리위원회 제도개선

(문체부)	간윤 기능 존치, 표현의 자유 강화를 위한 법령조항 개정 및 위원회 명칭 변경
(출협)	간윤 폐지, 자체 자율심의위원회 구성 (정부 예산지원 필요)
(출판인회의)	간윤 폐지, 심의기능 청소년보호위원회 이관
(여성, 청소년단체)	문체부 안 찬성

TF 제7차 회의('21.2.24)에서 연구용역 결과를 바탕으로 간행물윤리위원회 제도개선 TF 참여 단체를 중심으로 대안 협의를 진행했다. 간행물윤리위원회 제도개선 TF 제8차 회의('21.6.11)에서 대안별 쟁점 검토 결과, 여성단체, 청소년단체, 외부전문가(변호사)는 문체부 안에 동의, 출판계는 향후에 대안을 제출하겠다는 입장을 표명했다.

라) 사업구조 혁신 및 '세종도서 선정사업' 민간위탁

ㄱ) 핵심과제 도출 및 사업구조 전면 혁신

핵심과제 중심 조직개편-출판유통선진화센터, 정책연구통계센터를 신설(직제 개정, '18.5)하여, 출판유통정보통합전산망 등 유통선진화를 위한 출판유통통합시스템 구축 추진(출판유통선진화센터, '18~'21.8), 한국출판문화산업진흥원 정책연구과제 수행 '정책연구통계센터'로 일원화('19.2), 정책연구통계센터 연구직 신설 등 내부 연구역량 향상 방안('20.12)을 추진했다.

ㄴ) (가칭)'세종도서 선정사업 개선 TF' 구성 및 운영

세종도서 선정사업 개선 TF의 구성·운영(4회)을 통한 민간중심의 '세종도서사업 운영위원회' 설치를 합의하여 〈세종도서사업 운영위원회 규정〉을 제정했다('19.4.10. 한국출판문화산업진흥원 이사회 의결). 2019년 민간(출판, 학술, 도서관, 시민단체) 중심 '세종도서사업 1기 운영위원회'(총 9회 회의 개최) 주도로 사업을 추진하고

2019년 세종도서 사업계획 의결('19.5), 2019년 세종도서 심사위원회 구성 및 보급계획을 의결했다('19.8). 2019년 세종도서 신청 출판사를 대상으로 설문조사를 실시('19.12)하여, 설문조사 결과를 개선방안 수립 등에 반영하여, 세종도서 사업 보고 공청회를 개최('20.1.29)했다. 심사기준, 심사단계 정비 등 주요 개선사항, 세종도서 선정 및 보급결과 등, 2020년 제2기 세종도서사업 운영위원회' 구성('20.2) 및 사업 운영 중에 있다. 2020년 세종도서 사업계획의 의결('20.3), 2020년 세종도서 심사위원회 구성 및 심사위원회 운영지침 개정을 의결('20.5)하고, 심사위원회 심사위원 명단을 실명공개했다('18~'24.6. 현재). 2024년 제6기 세종도서 사업 운영위원회를 구성('24.5) 및 운영했다. 2021년 세종도서 사업계획 의결('21.2), 2021년 세종도서 심사위원회 구성 및 심사위원회 운영지침을 개정 의결했다('21.5).

마) 주요 미이행 과제

한국출판문화산업진흥원 제도개선 과제 중 주요 미이행 과제는 '(가칭)간행물윤리위원회 폐지를 위한 TF 구성'이 되어 있지만 실질적으로 중지된 상태이다.

바) 기타

블랙리스트 사건과 관련해 서울중앙지법 민사합의37부(재판장 박석근)는 2021년 21일 창비 등 11개 출판사가 낸 국가

배상 소송에서 국가는 문학동네를 제외한 10개 출판사에 총 1억 1000여만 원을 배상하라고 원고 일부승소 판결했다. 이 출판사들은 박근혜 정부 때인 2014·2015년 '세종도서' 최종 선정 명단에서 배제됐다며 2017년 11월 국가를 상대로 손해배상 청구 소송을 제기했다.[25]

⑦ 문재인 정부(2017년~2022년)

문재인 정부는 출판 생태계의 공정성 강화, 지역출판 활성화, 디지털 전환 지원, 독서 문화 진흥 등 다방면에서 정책적 노력을 기울였다. 대표적으로 2017년 9월 문화체육관광부 조직개편을 통해 '출판인쇄산업과'를 '출판인쇄독서진흥과'로 변경하여 출판정책과 독서정책의 효율적 연계를 추진했다.

창작자 권리 보호와 공정한 생태계 조성, 디지털 시대에 늘어난 불법복제 및 저작권 침해 문제를 해결하기 위해 저작권 모니터링 체계를 강화, 창작자와 출판사 간의 불공정 계약 방지를 위한 제도적 장치를 마련, 청소년과 취약계층을 대상으로 한 맞춤형 독서 프로그램도 시행했다.

문화계 블랙리스트에 대한 철저한 진상 조사로 〈문화예술계 블랙리스트 진상조사 및 제두개선 위원회(이하 '블랙리스트 진상조사위')〉를 구성해서 활동했으며, 결과물로 블랙리스트 재발방지 제도개선 이행협치추진단, 〈블랙리스트 재발방지 제도개선 이행협치추진단 백서〉(문화체육관광부, 2022)가 발행되었다.

출판에 대하여

⑧ 윤석열 정부(2022년~2025년 4월 4일)

2020년 대통령실이 국민토론의 첫 주제로 도서정가제를 선택하면서 출판산업계는 요동치기 시작했다. 2024년 국민과 함께하는 민생 토론회 다섯 번째, "생활규제 개혁"이라는 주제로 '도서정가제, 새로운 시장에 맞게 개선하겠습니다!'라는 주제로 진행되었다. 핵심은 웹콘텐츠(웹툰·웹소설) 산업을 활성화하고 소비자 혜택을 늘리기 위해 도서정가제 적용에서 제외한다는 것이었고, 15%로 제한되어 있는 도서가격 할인율을 유연하게 적용해 영세서점의 활성화와 소비자 혜택을 늘리겠다는 취지였다.

이에 웹콘텐츠 관련 표준식별체계 및 부가가치세, 납본, 산업실태, 표준계약서 등 제반 요소들에 대한 조사 연구가 대두되었다. 웹툰·웹소설의 효율적인 유통과 활용을 촉진하고 그 수집 기반을 마련하기 위해 2025년부터 웹콘텐츠에 대한 표준식별체계Universal Content Identifier, UCI[26]를 도입하여 발급하기로 했다. 이와 함께 제도 도입에 따른 업계 관계자들의 불편과 혼란을 방지하기 위해 웹툰·웹소설에 대해 2024년까지만 진행하기로 한 국제표준도서번호ISBN 발급을 1년간 유예했다. 이에 2025년 12월 31일까지는 웹툰과 웹소설에 대해 콘텐츠 표준식별체계UCI와 국제표준도서번호ISBN를 모두 발급받을 수 있으며, 제도가 정착될 2026년부터는 콘텐츠 표

---

[25] '문화계 블랙리스트' 피해 출판사, 국가배상 소송서 일부 승소,
https://www.khan.co.kr/national/national-general/article/202108192005011,
2021.8.19

[26] 디지털콘텐츠를 효율적으로 관리하고 유통정보의 투명성을 높이기 위한 고유 식별 코드로서 한국저작권위원회가 총괄 관리하며 국립중앙도서관 등을 식별 코드 등록 관리기관으로 지정했다.

준식별체계UCI만 발급할 예정이다.

2024년은 정부 재정부족으로 독서, 지역서점, 지역출판, 중소 출판사 우수 출판콘텐츠 지원 등 관련 예산이 대폭 삭감되었다. 2025년에는 삭감된 출판예산을 원상복구하거나 더 늘리겠다고 했지만 실행으로 이어지지 않았다.

⑨ 국민주권정부(이재명 대통령, 2025년 6월 4일 ~ 현재)

2026년 출판 관련 예산은 525억 원 정도 편성되었다. 전년도 예산 대비 84억 원 정도 증액되었다. 대표적으로 'K-book 글로벌 100프로젝트' 10억 원, 지역서점 활성화 지원 일환으로 '권역별 선도서점 육성' 22억 원, '전자책과 오디오북 지원' 12억 원, '문학나눔' 6억 원, '디지털 물류기반' 21억 원 등이 증액되었다.

[3장]

출판문화산업 진흥발전계획

　　문화가 국가의 주요 산업이 된 것은 1990년대부터라고 할 수 있다. 이는 세계무역 체제의 변화와 맞물려 있다. 1987년 시장화를 의미하는 민주화에 따라 고도의 소비자본주의 사회로 진입하게 되었으며, 문화는 자본주의 축적 전략에 중요한 역할을 하게 되었다.[27] 1994년 세계무역기구WTO가 설립되면서 문화는 다른 공산품처럼 교역 품목에 포함되었다.[28] 한국 역시 문화가 결정적으로 변화를 맞게 된 것은 1997년 외환위기 무렵이다. 군사정권과 달리 문화적 색채를 강조한 김영삼 정부는 취임 이듬해인 1994년 문화체육부 산하에 '문화산업국'을 설치했다. 김대중 정부는 문화산업이 "21세기 기간산업", "무한한 시장이 기다리고 있는 부富의 보고"라며 국가기간산업으로 육성하기 위해 역대 문화정책 사상 가장 많은 예산을 편성했다. 노무현 정부 역시 김대중 정부의 문화산업 육성 정책을 이어받아 문화콘텐츠 산업을 '국가적 미래 전략 사업'으로 주목하고 2001년 한국콘텐츠진흥원을 설립, 차세대 성장동력 산업으로 지정하였다.[29]

　　출판산업은 국력의 기반이 되는 지식·교육, 정보의 생산·유통, 언론의 자유를 뒷받침하는 미디어이며, 산업 규모를 능가하는 중요

27　권창규, 〈'문화'에서 '콘텐츠'로〉, 「대중서사 연구」 제20권 3호, 대중서사학회, 2014, 222쪽.
28　서진교 외, 《WTO, 체제의 개혁 방향과 한국의 대응》, 대외경제정책연구원, 2008, 65쪽.
29　권창규, 위의 글, 228~229쪽.

한 존재이다.[30] 윤형두(1988)[31]는 출판산업의 일반적 특성으로 문화 창조성이 강한 산업, 인적 요소를 주축으로 하는 산업, 개성이 강한 산업, 사전주문 없이 생산하는 프로듀서 산업, 재고나 데이터를 자산으로 산정할 수 없는 산업, 다품종 소량생산 산업, 초기 사망률이 높고 투기성이 강한 산업으로 보았다.

그러나 출판산업이 국제화되고, 뒤처진 국내 기반이 정비되고 있으며, 해외 거대 IT 기업들이 플랫폼을 구축하는 등 출판환경이 급속도로 변화하고 있다. 이러한 패러다임의 변화는 본격적인 디지털 시대를 맞아 콘텐츠의 3D화, 스마트화, 글로벌화, IT 생태계 조성 등의 콘텐츠산업 전반에 걸쳐 국경이 사라지는 무한경쟁 시대를 겪고 있다.

국내 출판산업 정책 방향성에 있어 정부는 그동안 제1차 출판·인쇄문화산업 진흥발전계획(2003~2007년)을 시작으로, '지식강국의 성장동력 출판지식산업' 육성방안을 표방하는 제2차 출판·인쇄문화산업 진흥계획(2007~2011년), 인쇄문화산업 진흥계획이 별도로 수립되어, 출판문화산업을 중심으로 추진된 제3차 출판문화산업 진흥계획(2012~2016년) 이후, 2017년 2월 제4차 출판문화산업 진흥계획(2017~2021년), 2022년 8월 제5차 출판문화산업 진흥계획(2022~2026년)을 발표하면서 기존 정책과 시대를 반영한 신규 출판 정책을 만들어가고 있다.

　　　　　　　　　　　출판에 대하여

1) 진흥발전계획 비전 및 목표

제1차 출판·인쇄문화산업 진흥발전계획(2003~2007년)에서의 출판은 지식문화산업의 핵심 콘텐츠로, 이 시기에는 책 중심의 지식문화 사회 구현을 표방하고, 출판·인쇄산업의 중장기 진흥 시책 수립 및 추진을 강조했다.[32] 즉 제1차 출판·인쇄문화산업 진흥발전계획은 국내 출판산업의 활성화에 중점을 두었다. 특히 기존 규제 중심의 법률로는 21세기 지식정보화 시대에 출판 및 인쇄산업을 진흥시키기 어렵다는 판단에 따라 2003년 〈출판 및 인쇄진흥법〉을 제정하여 지식산업의 중심기반으로서 출판 및 인쇄산업을 육성하는 토대를 마련하기 위한 것이었다. 법 개정을 통해 이루어진 핵심적인 전환은 진입규제 완화와 변형도서 정가의 도입으로 요약할 수 있다. 진입규제 완화 정책으로 출판사 및 인쇄사 설립이 등록제에서 신고제로 전환되었으며, 온라인서점 과당경쟁에 대한 제어를 위한 변형 도서정가제(신간 할인 10%로 제한)가 도입되었다. 또한 '책 중심 대한민국 비전Ubiquitous-Book Korea Vision' 구현을 통한 지식문화강국 실현을 비전으로 세계 5대 출판인쇄 산업국 도약 기반 조성 및 동북아 출판인쇄 시장 허브 구축, 디지털시대 전자출판 산업의

---

30 植村八潮, 〈출판의 국제화를 배경으로 한 산업 육성책의 상황과 검토〉, 「한국출판학연구」 제41권, 2015, 45쪽.

31 윤형두, 〈출판기획 소고〉, 「출판학연구」, 1988, 118쪽.

32 문화관광부, 〈출판·인쇄문화산업 진흥발전계획(2003~2007) 보고서〉, 문화관광부, 2003. 정책 자료집을 재구성.

전략 육성을 핵심 목표로 삼았다.

그러나 디지털 전환 및 온라인 유통 확대에 대한 소극적 대응으로 양극화 심화를 야기했고, 산업 기반 구축에 대한 고려가 부족했다는 점 등은 한계로 지적되고 있다.

<그림 3-1> 제1차 출판·인쇄문화산업 진흥발전계획(2003~2007) 비전 및 목표

출처: 문화체육관광부, <제1차 출판·인쇄문화산업 진흥발전계획(2003~2007)> 보도자료

〈그림 3-2〉 제1차 출판·인쇄문화산업 진흥발전계획(2003~2007) 추진방향 및 역할

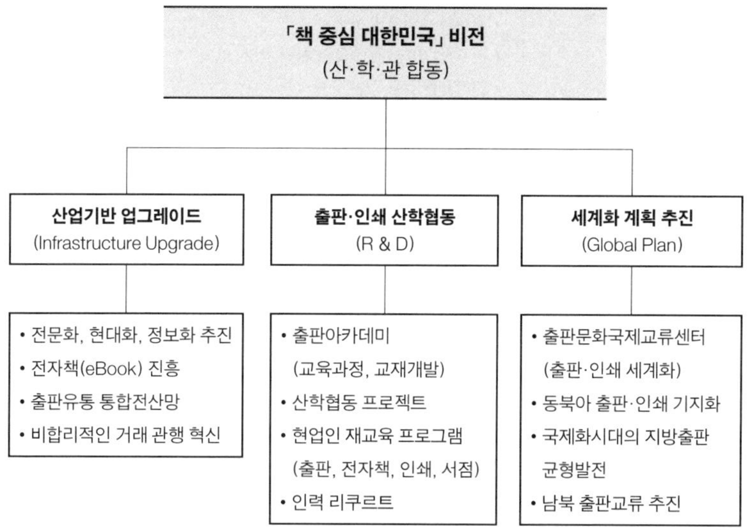

출처: 문화체육관광부, 〈제1차 출판·인쇄문화산업 진흥발전계획(2003~2007)〉 보도자료

〈표 3-1〉 제1차 출판·인쇄문화산업 진흥발전계획(2003~2007)

8대 정책과제	세부과제
출판산업 인프라 구축	▶ 출판 및 인쇄진흥법의 성공적 정착 운영 ▶ 출판진흥을 위한 출판금고 확충 추진 ▶ 출판물 종합유통센터 건립 지원 ▶ R&D 여건 조성 및 정책 지원 기능 강화 ▶ 파주출판문화산업단지의 세계적 출판 명소화
출판콘텐츠 제작기반 조성 및 전문인력 양성 지원	▶ 양서 출판제도 개선 운영 ▶ 출판아카데미 운영 지원 ▶ 출판산업 활성화를 위한 조세제도 합리적 개선 지원 ▶ 출판 산·학 연계 체제 구축 및 특성화 교육 지원
전자책의 시장 형성과 세계 전자책 주도국	▶ 전자출판 산업 진흥을 위한 제도 정비 ▶ 전자출판 관련 기술개발

부상	‣ 전자출판에 대한 인식 제고 및 수요 개발 ‣ 전자책 수익모델 구축 ‣ 전자출판의 세계 주도국 지위 확보 ‣ 전자출판 유통 기반 구축 ‣ 전자출판 시장 형성 및 활성화 위한 자금 지원
인쇄문화산업 진흥	‣ 파주인쇄산업단지 조성 지원 ‣ 인쇄시설 현대화 지원 ‣ 인쇄종합축제 개최 ‣ 산학협동 인쇄 종사자 재교육 ‣ 인쇄역사문화관 조성
출판유통 현대화의 기반 조성과 유통질서 확립	‣ 건전출판 유통질서 확립 ‣ 간행물윤리위원회 기능 활성화 ‣ 전국 서점 및 출판사에 대한 유통 개선사업 지원 ‣ 출판유통 현대화 법인 설립 및 2004년 상반기 시스템 구축 시범 운영
출판산업의 국제경쟁력 강화	‣ 국제도서전 개최 및 참가를 통한 국제교류 활성화 ‣ 독일 프랑크푸르트도서전 한국 주제 국가 개최 추진 ‣ 출판문화국제교류센터(가칭) 설립 운영 추진 ‣ IPA 2008 서울총회 개최 지원 ‣ 현지어 버전 제작 지원으로 글로벌 마케팅 강화 ‣ 동아시아 출판 문화포럼 개최 지원 ‣ 출판산업 해외진출 지원
지방 출판문화 육성	‣ 지방 출판산업 육성 ‣ 서점의 현대화, 체인화, 정보화 사업 지원
남북 출판산업 교류 추진	‣ 과학기술도서를 중심으로 한 출판교류사업 ‣ 남북 공동도서전 개최 및 국제도서전 공동 참가

2) 진흥발전계획 분석 및 평가

2003년 제1차 출판문화산업 5개년 계획을 살펴보면, 비전과 목표에서 지식문화 강국을 실현하기 위해 '책 중심 대한민국' 비전을 제시했으며 거시적인 관점에서 세계 5대 출판·인쇄 산업국 도약 기반 조성, 동북아 출판·인쇄 중심시장(허브) 구축, 디지털시대 전자출판 산업의 전략 육성을 내세웠다. 이를 실행하기 위해 산업기반 구축으로 기업 전문화, 시설 현대화 인프라 확충, 정책 효율성 제고로 시장지향적 법제개선, 능동적 진흥정책, 정책평가관리 시스템, 지식정보화로 유통현대화, 전문인력 양성, 인프라 정보화를 강조했다. 세부적인 계획으로 8대 정책과제인 출판산업 인프라 구축, 양서출판 기반조성 및 전문인력 양성지원, 세계적 전자책 주도국 지위 확보, 인쇄문화산업 진흥, 출판유통 현대화 기반조성, 출판산업이 국제경쟁력 강화, 지방 출판문화육성, 남북 출판교류 활성화를 제시했다.

추진방향과 역할에서 산·학·관 합동으로 함께하고자 했고, 산업기반 업그레이드로 전문화·현대화·정보화 추진, 전자책ebook 진흥, 출판유통통합전산망, 비합리적인 거래 관행 혁신, 출판·인쇄 산학협동(R&D)로 출판아카데미(교육과정, 교재개발), 산학협동 프로젝트, 현업인 재교육 프로그램(출판, 전자책, 인쇄, 서점), 인력 리쿠르트, 세계화 계획 추진으로 출판문화국제교류센터(출판·인쇄 세계화), 동북아 출판·인쇄 기지화, 국제화시대의 지방출판 균형발전, 남북 출판교류 추진이었다. 현시점에 정책안으로 제시해도 손색이 없는 내용들이다.

1) 진흥계획 비전 및 목표

제2차 출판·인쇄문화산업 진흥계획(2007~2011년)은 지식강국의 성장동력과 출판지식산업 육성방안을 표방했지만 제1차 5개년 계획보다 훨씬 미흡한 문화정책으로 인해 한류 지속을 위한 출판콘텐츠 확장성에 대한 비전이 보이지 않았다. 또한 출판지식 글로벌 경쟁력 강화를 강조하고, 한국 출판정보의 해외 홍보 강화, 외국어 번역 출판 활성화, 출판·인쇄 분야 국제교류 및 협력 증진, 출판물 해외진출을 위한 국제출판진흥센터(가칭) 설치 운영 계획 등을 세웠지만 실제로 추진된 것은 아주 미미했다.[33]

큰 틀에서는 기존 정책의 연장에 있으며, 국민의 독서권 보장, 국민 '책 쓰기 운동' 등 독서문화와 책을 통한 국민의 창조적 지식 생산 능력 강화 등의 정책이 포함된 것이 특징이다. 그러나 출판현장에서는 인터넷 서점 중심의 할인경쟁에 대한 문제제기가 지속적으로 이루어지면서, 출판유통을 둘러싼 오프라인-온라인 사업자 간 갈등도 심화되었다.

2) 진흥계획 분석 및 평가

제2차 출판산업 진흥계획의 비전은 '책으로 만드는 글로벌 지식문화강국-국민이 참여하는 새로운 문예부흥의 시작-'으로 추진전략은 국민참여와 균형발전, 출판지식 네트워크 강화, 온·오프라

33　문화관광부(2007), 앞의 글, 정책 자료집을 재구성.

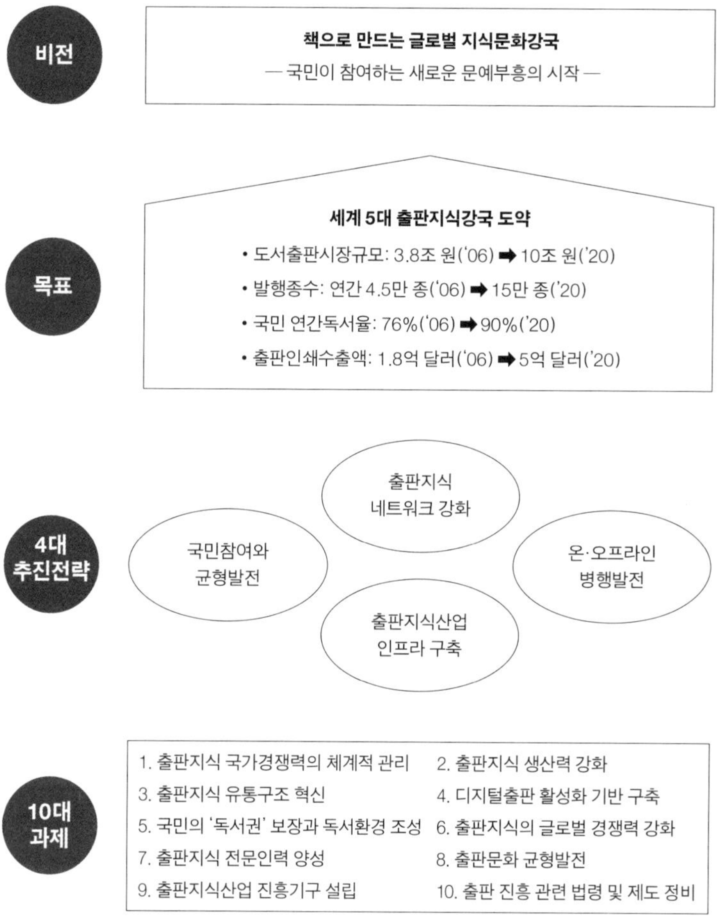

출처: 문화체육관광부, 〈제2차 출판·인쇄문화산업 진흥계획(2007~2011)〉 보도자료

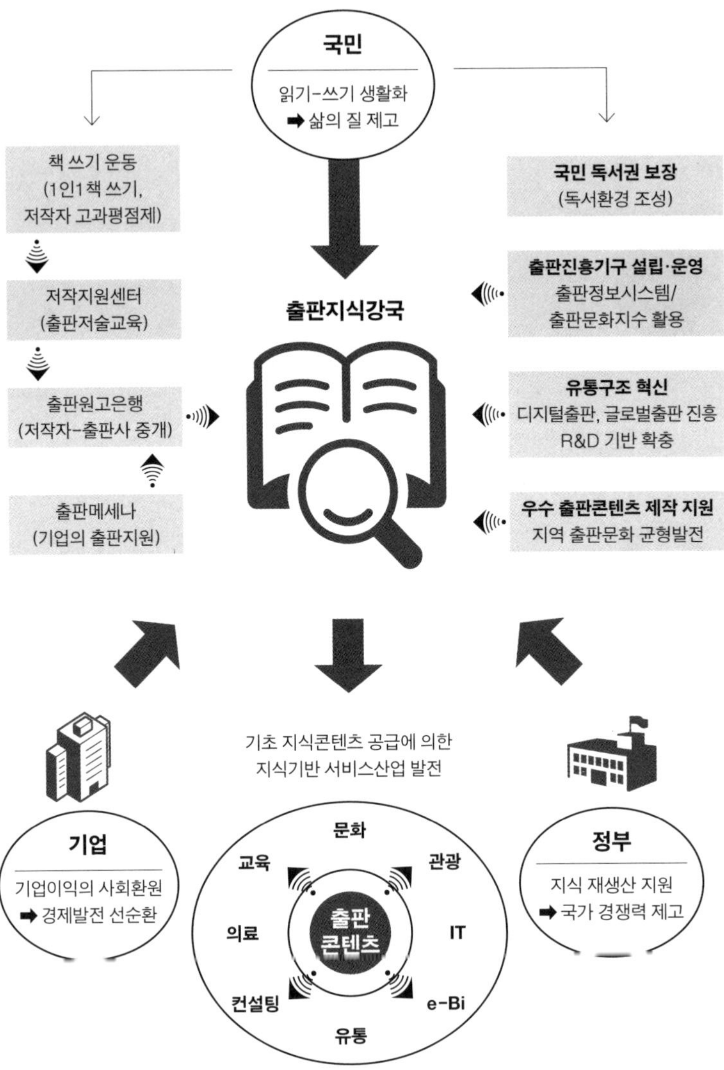

출처: 문화체육관광부, 〈제2차 출판·인쇄문화산업 진흥계획(2007~2011)〉 보도자료

출판에 대하여

<표 3-2> 제2차 출판·인쇄문화산업 진흥계획(2007~2011)

10대 과제	세부과제
출판지식 국가경쟁력의 체계적 관리	▸ 출판지식 정보의 효율적 관리체계 구축 ▸ '출판문화지수' 개발·활용
출판지식 생산력 강화	▸ '책 쓰기 운동' 전개·저작자 고과 평점 가산제 도입 장려 ▸ 다양한 출판콘텐츠의 제작지원 확대·인쇄산업 현대화 지원 ▸ '출판원고은행(Text Bank)' 개설 운영 및 '출판메세나' 육성
출판지식 유통구조 혁신	▸ RFID 적용 출판유통 징보 표준화·건진 출판 유통질서 확립 ▸ 서점의 지역사회 거점 문화공간 육성 및 서점 협동화
디지털출판 활성화 기반 구축	▸ 다매체 디지털출판 생산기반 구축 ▸ 우수 u-book 콘텐츠 제작·보급 지원 ▸ 공유저작물의 디지털출판 및 보급 지원 및 디지털 출판콘텐츠 저자 발굴 ▸ 출판·독서 전문 인터넷방송 운영 지원
국민의 '독서권' 보장과 독서환경 조성	▸ 방송매체의 독서 진흥 역할 강화 ▸ 국민 '독서권' 개념의 도입과 제도화 ▸ 국민 독서 진흥 프로그램 개발·운영 ▸ 공공도서관 및 작은도서관 확충 및 지역 문화유산 수집·보존·활용
출판지식의 글로벌 경쟁력 강화	▸ 한국 출판정보의 해외 홍보 강화 ▸ 외국어 번역출판 활성화 ▸ 출판·인쇄 분야 국제교류 및 협력 증진 및 국제 이벤트 개최 지원 ▸ 파주출판단지의 '국제출판컨벤션도시' 육성 ▸ 국제출판진흥센터(가칭) 설치 운영
출판지식 전문인력 양성	▸ 출판지식산업 연구개발(R&D) 인프라 확충 ▸ 출판지식 대학원대학 설립 검토 추진 ▸ 전문인력 양성 및 교육교재 개발·보급
출판문화 균형발전	▸ 지역 출판문화 균형발전 ▸ 남북 출판교류 촉진 ▸ 지식문화 소외계층의 지식 접근 기회 확대
출판지식산업 진흥기구 설립	▸ 출판지식산업 진흥기구 설립·운영
출판진흥 관련 법령 및 제도 정비	▸ 출판 및 인쇄진흥법 개정 추진·출판 관련 세제 및 제도 개선 ▸ 기타 출판 관련 법령 제·개정 검토

출처: 문화체육관광부, 〈제2차 출판·인쇄문화산업 진흥계획(2007~2011)〉 보도자료

인 병행발전, 출판지식산업 인프라 구축을 제시했다. 세부 과제의 특징은 국민의 '독서권' 보장과 독서환경 조성과 출판지식산업 진흥기구 설립, 출판진흥 관련 법령 및 제도 정비가 대두되었다. 시대적 과제를 반영한 것으로 판단된다.

4. 제3차 출판문화산업 진흥계획

1) 진흥계획 비전 및 목표

제3차 출판문화산업 진흥계획(2012~2016년)은 한국출판문화산업진흥원 출범(2012년)을 통해 보다 체계적인 추진체계를 확보했다는 점에서 이전과 차이를 갖는다. 한국출판문화산업진흥원 설립과 출판유통 정보시스템 구축 운영, 출판산업 종합지원센터 설치 운영, 출판수출지원센터 설립 운영, 사회적 독서환경 조성 사업 등을 핵심 사업으로 제시했다.

특히 '출판 한류'라는 개념을 통해 출판수출 지원에 대한 체계적 정책이 마련되었다는 점이다. 이를 위해 해외 저작권 대응, 시장 정보, 수출 실무지원 등의 정보제공 시스템 구축이 추진되었다. 또한 종이책 중심의 출판산업의 정체와 감소에 대한 대안으로 전자출판 진흥을 지속적으로 강조했다. 2014년 11월 개정 도서정가제 시행으로 출판생태계 질서확립의 중요한 전기가 마련되었다.

안정적 정책집행을 위한 기관이 설립되어 정책 추진체계가 정비되었다는 점에서는 어느 정도 진전이 있었다고 평가할 수 있다. 다만 실질적 예산 증대에 한계가 있었고 여전히 분배중심의 제도운

<그림 3-5> 제3차 출판문화산업 진흥계획(2012~2016) 비전과 전략

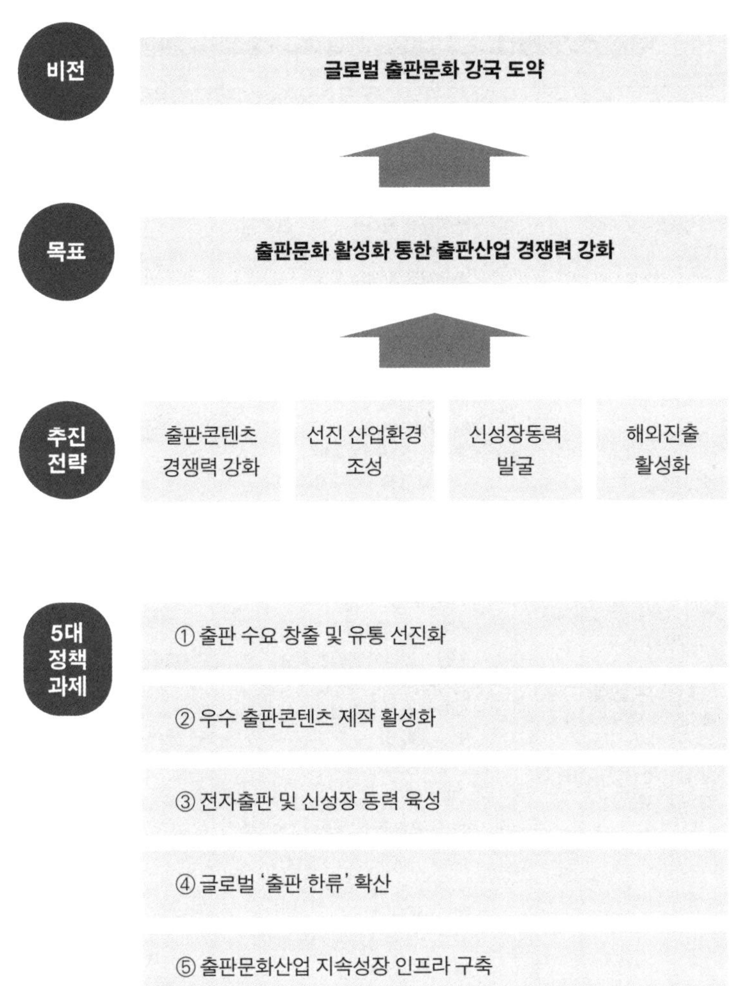

출처: 문화체육관광부, <제3차 출판문화산업 진흥계획(2012~2016)> 보도자료

출처: 문화체육관광부, 〈제3차 출판문화산업 진흥계획(2012~2016)〉 보도자료

출판에 대하여

영이 이루어진 것들은 한계로 보인다.

2) 진흥계획 분석 및 평가

제3차 출판문화산업 진흥계획은 글로벌 출판문화 강국 도약을 제시했다. 그리고 세부 과제의 특징은 우수 출판콘텐츠 제작 활성화, 신성장 동력육성, 그리고 글로벌 '출판한류' 확산이다.

5 　제4차 출판문화산업 진흥계획

1) 진흥계획 비전 및 목표

제4차 출판문화산업 진흥계획(2017~2021년)은 글로벌 출판정보 서비스 제고, 맞춤형 국제교류 추진, 해외 저작권 수출 지원, 국내 발행 도서의 해외 보급 확대, 국제도서전 개최·참가 활성화 등을 목표로 삼고 있다.

송인서적 부도 사태 등을 통해 유통선진화의 문제가 현실적인 우선 과제로서 제기되었으며, 산업의 지속가능성에 대한 우려로 적극적 대응의 필요성이 강조되었다. 이와 함께 수요확대 및 독서문화진흥을 위해 '2018년 책의 해 지정' 등의 노력이 계획되었다.

또한 투자 활성화와 IP멀티유즈 비즈니스, MCN^{Multi Channel Network} 등 뉴미디어와의 협력강화 등 새로운 미디어산업 생태계 변화에 대응하기 위한 정책 방향 등과 출판 스타트업, 지역서점 등 새로운 생태계 변화를 반영하는 정책 방향이 제시되었으며, 판면권 도입을 비롯한 관련 법제 개선 방향과 정책 거버넌스 구축 방안 등

출처: 문화체육관광부, 〈제4차 출판문화산업 진흥계획(2017~2021)〉 보도자료

출판에 대하여

에 대한 방향이 제시되었다. 다만, 새 정부 출범 이전에 발표된 정책이란 점에서, 새로운 문화정책의 방향성을 공유하는 방식으로의 재검토가 필요해 보였다.

2) 진흥계획 분석 및 평가

제4차 출판문화산업 진흥정책은 다시 책으로 도약하는 문화강국 실현을 비전으로 제시했으며, 목표는 출판생태계의 자생력 강화이다. 세부 과제로 대형도매상 부도로 출판유통 선진화 구축을 강조하고 지역서점 상생발전을 내세웠다. 그러나 다양한 진흥책에도 불구하고 독서율은 하락하였으며, 출판유통통합전산망이 도입되었으나 실제 출판계의 이해관계 충돌로 인해 목표 달성에는 미진한 것으로 평가된다.

6 제5차 출판문화산업 진흥계획

1) 진흥계획 비전 및 목표

산업으로서의 출판과 출판시장의 성장을 위해 국내외 수요 확대, 지역출판과 지역서점 활성화, 원천콘텐츠로서의 책의 가치 조명, 출판 지식재산권IP의 확장과 활용에 중점을 두었다. 지역서점별 특성을 고려한 책 선정 및 맞춤형 문화활동 기획을 지원하는 '북큐레이터' 신규양성, '국제아동도서전', '그림책 시상제도' 도입, 서점 소멸지역에 '작은서점' 시범운영, '책문화센터' 확대, 지역 도서 물류체계 개선, 출판 지식재산권IP 종합지원센터 구축, 웹소설·출판

〈그림 3-8〉 제5차 출판문화산업 진흥계획(2022~2026) 비전 및 목표

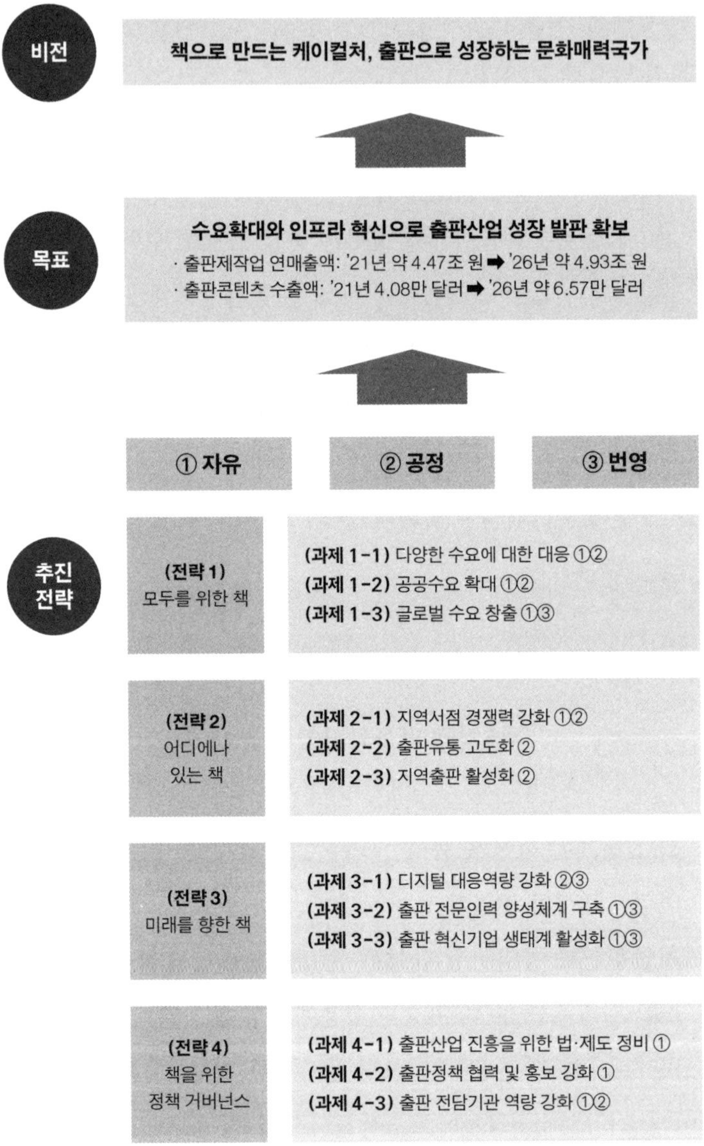

출처: 문화체육관광부, 〈제5차 출판문화산업 진흥계획(2022~2026)〉 보도자료

〈표 3-3〉 제5차 출판문화산업 진흥계획(2022~2026)

전략	추진과제	세부과제
모두를 위한 책	다양한 수요에 대한 대응	▸ 다양성 도서 출간 지원 ▸ 북큐레이션 활성화 ▸ 주문형 제작(Print-on-Demand) 　활용체계 구축
	공공수요 확대	▸ 양서 제작지원 및 활용도 강화 ▸ 미래세대를 위한 수요 개발 ▸ 지역생활권 내 도서구입 확대
	글로벌 수요 창출	▸ 타 콘텐츠 장르 페어 연계 강화 ▸ 글로벌 출판 교류 강화 ▸ 통합적 출판 수출 지원체계 구축
어디에나 있는 책	지역서점 경쟁력 강화	▸ 책 경험 공간 고도화 ▸ 지역서점의 문화적 기능 확충 ▸ 지역서점 자립기반 구축
	출판유통 고도화	▸ 출판유통 데이터 고도화 ▸ 출판물류체계 개선 ▸ 불합리한 거래 관행 개선
	지역출판 활성화	▸ 지역출판 기반 조성 및 지원 ▸ 지역 문화관광 연계
미래를 향한 책	디지털 대응역량 강화	▸ 출판 IP 콘텐츠 확장 지원 ▸ 디지털 신유형 출판생태계 지원 강화 ▸ 디지털 역량강화를 위한 기술개발 및 교육
	출판 전문인력 양성체계 구축	▸ 산학 연계 활성화 ▸ 교육과정 연계 강화 및 플랫폼 구축
	출판 혁신기업 생태계 활성화	▸ 출판산업 투자 활성화 재원 확대 및 제도화 ▸ 출판 스타트업 및 초기기업 지원
책을 위한 정책 거버넌스	출판산업 진흥을 위한 법·제도 정비	▸ 출판문화산업진흥법 정비 ▸ 출판계 권익 제고를 위한 제도 정비
	출판정책 협력 및 홍보 강화	▸ 출판정책 상생 협력 강화 ▸ 출판정책 통합 마케팅을 통한 대국민 　홍보 강화
	출판 전담기관 역량 강화	▸ 정책연구 및 통계 기능 강화 ▸ 불공정행위 근절 및 갈등조정 기능 강화

지식재산권[IP] 분야 미래인재 양성, 출판 교육과정 재편 등을 사업으로 구체화해 추진하고자 했다.

그러나 지역서점, 독서, 병영독서 등 예산이 일부 또는 전액 삭감되면서 당초 수립된 진흥계획과 동떨어진 계획이 되고 말았다.

2) 진흥계획 분석 및 평가

제5차는 지난 정책과제를 분석해 수요확대와 인프라혁신으로 출판산업 성장 발판을 확보하는데 핵심목표로 설정했다. 그래서 추진전략도 모두를 위한 책, 어디에나 있는 책, 미래를 향한 책, 책을 위한 정책 거버넌스로 전략을 세우고 세부내용을 제시했다.

정부의 출판문화산업 5개년 계획에 대해 간략하게 정리를 하면, 첫째, 출판정책의 일관성이 부족했고, 둘째, 출판정책의 세밀함이 미흡했으며, 셋째, 출판정책 계획과 예산집행 및 실행과제는 다르게 추진되었으며, 넷째, 출판정책의 전문가가 부재했던 것으로 보인다.

[4장]

한국 출판산업의 정책 분석

출판법과 제도는 출판의 규제와 진흥 사이를 오가며 변화했으며, 문화, 저작권, 콘텐츠, 도서관, 독서 관련 법과 제도와 연관을 지어 개정되어 왔다. 이제까지 출판진흥 정책은 출판물의 생산 측면을 중심으로 직접적인 지원 사업을 펼쳐왔지만, 최근에는 책 생태계 진흥의 측면에서 유통과 소비를 진흥을 시키기 위한 정책을 담아가고 있다. 이런 측면에서 출판법과 제도의 변화를 살펴보고 출판진흥기구, 전문인력 양성, 서점, 유통, 지역출판, 디지털콘텐츠, 출판수출 그리고 저작권과 독서 정책에 대해 살펴보고자 한다.

1) 출판법의 역사와 의미

일반적으로 출판은 이데올로기적 매체라 한다. 이와 연관하여 쟈네트 월프는 "문화적 생산물 속에 표현된 관념, 신념, 태도, 그리고 가치는 이것들의 작가가 위치해 있는 사회적 경제적 구조와 언제나 체계적으로 연결되어 있다는 점에서 이데올로기적이다."[34]라고 말한 바 있다.

이데올로기란 '정치나 사회에 대한 기본적인 사고방식이나 사상 경향'을 말하는데 어느 시대 어느 사회에나 그 사회를 지배하는 지배이데올로기와 사상체계가 존재한다. 그것은 지배이데올로기로 개념화되기 때문이다. 권위주의, 자유주의, 공산주의, 사회주의, 사회적 책임주의 등으로 실례를 들 수 있다.

---

[34]　쟈네트 월프, 이성훈·이현석 옮김,《예술의 사회적 생산》, 한마당, 1989, 96쪽.

그러나 우리나라가 자유주의 이론에 바탕을 둔 지배이데올로기하에 있었지만 출판 통제가 여러 정권을 거쳐 오는 동안 이루어져 왔다. 즉 분단 상황하에 국가안보에 바탕을 둔 반공이데올로기에 독재 권력은 이승만 정권에서부터 싹트기 시작했고, 그리고 우리 사회의 중추적 구조인 경제적 종속성과 독점 자본의 매카니즘을 위하여 군사정권에서는 더욱 강력한 출판통제가 가해졌다.

이른바 이데올로기 출판물을, 이념 서적이나 이념 출판물로 불리기도 하는 판금서적, 좌경서적, 의식화 도서, 불온출판물은 다 같은 표현인데, 이데올로기를 옹호하는 표현으로 쓰이기도 한다. 진보적, 급진적이라는 의미를 내포하기도 한다.

18세기에 프랑스에서 쓰이기 시작한 이데올로기라는 어휘가 우리나라에서 쓰기 시작한 것은 1945년 8월 15일 이후부터라고 생각된다. 1945년 광복이 되면서부터 우리 출판계는 이데올로기에 편승하는 출판물이 나오게 된다.

특히 이 시기의 출판계는 이른바 좌협과 우협으로 양분되었으며, 좌협에서는 사회주의, 공산주의 이데올로기에 의한 출판물이 나오게 되고, 우협에서는 자유주의와 자본주의 이데올로기에 의한 출판물이 나오게 된다. 그런데 대한민국 정부가 수립되면서 〈반공법〉이 만들어지게 된다.

국가의 안전을 위태롭게 하는 공산계열의 활동을 봉쇄하고 반공체계를 강화하기 위해 만들어진 것이 〈반공법〉이다. 좀더 부연해 보면, 반국가단체의 가입 또는 가입할 것을 권유한 자, 반국가단체에의 활동을 찬양고무한 자, 또는 반국가단체의 지배하에 있는 지역으로 탈출하거나 그 지역으로 잠입한 자 등에 대한 형벌 등을 규

　　　　　　　　　　　　　　　　　　　　　　출판에 대하여

정한 것이 〈반공법〉이다.

〈반공법〉의 지배하에서 이데올로기적 상황이 만들어졌고, 1958년 12월에 여당 단독으로 〈국가보안법〉을 통과시켰다. 이에 반대하는 야당 및 언론계와 법조계의 빗발치는 반대에도 불구하고 통과시켜 1959년 1월부터 발효하였다. 1960년대의 반공이데올로기를 만들었다.

1948년 8월 15일 해방 이후 대한민국 정부가 수립되고, 이에 대한민국 제헌 〈헌법〉에 의해 출판의 자유를 열게 되었다. 일제강점기 36년간은 피지배 민족으로, 미군정 3년간은 이데올로기 상황에서 출판을 영위하여 왔지만, 정부수립 후는 말 그대로 자주적인 출판을 영위하게 되었다. 제헌 〈헌법〉의 학문과 예술의 자유, 사상표현의 자유, 언론·출판의 자유, 집회·결사를 전제로 한 국민주권을 누리게 되었다.

1948년 제1공화국 제헌 〈헌법〉은 제13조에서 '모든 국민은 법률에 의하지 아니하고는 언론·출판·집회·결사의 자유를 제한받지 아니한다.'고 하여 언론·출판의 자유를 법률로써 유보할 수 있도록 규정하였다. 이에 따라 하위법이 추진되었는데 뚜렷한 출판 입법은 거의 없으나 6·25전쟁 이후 기능이 마비된 대한출판문화협회가 9·28수복과 함께 재건되었고, 1952년 2월 10일의 대한출판문화협회 결의로 '출판물거래규정'과 '검인정 교과서 판매규정'을 제정하였다. 1957년 1월 28일 〈저작권법〉을 제정하고 동시행령을 1959년 4월 22일 공포하였으며, 이때까지도 출판등록규정 등은 미군정청의 군정령과 예규 또는 통첩으로 되어 있었다.

1945년 8·15 광복이 되면서 권위주의하에 있던 허가제 출판이 자유주의 이론하에 등록제 출판이 되었다. 자유주의적 방임이 이루어지면서 자유주의하의 출판은 민주주의와 사회주의로 양분되어 자유롭게 출판을 영위할 수 있었다.

해방 4년 동안의 정치, 경제, 문화 등 각 방면의 업적을 돌아보면, 문화방면에서도 출판계가 가장 뚜렷한 활약을 보여주었고 그 공적도 크고 많다고 할 수 있다. 용지난, 인쇄난 등 여러 가지 난관으로 고난을 거듭했지만 4년 동안에 해마다 1,000종의 도서를 수백만부씩 출판하였다.[35]

1960년 4월 19일 학생혁명이 일어나고, 이에 제2공화국 〈헌법〉은 제13조 1항에서 '모든 국민은 언론·출판·집회·결사의 자유를 제한받지 아니한다.'고 개정하고 제28조 2항의 단서 후단에서 '언론·출판에 대한 허가를 규정할 수 없다.'라고 하여 법률의 유보조항을 삭제함으로써 절대적 출판을 보장하였다. 이에 따라 1960년 7월 1일 〈신문 및 정당 등의 등록에 관한 법률〉을 공포하고 동시행령을 7월 30일에 공포하였는데 이 법에서 '신문 등'이라 함은 연 1회 이상 발간하는 신문 기타 정기간행물을 의미한다. 여기서 출판에 대해서는 단서조항을 두어 '서적의 재발행, 단순한 상업광고를 목적으로 하는 발행물, 국가기관과 지방자치단체 및 지방의회의 발행물은 예외로 한다.'고 별도 규정되어 있다.

5·16군사정변 후인 1962년 제3공화국 〈헌법〉 개정은 제18조에서 비교적 구체화하여 언론·출판의 자유를 규정하였다. 즉 모든 국민은 언론·출판의 자유를 가진다. 언론·출판에 대한 검열은 인정되

35　조선출판문화협회, 《출판대감》, 보성사, 1985, 4쪽.

　　　　　　　　　　　　　　　　　　　　출판에 대하여

지 아니한다. 다만 공중도덕과 사회윤리를 위해서는 영화나 연극에 대한 검열을 할 수 있다. 신문이나 통신의 발행시설 기준은 법률로 정할 수 있다. '언론·출판은 타인의 명예나 권리는 물론 공중도덕이나 사회윤리를 침해하여서는 아니된다'고 하여 헌법적 한계를 명시하였으며, 신문이나 통신의 발행은 등록제로 하여 그 등록기준을 법률로 위임하였다. 이에 대하여 〈헌법〉 조항은 자유의 면보다 통제 제약의 면이 강했으며 일정한 시설기준을 요구함으로써 언론·출판의 분야에 자본이 적은 사업자의 참가를 제약하고 기존의 언론통신기관에 독점화를 조장할 수 있다고 하는 비판이 제기되기도 하였다.

개정법의 정신에 입각하여 1961년 7월 3일에 〈반공법〉을 제정·공포하고 동시행령(1962.8.10)을 공포하였다. 같은 해 12월 30일에 〈출판사 및 인쇄소 등록에 관한 법률〉이 공포되고, 동시행령(1962.3.29)이 공포되었는데 이 법 제2조에 출판사를 정의하고 제3조에 등록 규정을 명시해 놓았다. 같은 해 12월 30일에 〈외국간행물 수입·배포에 관한 법률〉이 제정되고, 동시행령(1962.3.29)에 공포되었는데 이 법 제4조에 허가 규정을 명시하고 있다. 1963년 12월 12일에 〈신문·통신 등의 등록에 관한 법률〉이 공포되고 동시행령(1964.1.15)이 공포되었는데 시설기준 규정(3)과 등록규정(4)을 두고 있다. 1963년 10월 28일에 〈도서관법〉이 제정되고 동시행령(1967.3.27)이 공포되었다.

1970년대 이른바 10월 유신 후의 〈유신헌법〉은 제18조에서 '모든 국민은 법률에 의하지 아니하고는 언론·출판·집회·결사의 자유를 제한받지 아니한다.'고 규정하여 제1공화국 헌법과 동일하였다.

동법 제35조 2항 '국민의 자유와 권리를 제한하는 법률 제정은 국가
안전보장, 질서유지 또는 공공복리를 위하여 필요한 경우에 한한다.'
라고 규정하여 일반적 법률유보로서 국가안전보장을 첨가하였다.

위 〈헌법〉 조항의 하위법으로 〈출판사 및 인쇄소 등록에 관한
법률〉의 관련 조항을 개정하여 등록취소 조항 벌칙을 강화하고 보
안업무 규정(1970.5.14), 동 보안업무규정 시행세칙(1969.5.30), 1971
년 12월 27일 〈국가보위에 관한 특별조치법〉이 공포되고 동법 제
8조(언론·출판)에 비상사태에서 대통령은 아래 사항에 대하여 특별
조치를 할 수 있다. 첫째, 국가 안위에 관한 사항, 둘째, 국론을 분열
시킬 사항, 셋째, 사회질서의 혼란을 조장할 위험이 있는 사항, 이
조치를 어겼을 때 그 벌칙 규정은 1년 이상 7년 이하의 징역에 처한
다고 규정하고 그 가벌可罰에서 이 규정 적용행위가 다른 법률에 규
정된 죄에 해당하는 경우 그중 중한 형으로 처벌한다고 덧붙이고
있다. 이런 규정들은 출판문화의 정체에 영향을 크게 미칠 것을 예
고하는 것이다. 이와 같이 통치권력의 제도적 장치를 구축해 놓고,
언론을 채널화 해서 신문과 방송·출판·인쇄를 등록제로 추진함으
로써 공익성의 결여가 가시화되는 가운데 정권이 무너지게 된다.

1970년 1월 19일 출판의 사회적 책임을 인식하고 자율적으로
윤리신권요강을 선포하였던 대한출판문화협회, 한국잡지협회 그
리고 한국아동만화협회가 함께 '한국도서잡지 윤리강령'을 제정 선
포했다. 이들이 제정, 선포한 '도서잡지윤리강령'은 고유문화보호
육성과 건전한 지식, 교양, 오락을 제공하는 출판의 정기능에 대한
역할수행과 출판자유의 수호, 저자의 자유와 타인의 명예와 권리
보호 등 8개항으로 구성되어 있으며, 그 기본정신은 문화의 창조자

로서 또는 매개자로서의 출판의 사회적 사명을 근거로 하여 스스로 자각과 책임이 투철하여 출판윤리 확립에 부응한다고 천명했다. 이와 함께 '한국도서잡지윤리위원회'를 발족시켜 도서, 잡지, 만화의 심의를 수행하게 하였다. 1976년 6월 한국도서잡지윤리위원회는 주간신문윤리위원회를 흡수하여 '한국도서잡지 주간신문윤리위원회'로 개편하였다.

1980년 제5공화국 〈헌법〉 제20조는 1) 모든 국민은 언론·출판의 자유를 가진다. 2) 언론·출판은 타인의 명예나 권리 또는 공중도덕이나 사회윤리를 침해해서는 아니된다. 언론·출판이 타인의 명예나 권리를 침해한 때에는 피해자는 이에 대한 피해의 배상을 청구할 수 있다고 하여 제3공화국 〈헌법〉에서와 같이 헌법적 한계를 명시하였고 사법상 배상까지 규정하였다.

위 〈헌법〉 조항에 따라 하위법으로 1980년 12월 31일 〈국가안전기획부법〉이 제정되고, 1981년 12월 31일 〈언론기본법〉을 제정 공포하였고, 언론을 통폐합하였다. 앞서 〈신문·통신사 등의 등록에 관한 법률〉의 후신으로 만들어진 〈언론기본법〉은 말 그대로 신문·잡지·방송매체를 관장하는 법이었고, 출판은 〈출판사 및 인쇄소 등록에 관한 법률〉에 의해 통제되었는데 제5조 2에 등록취소조항을 강화하였으며 벌칙에는 양벌 규정(제8조)을 두었다. 10·26 사건 이후, 12·12 군사반란, 5·17 비상조치, 5·18민주화운동으로 이어졌고, 위 〈언론기본법〉과 〈국가보위에 관한 특별조치법〉(제8조 언론·출판)에 의거, 한국방송협회와 신문협회는 '건전 언론육성과 창달을 위한 건의'에 따라 흡수 통합되거나 정비되는 언론기관은 63개 매체(신문 28개, 방송 29개, 통신 6개) 가운데 신문 11개, 방송 27개 (중앙국, 지방국, MBC계열 21) 통신 6개 등 모두 44개사가 대상에 올라 전체 언론기관의 70%가 이에 해당되었다.

이런 언론통폐합 조치가 이루어지는 가운데 출판은 등록을 규제하여 1987년 6·29 선언이 있기까지 7년 동안 유지되어 왔다. 잠정적으로 서울지역 출판등록을 억제하다가, 지역·중앙 할 것 없이 행정규제로 묶어 등록을 억제함으로써 〈헌법〉상의 명시규정과 그 하위법상의 명문규정을 사문화하였다. 이런 출판의 비문화 측면은 정치권력의 부당한 작용에 의한 문화 정체현상이라 해도 좋을 것이다. 그것뿐만이 아니라 사전검열이라고 할 정도의 종용을 받고 납본되었을 때 사후검열이 행해지는 사례가 있었다. 특히 간행물 내용 중 수정요구는 〈저작권법〉상의 동일성유지권을 무시 외면하는 처사가 된다. 세무사찰로 그 발행사를 탄압하는 일은 권위주의 출판에서나 볼 수 있는 일이고, 압수수색은 법원의 영장에 의해야 마땅한데 행정편의주의에 의한 단속으로 재산권을 침해하는 경우가 많았다. 불법연행, 장기구금, 구류, 구속 등도 법원의 영장에 의한 사법심사제가 행해져야 하는데 그것이 식민지 시대의 문화종속 현상으로 노정되었고, 등록 취소조항 강화로 많은 사례를 남겼다.

1988년 현행 제6공화국 〈헌법〉 제21조 1) 모든 국민은 언론·출판의 자유를 가진다. 2) 언론·출판에 대한 허가나 검열은 인정되지 아니한다. 3) 통신, 방송의 시설기준과 신문의 기능을 보장하기 위하여 필요한 사항은 법률로 정한다'고 규정하였다. 그리고 동법 제37조 2항에서는 '국민의 모든 자유와 권리는 국가 안전보장, 질서유지 또는 공공복리를 위하여 필요한 경우에 한하여 법률로써 제한할 수 있으며, 제한하는 경우에도 자유와 권리의 본질적인 내용을 침해할 수 없다.'고 하여 제1공화국과 제4공화국 〈헌법〉과 같이 언론·출판의 자유에 대한 법률유보 조항을 두었다. 이와 관련된 법률로서 그동안 논란의 대상이 되어 왔던 〈언론기본법〉이 폐지되고, 그 대체 법률로서 1987년 12월 28일에 〈방송법〉과 〈정기간행물의 등록에 관한 법률〉이 동시에 제정 공포되었다.

1972년 10월 유신이 선포되면서 시작된 출판계 탄압과 수난은 1980년대에도 지속되었다. 신군부는 5·18민주화운동은 무력으로 진압하고, 국회와 정당을 해산, 언론기관을 통폐합, 출판계는《창작과 비평》,《문학과 지성》,《뿌리 깊은 나무》등 172개 정도의 정기간행물을 강제로 폐간시켰다. 정부의 비판적 출판물과 음란외설물 단속으로 출판물의 압수와 구금을 통해 불법 불량 도서 단속을 시행했고 이를 빌미로 이념도서[36] 단속으로 이어졌다. 또한 언론의 비판 기능이 어렵게 되자 진보적 성향의 기자들이 대거 출판계로 유입되기도 했다.[37]

6·29 선언 후 10·19 출판해금조치로 판금종용도서의 해제, 납본필증 즉시교부, 출판등록개방 등 출판을 원상으로 되돌려 놓았다. 그동안 자유주의 출판을 영위하면서도 행정지도 등 권위주의 출판적 애매성을 지녀오다가, 1988년 8월부터 2개월간 인문, 사회과학 전문가 13명으로 구성된 도서심의특별위원회가 검토하여 제출한 건의서를 토대로 그동안 판금을 해온 650종의 도서에 대해 다음과 같은 기준을 마련하여 발표하였다.

---

36 좌경 이데올로기를 주창하거나 옹호하며 이를 선동하는 출판물을 지칭하거나 반정부적 반체제적인 출판물까지 포괄하는 개념으로 활동되었다.

37 이근미,《우리 시대의 스테디셀러》이다, 2018, 127~135쪽.

첫째, 현실비판 및 일부 이데올로기 관련 도서 431종에 대해서는 그 내용에 문제점이 없는 것은 아니나 법률상의 문제와는 별개로 출판문화의 활성화와 자율화를 확대한다는 취지에서 문제 삼지 않기로 하였다.

둘째, 월북작가 및 공산권 작가의 문학작품 38종에 대해서도 계속 검토할 것이다.

셋째, 그러나 이미 위법도서로 확정 판결되었거나 기소되어 재판 계류 중에 있는 16종을 포함한 181종의 도서는 그 내용이 북한을 비롯한 공산주의 또는 공산주의자들의 활동을 고무, 찬양하거나 자유민주주의 체제 전복을 위한 계급투쟁 및 폭력혁명을 선동하는 도서로 지목되어 그 위법성 여부에 대한 최종 판결을 사법기관에 의뢰하기로 했다. 한편 이와 병행하여 납본필증도 납본 즉시 교부하게 되었으며 출판사의 신규등록 및 명의 변경도 개방되어 출판사 등록을 원하는 사람은 사무실 소재지역 행정구청 총무과에 구비서류(등록신청서 1부, 대표자 신원진술서 5부, 사진첨부, 대표자 호적등본 1통, 사무실 임대계약서 사본 1부, 대표자 도장 소지)를 제출하면 출판사 등록이 가능했다. 이와 같은 '출판 활성화 조치 발표 내용'을 보면서 출판정책 방향이 어떻게 유지되느냐에 따라 출판문화의 지체, 정체, 공복 현상이 드러날 것을 미리 예측하게 된다

1989년 8월 '한국간행물윤리위원회'로 다시 재개편하여 오늘에 이른다. '한국간행물윤리위원회'는 도서 잡지인, 주간신문인 및 만화 등 간행물의 품위유지와 윤리 향상을 위한 윤리강령 및 실천 요강의 준수를 목적으로 설립된 출판물의 자율적 규제기구로 운영되어 오고 있다.

   출판에 대하여

1990년대 출판계 가장 큰 이슈는 도서정가제 문제였다. 온라인 서점 예스24와 알라딘 등이 20~30% 할인된 가격으로 도서를 판매하면서 예스24의 경우 하루 매출액이 급상승하였고, 교보문고 역시 합류하면서 할인경쟁은 심해졌다. 도서정가제 논란은 2000년대 초반 온라인서점은 출판물의 10% 할인, 마일리지 적용에 이해당사자들이 협의함으로써 일단락되었다. 그러나 오프라인서점은 정가제 판매에 5% 내외의 마일리지를 제공하는 반면 온라인서점은 출판물의 10% 할인, 마일리지 적용 외에 이벤트 등 추가로 상품을 제공해 독자들을 끌어들었다. 이러한 현상으로 인해 중소형서점의 폐업에 이어 대형 오프라인서점들도 적자로 돌아섰다.

2010년대는 한국출판문화산업진흥원이 개정된 〈출판문화산업진흥법〉에 의해 2012년 7월에 출범하였다. 2003년 2월 〈출판 및 인쇄진흥법〉 제16조로 법정기구 설치 근거가 이관되었고, 2008년 1월 20일에 〈출판문화산업진흥법〉으로 법명이 개정되었다. 2015년 7월 전북혁신도시로 이전(전북개발공사 청사 일부를 임대)했으며, 〈출판문화산업진흥법 시행령〉에 따라 정부의 5개년 계획을 한국출판문화산업진흥원에서 사업계획 및 승인 등 출판문화산업 정책을 수행하고 있다.

2022년 〈출판문화산업진흥법〉 제4조의2 제8항 서점書店 및 제본업製本業 등의 지원을 하게 되어 있으며, 〈출판문화산업진흥법 시행령〉 제6조 제1항 3. 서점의 물류기능 개선과 관련된 사업과 제7조(실태조사의 방법 등) ① 법 제7조의2 제2항에 따른 실태조사(이하 "실태조사"라 한다)에는 다음 각 호의 사항이 포함되어야 한다. 1. 법 제7조의2 제1항에 따른 지역서점(이하 "지역서점"이라 한다)의 현황에 관한 사항, 2. 지역서점의 영업 실태에 관한 사항, 3. 그 밖에 문화체육관광부장관이 지역서점 실태를 파악하기 위하여 조사가 필요하다고 인정하는 사항 ② 문화체육관광부장관은 실태조사를 2년마다 실시해야 한다. ③ 문화체육관광부장관은 실태조사를 실시하기 위하여 필요한 경우에는 지방자치단체의 장과 서점 관련 단체에 자료 제공 등의 협조를 요청할 수 있다. ④ 문화체육관광부장관은 실태조사를 효율적으로 실시하기 위하여 정보통신망, 전자우편 등 전자적 방식을 사용할 수 있다.

2) 〈출판문화산업진흥법〉의 변천

(1) 출판사 및 인쇄소 등록에 관한 법률

1909년 2월 〈출판법〉 제정(전문 18조, 일제시대)은 출판하고자 하는 원고에 대한 검열 절차를 통해 출판 허가를 받았다. 출판한 뒤에는 원고와 인쇄된 책을 납본하여 허가된 원고대로 발행되었는가를 검열 후 허가받은 후 판매하였다.[38]

1961년 12월 〈출판사 및 인쇄소 등록에 관한 법률〉 새로 제정 및 공포(법률 제904호)하였고, 1962년 3월 출판사 및 인쇄소 등록 업무를 서울시와 각 도에 이관했다. 그러면서 '서약서' 미제출사를 포함하여 198개 출판사의 등록취소를 단행했으며 서약서 내용은 첫째, 출판 도덕을 준수하며 저자나 동업자에게 손해를 끼치지 않을 것, 둘째, 사회 안녕질서와 공익을 해칠 우려가 현저한 도서를 출판하지 않을 것, 셋째, 부당한 정가를 기재하여 할인판매를 하지 않을

---

38 한만수, 《잠시 검열이 있겠습니다》, 개마고원, 2012, 25쪽.

출판에 대하여

〈표 4-1〉 출판산업과 관련된 주요 문화 관련 법률

법률	주요 관련 내용
국제문화교류 진흥법	▸ 국제문화교류 진흥을 위한 재원 조달 및 운용, 기반 조성, 민간의 국제문화교류 진흥, 전문인력 양성 등
독서문화진흥법	▸ 독서문화진흥 기본계획, 연도별 시행 계획, 독서교육 기회 제공, 지역/학교/직장의 독서 진흥, 독서의 달 행사 등
만화진흥에 관한 법률	▸ 기본계획의 수립, 만화창작 및 만화산업의 진흥, 만화산업 관련 표준계약서(제9조) 등
문화기본법	▸ 문화의 개념, 국민의 문화권 등
문화산업진흥 기본법	▸ 문화산업에 출판과 관련된 산업 포함 ▸ 창업의 지원, 제작자의 지원, 유통 활성화를 위한 국제표준바코드, 유통전문회사의 설립지원, 기업부설창작연구소 또는 기업창작전담부서의 인정 등
문화예술진흥법	▸ 문화예술의 범위에 출판 및 만화 포함 ▸ 도서·문화 전용 상품권 인증제도(제15조), 문화예술진흥기금(제16조~제18조) 등
문화예술후원 활성화에 관한 법률	▸ 문화예술후원자 및 문화예술후원매개단체에 대하여 국세 및 지방세 감면 등
인문학 및 인문정신문화의 진흥에 관한 법률	▸ 연구 활동 지원(제12조), 인문교육의 실시(제13조), 인문학 및 인문정신문화의 확산(제16조) 등
인쇄문화산업 진흥법	▸ 인쇄문화산업진흥계획의 수립·시행, 창업 및 시설·유통의 현대화, 전문인력 양성, 국제교류, 인쇄물 품질향상에 관한 사업, 인쇄문화산업단지의 조성, 인쇄사의 신고 등
잡지 등 정기간행물의 진흥에 관한 법률	▸ 정기간행물의 책임, 독자의 권익보호, 광고, 우수 정기간행물 지원, 정기간행물 등록·신고 등
지역문화진흥법	▸ 지역의 생활문화진흥, 지역의 문화진흥기반 구축, 문화도시·문화지구 지정 및 지원
콘텐츠산업진흥법	▸ 콘텐츠산업의 진흥에 관한 중·장기 기본계획 수립, 콘텐츠 제작의 활성화, 콘텐츠산업의 기반 조성, 콘텐츠공제조합, 콘텐츠 유통 합리화, 콘텐츠 식별체계, 표준계약서 등 ▸ 콘텐츠를 최초로 제작한 날부터 5년간 영업 보호

것[39]이었다. 〈출판사 및 인쇄소 등록에 관한 법률〉의 주요 골자를 보면, 등록이라는 것이 단순히 절차만의 등록일 수 없는 실질적으로는 허가제로서의 성격을 지녔다.

첫째, 출판사를 경영하고자 하는 사람은 정부기관인 등록청에 여러 가지 형식을 갖추어 등록하도록 요구(제3조),

둘째, 등록하지 않고 출판사를 경영하는 사람은 20만 환 이하의 벌금 구류 또는 과료 처분,

셋째, 등록에 관한 규정을 어겼을 때는 등록을 취소할 수 있도록 규정해 놓고 있으며(개정령 1972.12.26. 제5조),

넷째, 간행물 2부를 첨부하여 그 판매 또는 살포 7일 전까지 등록청에 제출(시행령 1962.3.29.)하도록 했다.

1964년, 1972년 각각 〈출판사 및 인쇄소 등록에 관한 법률〉 개정(법률 제1642호, 법률 제2393호)을 했으며, 출판사 또는 인쇄소를 경영하는 자는 대통령령이 정하는 바에 의하여 다음 각호의 사항을 당해 출판사 또는 인쇄소의 소재지를 관할하는 시·군·구의 시장·군수·구청장(자치구의 구청장을 말한다. 이하 "등록청"이라 한다)에게 등록하도록 했다. 등록된 사항을 변경한 경우에도 또한 같다.〈개정 72.12.26., 97.12.13. 법5454, 99.1.21.〉

1. 출판사 또는 인쇄소의 명칭 및 소재지
2. 경영자(법인이나 단체인 경우에는 그 대표자)의 주소 및 성명
1974년 〈출판사 및 인쇄소의 등록에 관한 법률〉 시행령이 제

---

39 이강수, 범우사기획실편, 《출판학원론》 중 출판정책론, 범우사, 1995, 258쪽.

                                          출판에 대하여

정 공포되었으며, 1989년, 1993년 각각 〈출판사 및 인쇄소 등록에 관한 법률〉 개정(법률 제4183호, 법률 제4541호)이어, 1997년(법률 제5454호), 1999년(법률 제5659호) 각각 〈출판사 및 인쇄소 등록에 관한 법률〉 개정되었다. 그리고 2002년 8월 〈출판사 및 인쇄소 등록에 관한 법률〉은 폐지되었다.

(2) 출판 및 인쇄진흥법

2002년 8월 〈출판 및 인쇄진흥법〉(법률 제6721호) 제정, 2003년 2월 27일 시행되었다. 제3장 (출판사 및 인쇄사의 신고 등) 제9조(신고) ① 출판사 또는 인쇄사를 경영하고자 하는 자는 당해 출판사 또는 인쇄사의 소재지를 관할하는 시장·군수·구청장(자치구의 구청장을 말한다. 이하 같다)에게 다음 각호의 사항을 신고하여야 한다. 신고한 사항을 변경하고자 할 때에도 또한 같다.

1. 출판사 또는 인쇄사의 명칭·소재지

2. 경영자(법인 또는 단체인 경우에는 그 대표자)의 주소·성명

② 시장·군수·구청장은 제1항의 규정에 의한 신고(이하 "신고"라 한다)를 한 자에게 신고필증을 내주어야 한다. ③ 시장·군수·구청장은 신고를 받은 때에는 그 신고사항을 시·도지사를 거쳐 문화체육관광부장관에게 보고하여야 한다.

2005년 1월, 2005년 3월 각각 〈출판 및 인쇄진흥법〉 일부개정(법률 제7366호, 법률 제7421호) 등 추가 개정되었다.

(3) 출판문화산업진흥법

2007년 7월 〈출판문화산업진흥법〉(법률 제8533호)으로 제정·공

포했으며, 제3장 출판사의 신고 등 〈개정 2007.7.19.〉 개정이 있었다. 2009년 3월 〈출판문화산업진흥법〉(법률 제9530호)으로 전문개정을 했다.

제1조(목적) 이 법은 출판에 관한 사항 및 출판문화산업의 지원·육성과 간행물의 심의 및 건전한 유통질서의 확립에 필요한 사항을 규정함을 목적으로 한다.(전문개정 2009.3.25.)

제3장 (출판사의 신고 등) 제9조(신고) ① 출판사를 경영하려는 자는 미리 그 출판사가 있는 곳을 관할하는 특별자치도지사·시장·군수·구청장(자치구의 구청장을 말한다. 이하 같다)에게 다음 각호의 사항을 신고하여야 한다. 신고한 사항을 변경할 때에도 미리 신고하여야 한다.

1. 출판사의 이름 및 소재지
2. 경영자(법인 또는 단체인 경우에는 그 대표자)의 성명 및 주소

② 특별자치도지사·시장·군수·구청장은 제1항에 따른 신고(이하 "신고"라 한다)를 한 자에게 신고확인증을 내주어야 한다. ③ 특별자치도지사·시장·군수·구청장은 신고를 받으면 그 신고사항을 시·도지사(특별자치도의 경우는 제외한다)를 거쳐 문화체육관광부장관에게 보고하여야 한다.(전문개정 2009.3.25.)로 현재와 동일한 내용의 출판사 신고와 관련 주항이 구성되어 있다. 2010년 3월 〈출판문화산업진흥법〉(법률 제10108호)으로 일부개정, 2012년(법률 제11229호), 2014년(법률 제12355호, 12603호) 등 개정되었다.

2023년 8월 〈출판문화산업진흥법〉(법률 제19592호)으로 타법개정이 이루어졌으며, 현재 이 〈출판문화산업진흥법〉에 따라 출판에 관한 사항 및 출판문화산업의 지원·육성과 간행물의 심의 및 건

전한 유통질서의 확립에 필요한 사항이 규정되어 있다.

3) 출판사 및 인쇄사 신고 등 업무처리 매뉴얼

법적 근거는 〈출판문화산업진흥법〉, 동법 시행령, 시행규칙 등에 의해 적용된다. 법 제9조(신고), 제11조(신고확인증의 반납) 및 제28조(과태료), 시행령 제18조(과태료의 부과기준) 및 별표 2, 시행규칙 제2조(신고), 제3조(변경신고), 제4조(신고확인증의 발급), 제5조(신고 상황의 보고), 및 별지 제1, 2, 3호 서식, 제6조(폐업신고)이다.

신고대상은 출판사를 경영하려는 자 또는 신고사항을 변경하려는 자이며, 처리기관은 출판사 소재 특별자치시·특별자치도·시·군·구 담당부서이다. 제출서류는 〈출판문화산업진흥법〉 시행규칙 별지 제1호 서식(부록 참고)이며, 처리기한 3일로 되어 있다.

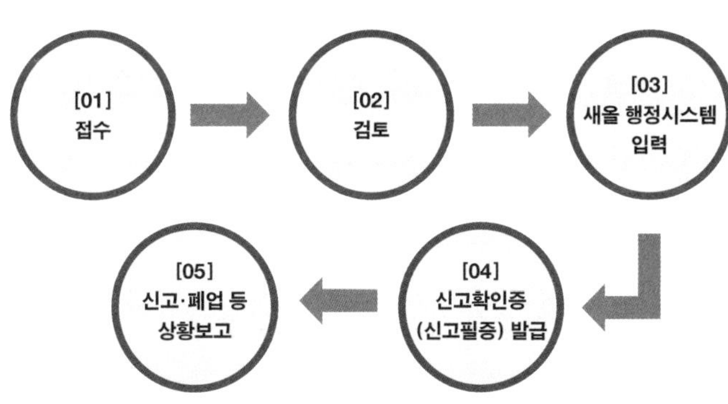

〈그림 4-1〉 출판사 및 인쇄사 신고 절차 매뉴얼[40]

---

40 김정명·김동혁·윤용근·한주리, 〈출판사 및 인쇄사 신고 업무 개선 연구〉, 한국출판문화산업진흥원, 2023. 3쪽.

4) 국제표준자료번호^{ISBN}과 납본제도

(1) 국제표준자료번호^{ISBN}

국제표준자료번호는 〈도서관법〉 상으로는 1988년 2월 28일부터 도입되었지만, 실제로는 〈한국문헌번호편람-도서번호편〉이 발행된 1991년 10월 1일부터 적용되기 시작했다. 〈도서관법〉 일부개정(2016.2.3.)으로 국제표준자료번호를 부여받은 온라인 자료의 납본 근거를 명확히 하고 있다.

〈도서관법〉 제21조(도서관 자료의 납본)에 따라 누구든지 도서관 자료(온라인 자료 중 제23조에 따라 국제표준자료번호를 부여받은 온라인 자료는 포함)를 발행 또는 제작한 경우에는 그 발행일 또는 제작일로부터 30일 이내에 그 도서관 자료를 국립중앙도서관에 납본하여야 한다. 수정 증보판의 경우에도 또한 같다. 국가, 지방자치단체 및 그 밖에 대통령령으로 정하는 공공기관이 도서관 자료를 국립중앙도서관에 납본하는 경우에는 디지털 파일 형태로도 납본하여야 한다. 납본·수집되는 도서관 자료의 선정, 종류, 형태, 보상 등에 관한 주요사항의 심의를 위하여 도서관자료심의위원회를 설치·운영하고 있다.

(2) ISBN 도입시기

1991년 11월 1일부터 국립중앙도서관과 대한출판문화협회는 출판계, 서적유통업계, 도서관계, 문헌정보 취급분야, 표준화 및 코드 운영분야, 전산분야, 기타 관련학계 및 단체를 대상으로 한 홍보 및 교육과정을 거쳐 국내에서도 ISBN 및 POS제도를 시행하기로 했다.

〈표 4-2〉 국제표준자료번호와 납본 관련된 도서관법의 제·개정 연혁[41]

법령명	제·개정일	시행일	세부과제
도서관법 (법률 제1424호)	1963.10.28. 제정	1963.11.28.	▸ 제12조(도서관 자료의 제공과 납본): 출판사는 도서 발행일로부터 30일 이내에 간행물 2부를 국립중앙도서관에 납본 ▸ 제29조(과태료): 위반 시 정가 5배
도서관법 (법률 제3972호)	1987.11.28. 전부개정	1988.2.28.	▸ 제17조(자료의 제공 및 납본) ▸ 제47조(과태료): 위반 시 정가 10배 이하 ▸ 제18조(국제표준자료번호)
도서관진흥법 (법률 제4352호)	1991.3.8. 제정	1991.4.9.	▸ 제17조(자료의 제공 및 납본) ▸ 제18조(국제표준자료번호)
도서관 및 독서진흥법 (법률 제4746호)	1994.3.24. 제정	1994.7.25.	▸ 제17조(자료의 제출) ▸ 제18조(국제표준자료번호)
도서관법 (법률 제8029호)	2006.10.4. 전부개정	2007.4.5.	▸ 제20조(자료의 납본) ▸ 제21조(국제표준자료번호)
도서관법 (법률 제9528호)	2009.3.25. 일부개정	2009.9.26.	▸ 도서관 자료의 범위에 온라인 자료를 포함(제2조 제2호) ▸ 장애인용 자료의 효과적 제작·보급을 위한 디지털 파일 형태의 납본 (법 제20조제2항) ▸ 온라인 자료의 수집(제20조의2 신설)
도서관법 (법률 제13960호)	2016.2.3. 일부개정	2016.8.4.	▸ 국제표준자료번호를 부여받은 온라인 자료의 납본 근거를 명확히 하고, 국가·지방자치단체·공공기관의 디지털 자료의 납본 수집 근거를 신설함(제20조 및 제20조제2항 신설) ▸ 전자출판물에 대한 국제표준자료번호 부여 근거를 명확히 함(제21조제1항).

41　출판유통진흥원, 〈국제표준자료번호와 납본업무 연계 및 효과성 조사 연구〉, 국립중앙도서관, 2021, 61~62쪽.

우리나라의 경우 1987년 11월 개정되어 1990년 1월 1일부터 시행된 〈도서관법〉 제18조에 국제표준자료번호에 관한 규정이 있어 이 제도의 도입을 위한 계기가 마련되었는데 1988년 대한출판문화협회를 중심으로 출판계가 이를 추진하다가 1990년 7월 국가 관리기구인 국립중앙도서관의 협력연구과 내에 한국문헌번호센터(현, 한국서지표준센터)를 설치하고 국제ISBN관리기구에 한국 가입을 본격 추진했으며, 같은 해 8월 24일 국가번호 89를 배정받았다. 1991년 9월부터 신청받았으며 11월 21일까지 450개사가 발행자번호를 부여받았다.

국내 발행자번호 중 가장 앞자리인 '00'은 동아출판사가 받았는데 국내 첫 ISBN 등재 도서는 동아출판사에서 발행한 이기문의 《국어어휘사연구》로 '89-00-00000-4'를 받았다. 이밖에 두 자리 발행자번호를 받은 출판사는 생명의 말씀사(01), 웅진출판(02), 웅진미디어(03), 세광음악출판사(04), 지학사(05), 계몽사(06), 금성출판사(07), 범우사(08), 교학사(09), 박영사(10), 국민서관(11), 고려원(12), 음악춘추사(13) 등이다.[42]

(3) 납본제도

납본의 경우 도서관 자료를 발행하거나 제작한 자가 일정 부수를 법령에서 정한 기관에 의무적으로 제출하는 것을 말한다. 도서관 자료는 인쇄자료, 필사자료, 시청각자료, 마이크로형태자료, 전자자료, 그 밖에 장애인을 위한 특수치료 등 지식정보자원 전달을 목적으로 정보가 축적된 모든 자료(온라인 자료를 포함)로서 도서관이 수집, 정리, 보존하는 자료를 지칭한다. 온라인 자료는 정보통신

〈표 4-3〉 OECD 38개국 ISBN 운영 주체 세부 내용[43]

번호	국가명	운영기관	번호	국가명	운영기관
1	호주	민간기업(Bowker)	20	일본	출판단체(JPO)
2	오스트리아	출판단체	21	한국	국가도서관
3	벨기에	국제ISBN기구	22	라트비아	국가도서관
4	캐나다	국가도서관	23	리투아니아	국가도서관
5	칠레	출판단체	24	룩셈부르크	국가도서관
6	콜롬비아	비영리기관	25	멕시코	국가기관
7	코스타리카	국가도서관	26	네덜란드	민간기업(B.V.)
8	체코	국가도서관	27	뉴질랜드	국가도서관
9	덴마크	국가기관	28	노르웨이	국가도서관
10	에스토니아	국가도서관	29	폴란드	국가도서관
11	핀란드	국가도서관	30	핀란드	출판단체
12	프랑스	국제ISBN기구	31	슬로바키아	국가도서관
13	독일	민간기업(MVB)	32	슬로베니아	국가도서관
14	그리스	국가도서관	33	스페인	출판단체
15	헝가리	국가도서관	34	스웨덴	국가도서관
16	아이슬랜드	국가도서관	35	스위스	출판협회
17	아일랜드	민간기업(Nielsen)	36	터키	국가도서관
18	이스라엘	국가도서관	37	영국	민간기업(Nielsen)
19	이탈리아	출판단체	38	미국	민간기업(Bowker)

---

42 연합뉴스, ISBN 시행, 4백50개 출판사 발행자번호 받아,
    https://www.yna.co.kr/view/AKR19911210000900005, 1991년 12월 10일자.

43 출판유통진흥원, 앞의 글, 34쪽.

망을 통하여 공중송신되는 자료를 의미한다.

〈한국문헌번호편람〉의 국제표준자료번호 부여 대상과 〈도서관법 시행령〉 제13조(도서관자료의 납본)의 납본대상 도서관 자료를 비교해 보면 납본 수집 대상은 국제표준자료번호 발급 대상을 포함하여, 보다 광범위한 도서관 자료임을 알 수 있다.

<표 4-4> 납본대상 도서관 자료 VS 국제표준자료번호 발급 대상[44]

납본대상 도서관 자료	ISBN 부여 대상	ISSN 부여 대상	비고
1. 도서	○		
2. 연속간행물		○	
3. 악보, 지도 및	○		낱장 인쇄악보 ISBN 제외 (악보책인 경우 부여)
가제식(加際式: 끼우고 뺄 수 있는) 자료		○	가제식 자료 ○
4. 마이크로 형태의 자료 및 전자자료	○		
5. 슬라이드, 음반, 카세트테이프, 비디오물 등 시청각 자료	△		교육용이 아닐 경우 ISBN 적용 제외 / 비도서 음반, 영화비디오 자료
6. 〈출판문화산업진흥법〉 제2조 제4호에 따른 전자출판물 중 콤팩트디스크, 디지털비디오디스크 등 유형물	○		전자책, 오디오북 등을 CD, DVD 출판 자료
7. 점자자료, 녹음자료 및 큰 활자사료 등 장애인을 위한 특수자료	△		점자자료 ○
8. 출판환경의 변화에 따라 새로운 형태로 발간되는 기록물로서, 문화체육관광부 장관이 인정하는 자료			
9. ISBN을 부여받은 온라인자료	○		
10. 장애인용 디지털파일			

〈한국문헌번호편람〉에 따른 ISBN 부여 대상과 제외 자료는 다음과 같다.

<표 4-5> ISBN 부여 대상과 제외 자료[45]

ISBN 부여 대상 자료	ISBN 부여 제외 자료
– 출판사에서 정기적으로 갱신하거나 무한정 계속 간행할 의도가 없는 단행본 성격의 출판물 – 인쇄 도서와 소책자(4p. 이상) – 표제면이나 텍스트 캡션이 있는 아트북, 도록 – 복합매체출판물(주된 구성 요소가 텍스트에 기반한 경우–CD, DVD 포함도서) – 단행본 형태의 체험북(컬러링북, 글쓰기책, 수수께끼책, 스티커북 등) – 점자자료 – 개별논문(기사)이나 특정한 계속자료의 특별호 (계속자료 전체는 대상이 아님) – 지도 – 전자출판물(인터넷상 또는 전자매체 수록) – 오디오북(인터넷상 또는 물리적 매체 수록) – 교육용 소프트웨어 및 시청각 자료 – 마이크로형태 자료 – 전자책 앱, 그림과 동영상, 사운드 (상당한 텍스트 포함할 경우)	– 그 전체가 서지적 개체로 취급되는 계속 자료 (가제식 자료 및 웹사이트 등 포함, 각 호에는 ISBN 동시 부여 가능) – 추상적 창작물 – 광고용, 마케팅을 위한 자료(전단지, 위젯 등) – 일반적 유통이 아닌 맞춤 출판 및 자가 출판 도서 – 연감·연보의 성격을 가진 주소록 – 수명이 짧은 인쇄자료(달력, 리플릿, 포스터 등) – 문구류에 해당하는 노트(일기장, 학습플래너, 독서기록장, 알림장, 다이어리, 스케치북) – 낱장자료(퍼즐, 플래시카드 등) – 보드게임 – 낱장 인쇄악보(악보책인 경우 부여) – 표제면이나 본문(텍스트)이 없는 화첩 및 아트 폴더 – 개인적인 기록(전자이력서나 개인신상 자료) – 연하장이나 인사장 – 음악 녹음 자료 – 전자게시판 – 전자우편과 기타 전자서신 – 게임 – 웹사이트, 홍보 또는 광고물, 탐색 엔진 – 교육용 이외의 목적으로 사용하기 위한 소프트웨어, 필름, 비디오, DVD, 슬라이드 – 접속 권한이 별도로 있는 인터넷상의 진자출판물

---

44   출판유통진흥원, 앞의 글, 69쪽.

45   출판유통진흥원, 〈국내 출판물 식별체계 제도 개선 및 국가센터 운영 방안 연구〉, 국립중앙도서관, 2020, 180쪽.

5) 전자출판물 식별체계

국가콘텐츠식별체계UCI: Universal Content Identifier46는 식별이 가능한 자원의 효율적인 유통과 활용을 위하여 개별 자원에 유일한 코드를 부여하고 이를 관리하거나 상이한 식별체계 간의 연계 표준 체계를 의미한다. UCI는 2008년에 방송통신표준(KS X OT0058)으로 채택되었으며, 2012년 2월부터 한국저작권위원회가 총괄기구로서 UCI를 관리하고 있다.[47]

UCI의 특징은 UCI 다중 변환 기능으로 UCI는 일반적인 식별자가 제공하지 못하는 변환 서비스를 제공하고 있다. UCI 변환서비스는 인터넷 또는 모바일 등 디지털 네트워크 환경에서 이용자가 UCI를 클릭하면 UCI가 식별하는 대상과 관련된 다양한 정보(URL, 콘텐츠 메타데이터 정보, 콘텐츠 등)를 제공하는 서비스이다. UCI는 분야에 관계없이 적용될 수 있도록 기본적인 구조를 갖추고 있으며, UCI를 부여하는 기관에서 쉽게 수용할 수 있는 핵심요소들로 이루어져 있다. 따라서, UCI는 ISBN, DOI[48] 등 타 식별체계와 얼마든지 연계 및 호환이 가능한 식별자이다.

UCI의 운영체계는 서로 다른 역할을 하는 총괄기구, 등록관리기관 및 등록자의 상호작용으로 운영된다. 총괄기구는 총괄시스템을 통해 UCI를 운영·관리하고, UCI 보급 및 이용 활성화를 위한 지원사업을 하고 있다. 등록관리기관은 총괄기구에 의하여 지정되며, UCI 발급시스템을 통해 등록된 식별 정보에 대한 UCI를 부여한다. 등록자는 자원의 식별 정보를 입력한다.

UCI 운영현황은 한국저작권위원회는 2023년까지 국립중앙도서관, 국회도서관, 한국교육학술정보원, 한국지식재산연구원, 예술

경영지원센터, SK텔레콤(주) 등 공공 및 민간분야를 아울러 총 33
개 기관을 UCI 등록관리기관으로 지정하여 UCI를 운영하고 있다.
UCI는 2023년 12월 말 기준으로 4억 5천만 건의 콘텐츠(디지털 음
원, 전자출판물, 특허 정보, 사진 및 이미지, 학술 정보 등)에 부여되었으며,
콘텐츠 사용료의 정산, 콘텐츠의 유통 추적 등에 활용되고 있다.

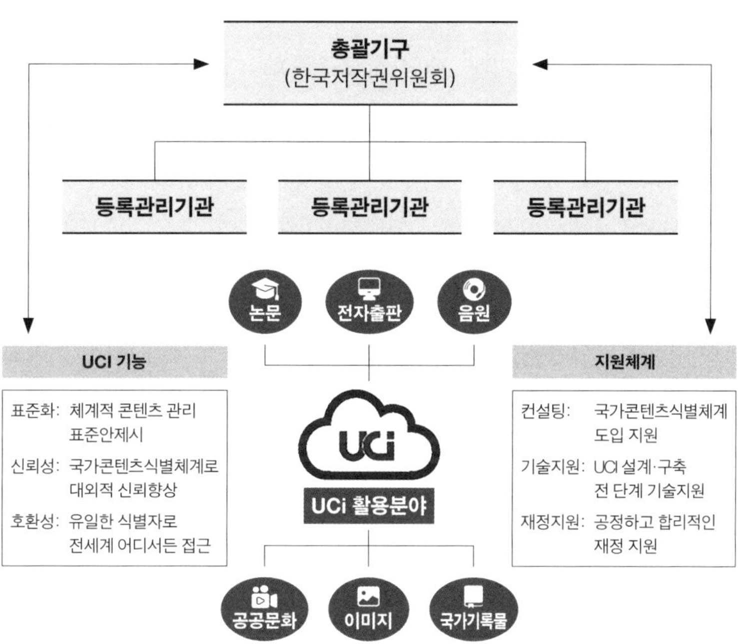

〈그림 4-2〉 콘텐츠식별체계(UCI) 개요도[49]

---

46 한국저작권위원회 홈페이지 https://www.copyright.or.kr/business/uci/index.do

47 법적근거는 〈콘텐츠산업진흥법〉 제23조(콘텐츠식별체계) 및 동법 시행령 제28조(콘텐
츠 식별체계의 보급 등), 콘텐츠식별체계 확립·보급에 관한 준칙(문체부 고시) 등이다.

48 DOI(Digital Object Identifier): 책이나 잡지 등에 부여된 국제표준도서번호(ISBN)처
럼 디지털 콘텐츠에 부여되는 국제식별체계를 말한다.

49 한국저작권위원회 홈페이지, https://www.copyright.or.kr/business/uci/index.do

1) 출판진흥 기구의 설립

(1) 출판진흥 기구의 모태

한국 출판정책의 역사에서 출판진흥 기구의 출범은 그 전과 후로 나뉠 정도로 중요한 의미가 있다. 체계적인 정책의 수립과 예산의 확보를 위해서뿐만 아니라 출판정책을 실행하는 집행 기구가 만들어졌다는 점에서 출판산업이 성장의 동력을 확보한 셈이다. 이런 의미에서 출판진흥 기구, 즉 한국출판문화산업진흥원(이하 '출판진흥원')의 출범 과정은 그 전신인 한국간행물윤리위원회를 중심으로 하는 지난 55년의 역사를 통해서 확인해 볼 필요가 있다.

한국간행물윤리위원회는 1970년 1월 21일 대한출판문화협회의 '한국출판윤리위원회'와 한국잡지협회의 '한국잡지윤리위원회' 그리고 '한국아동만화윤리위원회'가 통합하면서 만든 민간자율심의기구 '한국도서잡지윤리위원회'가 출발점이다.[50] 이후 1976년 6월 24일 '한국도서잡지주간신문윤리위원회'로 명칭을 변경하면서 주간신문에 대한 심의업무를 '신문윤리위원회'와 '주간신문윤리위원회'로부터 인수했으며, 1985년 10월에는 위원회 조직을 확대 개편하면서 사무실도 종로구 청진동 174-1 잡지회관에서 마포구 공덕동 257-3 국민서관 건물로 이전한다. 1989년 8월 17일 사단법인 '한국간행물윤리위원회'라는 이름으로 제2의 출발을 하게 된다. 이날 창립총회에서 위원장에는 정한모鄭漢模, 부위원장 강성위姜聲渭 외 26명의 윤리위원을 위촉했고, 창립총회에 합류한 12개 사회단체는 대한출판문화협회, 한국잡지협회, 한국주간신문협회, 전국주부교

실중앙회, 서울 YWCA, 서울YMCA, 한국부인회, 한국보이스카우트연맹, 전국서적상조합연합회, 대한인쇄문화협회 등이었다.[51] 이렇듯 당시 한국간행물윤리위원회는 출판산업과 연관된 거의 모든 단체가 참여했다.

1997년 2월 18일에 국회에서 〈청소년보호법〉이 통과되었는데, 이 법률에 의거 한국간행물윤리위원회는 사단법인에서 법률에 설치 근거를 두는 법정 기구로 전환하게 된다. 위원회의 활동이 권장 사항이 아니라 법적 구속력을 지니게 된 것이다. 한국간행물윤리위원회의 초대 위원장은 당시 한국일보 상임고문을 맡고 있던 권혁승權赫昇, 부위원장에는 서울대 교수 손봉호孫鳳鎬, 감사에는 전문신문협회 회장 한기호韓基昊를 임명하고 이밖에 17명의 윤리위원을 위촉했다.

(2) 한국간행물윤리위원회 위상과 역할의 변화

1997년 〈청소년보호법〉에 의거, 법정 기구가 된 한국간행물윤리위원회는 민간 자율심의기구 또는 사단법인 성격의 기관일 때보다는 안정적인 예산확보와 전문인력 충원을 통해 심의업무를 더욱 적극적으로 수행할 수 있게 되었다. 업무 영역에서도 기존의 간행물 유해성 심의와 더불어 1999년 7월부터는 부당한 표시·광고 심

---

50   초대 위원장에는 대법관을 지낸 변호사 계창업(桂昌業)을 선출하고 문화공보부에 등록한 뒤 임의 단체 격인 자율심의기구로 심의업무를 서울특별시 중구 태평로1가 76, 한국방송회관에서 시작했다.

51   한국간행물윤리위원회 편,《간행물윤리 30년》, 2000, 18~19쪽, 21~25쪽 요약.

의업무를 추가하였고,[52] 2000년 1월부터는 외국간행물 수입추천에 관한 업무를 추가하게 되는데, 이를 위해 내부적으로 외국간행물부를 신설하고 문화관광부의 직원 일부가 한국간행물윤리위원회로 자리를 옮겼다.[53]

1970년 1월 민간자율심의기구에서 출발하여 1997년 법정 기구로 성격의 변화를 거친 이후 부당 표시·광고나 외국간행물 수입 추천 업무 등이 부가되었으나 기관의 기본 성격은 간행물의 유해성을 심의하는 기구의 역할에 머물러 있었던 것이 사실이다. 그러나 시대의 변화와 함께 만화가 사전심의에서 사후심의로 전환되고 문민정부로 일컬어지는 김영삼 정부의 출범과 함께 간행물에 대한 심의 필요성에 대해 문제점들이 지적되기 시작하면서, 특히 정부 출판 정책의 변곡점이 된 2003년 〈출판 및 인쇄진흥법〉의 제정과 함께 기관의 근본적인 성격 변화에 대한 필요성이 안팎에서 제기되었다.

이 법의 제정, 공포와 함께 한국간행물윤리위원회의 법정 기구 설치 근거가 〈청소년보호법〉에서 〈출판 및 인쇄진흥법〉으로 옮겨 가게 되는데, 이 때문만은 아니지만 이후부터 한국간행물윤리위원회라는 기관명을 유지하면서도 출판과 독서에 대한 사업 영역에 관심을 두기 시작한다. 2007년에는 내부 조직개편을 통해 '독서아카데미 운영반'을 만들고 사무실을 현재 출판진흥원의 서울사무소 역할을 하는 마포구 상암동 서울경제진흥원 9층에 별도로 마련하게 된다.[54]

당시 독서아카데미를 통해 일반인 대상 독서교육 초·중등 교사 대상 직무연수 교육 등을 온·오프라인으로 진행한 바 있으며, 2009년 2월에는 한국간행물윤리위원회라는 기관명 아래 출판진흥팀을 신설 조직으로 만들어서 비교적 소규모의 예산으로 출판진흥 및 지원사업을 수행하기도 한다. 당시 출판진흥팀의 전체 예산으로 2억 원 정도여서 지금처럼 대규모의 지원사업을 수행하기는 어려웠지만, 기초 인프라를 강화하는 방향의 몇 가지 사업들이 추진되었고, 그 틀은 지금도 크게 바뀌지 않았다. 당시 '출판환경 조성 사업'이라는 명목하에 서울국제도서전 참가, 우수출판 기획안 공모전, 우수 저작 출판제작 지원금 지원, 청소년(영어덜트) 저작 발굴 및 출판지원, 소외계층 대상 출판문화체험 캠프, 숲을 살리는 녹색출판 캠페인, 출판산업 활성화 조사연구 사업 등이 연도를 달리해 가면서 출판진흥원이 출범될 때까지 추진된 바 있다. 당시 한국간행물윤리위원회라는 기관명과 출판진흥팀이라는 팀명은 지금 생각해도 다소 어색함이 있지만, 내부적으로 기관의 성격 변화에 대한 요구와 변화된 시대 환경에 부합하려는 구성원들의 노력이 반영된 결과라고 볼 수 있다.

(3) 〈출판 및 인쇄진흥법〉과 출판진흥 기구 설립의 단초

〈출판 및 인쇄진흥법〉의 제정은 출판정책이 규제에서 진흥으로 관점의 전환을 이루는 계기가 된다. 1961년 제정된 〈출판사 및 인쇄소의 등록에 관한 법률〉과 1973년 제정된 〈외국간행물 수입

---

52   한국간행물윤리위원회 편,《간행물윤리 30년》, 2000, 18~19쪽, 21~25쪽 요약.

53   기존 문화관광부 출판신문과에서 수행하던 업무가 외국간행물 수입 추천 업무를 한국간행물윤리위원회로 이관할 것을 명시한 '행정권한의 위임 및 위탁에 관한 규정(대통령령)' 제45조에 근거하여 이관된 것이다.

54   당시는 서울경제진흥원이 아니라 문화콘텐츠컴플렉스라는 이름으로 운영되고 있었으나 세월과 함께 운영 주체가 바뀌어 왔고 지금까지 출판진흥원의 서울사무소로 남아 있다.

배포에 관한 법률〉을 중심으로 진흥보다는 규제의 대상이었던 출판정책[55]은 시대적 변화를 반영한 진흥 정책들을 쏟아내게 된다.[56]

출판정책 전환의 변곡점이 된 〈출판 및 인쇄진흥법〉의 제정 과정은 다음과 같다. 2000년 6월 문화관광부에서 정부 입법으로 추진하였으나 규제개혁위원회 반대로 무산되었다가 이듬해인 2001년 한국서점조합연합회에서 '간행물 정가 유지에 관한 법률(안)'을 입법 청원하였으나 '출판 및 인쇄진흥법(안)'과 통합, 수정안으로 추진되어, 같은 해 11월 〈출판 및 인쇄진흥법〉이 의원 입법으로 발의되었고, 2002년 여야 합의로 국회 문화관광위원회를 통과, 법제사법위원회 전체 회의 및 국회 본회의를 통과하면서 입법화되었다. 이후 인쇄에 관한 사항을 분리하여 〈인쇄문화산업진흥법〉을 따로 제정하고, 2007년 7월 19일 법률 제8533호로 〈출판문화산업진흥법〉으로 개정하여 오늘에 이르고 있다. 당시 이 법에 한국간행물윤리위원회의 설치 운영, 간행물의 유통 질서 유지를 위한 출판유통심의위원회 설치, 3년마다 진흥 시책을 수립, 시행하도록 규정하면서, 정부는 2003년에 처음으로 출판·인쇄문화산업진흥 발전계획(2003~2007)을 수립, 발표하였다.[57]

이후 제2차 출판·인쇄문화산업진흥 계획(2007~2011)에서 출판진흥원과 한국 출판정책에서 중요한 전기가 되는 중요한 정책 과제가 제시되었다.[58] 이전에도 출판진흥 기구 설립에 대한 요구와 주장이 없었던 것은 아니지만 정부가 공식적으로 출판진흥 기구 설립에 대한 방안을 제시한 것은 이때가 처음이다. 이후 출판진흥 기구 설립을 위한 다양한 논의 과정들이 활발해지기 시작한다.

  출판에 대하여

(4) 〈출판문화산업진흥법〉과 출판진흥 기구 설립추진단 활동

정부가 출판진흥 기구 설립 방안을 명시적으로 제시한 제2차 '출판·인쇄문화산업 진흥계획(2007~2011)'의 과제 9번은 다음과 같다. 출판진흥 기구의 명칭은 '한국출판진흥위원회' 또는 '한국출판진흥원'으로 하고, 성격은 문화관광부 산하의 민간 주도 합의체 기관으로, 조직 및 인원은 1사무총장, 4부, 4센터[59], 14팀, 총인원 60명 이상으로 하며, 정부 예산(보조금)으로 운영한다고 명시한다. 설립 방법은 현행 출판 관련 법정 기구의 기능 및 조직 확대 개편 방향을 검토하고 TF 구성 운영 등으로 세부 설립방안을 마련한다고 했는데,[60] 여기서 현행 출판 관련 법정 기구는 당시 한국간행물윤리위원회밖에는 없었기 때문에 사실상 이 기관의 확대 개편이 불가피한 방안이라고 생각할 수 있지만, 그 과정이 간단하지만은 않았다.

이후 2007년 5월 10일 17개 출판 관련 단체가 참여한 가운데

---

55 2024년 12월 3일 윤석열 정부의 비상계엄 포고령 제3조는 "모든 언론과 출판은 계엄사의 통제를 받는다"이다. 규제 중심에서 진흥으로 방향을 튼 출판정책이 한 세기 뒤로 후퇴하는 역사적 사건이다.

56 제1차 출판·인쇄문화산업진흥 발전계획(2003~2007), 제2차 출판·인쇄문화산업 진흥계획(2007~2011), 제3차 출판문화산업 진흥계획(2012~2016), 제4차 출판문화산업 진흥계획(2017~2021), 제5차 출판문화산업 진흥계획(2022~2026)

57 당시 발표된 8대 정책과제는 출판산업 인프라 구축, 출판유통 현대화 기반 조성, 양서출판 기반 조성 및 전문인력 양성 지원, 출판산업의 국제경쟁력 강화, 세계적 전자책 주도국 지위 확보, 지방출판문화 육성, 인쇄문화산업 진흥, 남북 출판교류 활성화였다.

58 출판지식 국가경쟁력의 체계적 관리, 출판지식 생산력 강화, 출판지식 유통구조 혁신, 디지털출판 활성화 기반 구축, 국민의 독서권 보장과 독서환경 조성, 출판지식의 글로벌 경쟁력 강화, 출판지식 전문인력 양성, 출판문화 균형발전, 출판지식산업 진흥기구 설립, 출판진흥 관련 법령 및 제도 정비했다.

59 4센터는 한국출판지식정보센터, 저작지원센터, 유비쿼터스출판센터, 국제출판진흥센터라고 밝혔다.

60 문화관광부, 제2차 출판·인쇄문화산업 진흥계획(2007~2011) 자료집에서 발췌, 2007.04.

'출판지식산업 육성방안 추진을 위한 정책토론회'가 대한출판문화협회 강당에서 개최되었고, 정부와 한국출판인회의, 대한출판문화협회 등이 참여하는 '출판지식산업 육성방안 추진대책 TF'가 7월에 구성 운영되지만, 한국간행물윤리위원회와 무관한 출판진흥 기구 설립 주장과 정부의 중립적인 입장 견지가 지속되는 인식의 간극이 지속되었다.[61] 2009년 2월 19일에는 한국문화관광연구원이 주관하고 문화체육관광부가 후원하는 '출판진흥기구 설립에 관한 공청회'가 개최된다. 공청회에서는 부길만 동원대학교 교수가 '한국출판 산업의 진단 및 출판진흥 정책의 방향', 정광렬 한국문화관광연구원 연구기획 조정실장이 '출판진흥 기구의 설립 및 운영방안'에 대해 주제 발표를 하고 출판계 전문가 8인이 토론자로 참여했다.[62]

정부가 출판진흥 기구 출범을 제안한 이후 상당 기간 구체적인 설립 방안에 대한 견해차는 좁혀지지 않았다. 2009년 연말에는 대한출판문화협회를 비롯한 13개 출판단체가 '출판진흥기구 설립을 촉구하는 범출판계 제안'이라는 성명을 발표한다.[63] 이 성명서에서 출판 관련 단체들은 "현재 문화체육관광부가 집행하는 출판정책은 직접 사업과 각 출판단체를 통한 지원사업 방식으로 이루어지고 있다. 그러나 각 사업이 그때마다 상황 논리에 따른 부문별 정책이 되고 있어 정책의 실효성과 효율성을 높이기 위한 체계적인 출판 진흥정책의 수립이 절실히 요구된다. 보다 체계적인 출판 진흥정책을 수립 집행하기 위해서는 안정적 실행력을 갖춘 법적 상시적 출판진흥 기구가 반드시 필요하다"고 주장하였다.[64]

지금 돌아보면 출판진흥 기구가 왜 필요한지, 무엇을 해야 하는지에 대한 방향을 담았다. 보다 체계적이고 효율적인 출판 진흥정책을 수립하고 안정적인 예산 확보와 실행력을 담보할 수 있는 기구의 필요성, 그것이 바로 출판진흥 기구가 필요한 이유였다. 출판진흥 기구의 명칭이나 세부적인 설립 방안에 대해서는 이견이 있을 수 있었지만 왜 출판진흥 기구가 필요한지, 어떤 역할을 해야 하는지는 다른 의견이 있을 수 없을 내용을 담고 있었으며, 이 점에 대해서는 당시 한국간행물윤리위원회 내부에서도 부정할 수 없을 것으로 보인다. 다만, 이 기구를 어떤 방법으로 만들 것인지, 완전 새로운 기구를 만드는 방향이 맞는지, 당시 한국간행물윤리위원회 조직을 확대 개편하는 것이 맞는지, 확대 개편한다면 어느 정도 어떤 방향이 옳은지에 대해서 이견이 있었을 뿐이다.

이에 출판진흥 기구 설립은 급물살을 타게 되고, 정부가 설립 추진을 주도하면서 문화체육관광부는 2011년 2월 16일 보도자료를 통해 출판진흥 기구를 연내 설립하겠다고 밝힌다. 한국간행물윤리위원회를 폐지하고 출판진흥원을 설립하는 것을 골자로 하는 출판진흥 기구 설립 방안을 마련하고 이를 법제화하기 위해 〈출판문

---

61 백원근, ‘한국출판문화산업진흥원의 정책과제와 추진전략’ 자료집, 2007.

62 박영률(대한출판문화협회 정책담당상무이사), 백원근(한국출판연구소 책임연구원), 안찬수(책읽는사회만들기국민운동 사무처장), 유창준(대한인쇄문화협회 프린팅코리아 편집국장), 이성구(한국출판인회의 미래출판연구소장), 이용준(대진대학교 신문방송학과 교수), 이중호(북센 미래사업본부장), 문영호(문화체육관광부 출판인쇄산업과장)

63 한국출판저작권연구소 블로그, 2010.02.21. 출판진흥기구 설립을 촉구하는 범출판계 제안

64 동시에 출판진흥 기구가 담당해야 할 주요 기능은 출판산업의 기반 조성(출판정책 연구 개발, 다원적 출판정보 DB구축 등), 출판산업 활성화 지원(양서출판 지원, 출판유통 선진화 및 서점 육성, 지역출판 활성화 등), 출판지식 자원 발굴과 육성(저작 활동 지원, 출판 중개, 출판 매세나 등), 독서진흥(독서환경 개선, 독서 습관 진작, 독서문화 증진 등), 출판전문 인력 양성(신규 출판인력 양성, 재직자 전문성 강화, 해외연수 등), 세계화(외수 시장 창출, 국제협력 네트워크 등)이라고 설명하고 있다.

화산업진흥법〉개정을 추진하고 있다고 밝혔다.[65] 2011년 1월 19일 입법 예고된 '출판문화산업진흥법 일부 개정 법률안'을 보면, 현행 한국간행물윤리위원회는 주로 유해간행물심의 기능을 수행하면서 일부 출판문화 산업 진흥 기능을 수행하고 있으나, 유해간행물심의 위주의 위원회 조직으로는 급변하는 출판환경 변화에 적극적으로 대응하여 출판산업을 종합적이고 체계적으로 진흥하기에는 한계가 있으므로, 이에 한국간행물윤리위원회를 폐지하고 독임제 재단법인 형태의 한국출판문화산업진흥을 설치한다고 적시하고 있다.[66] 사실상 이때를 기점으로 한국간행물윤리위원회를 확대 개편하는 형태의 출판진흥 기구 설립은 거스를 수 없는 대세가 되었다. 2011년 법제화로 결실을 보고, 2011년 12월 30일 국회 본회의 통과, 2012년 1월 26일 국무회의 의결을 거쳐 공포된 〈출판문화산업진흥법〉에서 출판진흥원을 명문화하고, 출판진흥 기구인 한국출판문화산업진흥원이 2012년 7월 27일 출범한다.

한국간행물윤리위원회가 출판진흥 기구인 출판진흥원으로 출범하기 위해서는 준비 기간이 필요했고, 이 역할은 진흥원 설립추진단을 구성하여 진행하게 된다. 〈출판문화산업진흥법〉 일부 개정 법률 부칙 2조에 근거하여[67] 5명의 위원을 설립추진단 위원으로 위촉한다. 설립추진 단장에는 한국도서관협회회장 김태숭(당시 한국간행물윤리위원회 감사), 위원으로는 이형규 대한출판문화협회 부회장, 윤철호 한국출판인회의 부회장, 홍승기 법무법인 신우 변호사, 박영국 문화체육관광부 미디어 국장이 참여했다. 출판진흥 기구의 정관 제정부터 각종 제 규정과 출판진흥원 설립 등기에 관한 사항, 한국간행물윤리위원회의 권리, 의무 이전에 관한 사항 등을 논의하였다. 2012년 2월부터 6월까지 총 5회에 걸쳐 설립추진단 회의가 진행되었다. 물론 출판진흥원 내부에서도 출판진흥기구 출범을 위해 기관 CI에서부터 홈페이지 구축, 조직개편 및 신규사업 개발을 위해 논의가 진행되었다. 2012년 7월 27일 공식 출범한 출판진흥기구 한국출판문화산업진흥원의 조직도와 인원을 2025년 말과 비교하면 다음과 같다.

〈표 4-6〉〈한국출판문화산업진흥원 정원표(2012_2025)〉

2012년 정원표 (단위: 명)

구분		정원
임원	원장	1
별정직	사무처장	1
일반직	1급	4
	2급	5
	3급	6
	4급	8
	5급	9
	6급	11
계		45

2025년 정원표 (단위: 명)

구분	직급	정원
임원	원장	1
개방직	사무처장	1
일반직	1급	4
	2급	7
	3급	10
	4급	10
	5급	12
	6급	19
일반직 II	1급~6급	29
계		93

65 문화체육관광부 보도자료 "2011년 출판문화산업 진흥 주요정책 발표" 2011.2.16. 배포, 출판인쇄산업과

66 주요 기능으로 출판문화 산업 관련 조사 연구 및 정책 개발, 전문 인력 양성, 제작 활성화 및 유통 선진화, 양서 권장 및 독서 진흥 등 출판 수요 진작 사업, 디지털 출판 육성 지원, 해외 진출 지원, 간행물의 유해성 심의 등의 직무를 수행하도록 명시했다.

67 제2조(진흥원의 설립절차 등) 문화체육관광부 장관은 진흥원의 설립에 관한 사무를 처리하기 위하여 진흥원설립추진단을 설치한다. 설립추진단은 문화체육관광부 장관이 위촉하는 5명 이내의 설립위원으로 구성하여 운영한다.

(5) 한국출판문화산업진흥원의 설립 이후

출판진흥원 설립 이후 임기 3년의 제1대 원장은 이재호(2012.7
~2016.2), 제2대 원장은 이기성(2016.2~2017.12)이었고, 제3대 원장
은 김수영(2018.7~2021.7), 제4대 원장은 김준희(2021.12~2024.12)이
다. 사무실은 정부의 공공기관 지방이전 정책에 따라 2015년 7월
전북 '전주·완주혁신도시'로 기관 청사를 이전하면서 서울 방화동
시대를 접고 전주 시대를 열었다. 2016년 3월에는 대구광역시 소관
인 '대구출판산업지원센터'의 위탁 지정 및 운영기관으로 선정되었
으며, 2017년 1월에는 〈인문학 및 인문정신문화진흥법〉에 의거한
인문정신문화진흥 전담 기관으로 지정되기도 했다. 출판진흥원의
역사를 연표로 정리하면 다음 〈표 4-7〉과 같다.

2) 출판진흥 기구의 목적과 주요 사업

(1) 설립 목적

출판진흥원은 〈출판문화산업진흥법〉이 규정한 각종 출판진흥
사업을 수행하고 있다. 이에 따라 출판문화 산업의 진흥·발전을 효
율적으로 지원·육성하고 출판문화 산업을 종합적이고 체계적으로
진흥함으로써 국가 지식 경쟁력 강화에 기여함을 목적으로 한다.
주요 사업 범위는 다음과 같다.

- 출판문화 산업 진흥을 위한 실태조사 및 정책과 제도 연구·조
  사·기획
- 출판문화 산업 관련 교육 및 전문인력 양성 지원
- 출판문화 산업 발전을 위한 제작 활성화 및 유통 선진화 지원
- 양서 권장 및 독서 진흥 등 출판 수요 진작을 위한 사업

〈표 4-7〉 한국출판문화산업진흥원 연혁[68]

년도	주요 현황
1997.07	▸ 〈청소년보호법〉 의거 법정기구 "한국간행물윤리위원회" 발족
2003.02	▸ 〈출판 및 인쇄진흥법〉 의거 법정기구 설치 근거 이관
2008.01	▸ 〈출판문화산업진흥법〉으로 근거 법명 개정
2012.07 2012.07 2012.12	▸ 〈출판문화산업진흥법〉에 의거 "한국출판문화산업진흥원" 출범 ▸ 제1대 이재호 원장 취임 ▸ 〈중소기업 청년취업인턴제〉 운영기관 선정 및 운영
2013.01 2013.03	▸ 〈전자책바로센터〉 개소 및 운영 ▸ 〈출판수출지원센터〉 개소 및 운영
2014.06 2014.09 2014.10	▸ 출판 분야 〈표준계약서〉 발표 및 제정 ▸ 제1회 2014년 대한민국 독서대전 개최(경기도 군포시) ▸ 〈출판지식창업보육센터〉 개소 및 운영
2015.07 2015.09 2015.11 2015.11	▸ 전북 '전주·완주혁신도시'로 기관 청사 이전 ▸ 제2회 2015 대한민국 독서대전 개최(인천광역시) ▸ 〈책 쉼터(열린도서관)〉 개관 및 운영 ▸ 〈개정 도서정가제 시행을 위한 자율 협약〉 체결
2016.02 2016.03 2016.05 2016.09	▸ 제2대 이기성 원장 취임 ▸ 〈대구출판산업지원센터〉 위탁 지정 및 운영 ▸ 〈국민 책 나눔센터〉 개소 및 운영 ▸ 제3회 2016 대한민국 독서대전 개최(강원도 강릉시)
2017.01 2017.04 2017.09	▸ 〈인문정신문화 진흥 전담기관〉 지정 ▸ 〈책 읽는 도서관 열차(독서바람열차)〉 정부3.0 협업 우수기관 선정 및 대통령표창 수상 ▸ 제4회 2017 대한민국 독서대전 개최(전라북도 전주시)
2018.07 2018.09	▸ 제3대 김수영 원장 취임 ▸ 제5회 2018 대한민국 독서대전 개최(경상남도 김해시)
2019.09 2019.11	▸ 제6회 2019 대한민국 독서대전 개최(충청북도 청주시) ▸ 〈대구출판산업지원센터〉 위탁 재지정 및 운영(2020년~2022년)
2020.02 2020.09	▸ 〈인문정신문화진흥 전담기관〉 재지정 ▸ 제7회 대한민국 독서대전 개최(제주특별자치도 제주시)
2021.09 2021.12	▸ 제8회 대한민국 독서대전 개최(부산광역시 북구) ▸ 제4대 김준희 원장 취임
2022.09 2022.12	▸ 제9회 대한민국 독서대전 개최(강원특별자치도 원주시) ▸ 여성가족부 가족친화기업 재인증
2023.09 2023.10 2023.12	▸ 제10회 대한민국 독서대전(경기도 고양시) ▸ 행정안전부 공로패(지방자치인재개발원 전북혁신도시 이전 정착 기여) 수상 ▸ 국립장애인도서관 표창(장애인독서활성화) 수상
2024.09 2024.12	▸ 제11회 대한민국 독서대전(경상북도 포항시) ▸ 문화체육관광부장과 표창(도서관 발전 기여 공로) 수상

---

68 한국출판문화산업진흥원 홈페이지 참조, https://www.kpipa.or.kr/p/content/m7_1_2 2024.7.12.

- 전자출판의 육성 지원

- 출판문화 산업 활성화를 위한 지원시설의 설치 등 기반 조성

- 출판문화 산업의 국외 진출 지원

- 간행물의 유해성 여부 심의(출판문화산업진흥법 제16조의4)

(2) 주요 사업 현황

출판진흥원은 2012년 출범 이후 초기 한국간행물윤리위원회의 예산과 인력을 그대로 인수한 형태여서 우수출판 콘텐츠 발굴 등 소규모 지원사업을 근간으로 했다. 2013년과 2014년을 거치면서 사업 예산이 대규모로 증액되고 사업 내용도 확대되었다. 출판진흥원의 예산 규모 및 사업 현황은 다음과 같다.

〈표 4-8〉 한국출판문화산업진흥원 지출 총괄표 (단위: 원)[69]

구분	인건비	경상운영비	사업비	기타(잔액+수입)	지출 계
2012	2,367,023,070	609,071,695	8,034,296,573	71,362,088	11,081,753,426
2013	2,556,313,550	682,469,340	12,737,892,914	108,265,902	16,084,941,706
2014	2,832,267,490	729,893,618	28,473,076,869	495,830,024	32,531,068,001
2015	3,103,738,780	720,704,602	36,519,782,903	950,902,509	41,295,128,794
2016	3,264,244,100	756,508,968	32,710,530,466	1,168,905,775	37,900,189,309
2017	3,329,685,166	685,980,873	34,575,857,681	2,640,767,959	41,232,291,679
2018	3,110,000,000	686,308,111	30,681,511,878	3,207,167,073	41,025,101,066
2019	3,487,000,000	724,308,361	32,407,048,182	4,236,764,389	40,855,120,932
2020	3,363,752,796	765,741,904	35,154,502,049	5,865,298,697	45,149,295,446
2021	4,427,377,602	705,087,300	36,588,977,527	9,517,758,400	51,239,200,829
2022	4,397,261,361	720,287,277	46,413,064,096	3,707,850,040	55,238,462,774
2023	4,674,705,104	709,804,766	42,860,228,942	4,793,891,351	53,038,630,163
2024	4,584,669,115	596,056,312	25,196,138,143	10,043,579,117	40,420,442,687
2025	5,187,000,000	695,000,000	38,234,490,400	–	44,116,490,400

연도별 사업 내용을 주요 사업 중심으로 살펴보면 다음과 같다.

〈표 4-9〉 한국출판문화산업진흥원 주요 사업 현황(2012 ~2025)

년도	주요 사업 현황	
2012	▸ 한국간행물윤리위원회 지원 ▸ 우수도서 선정 지원 ▸ 우수 전자책 제작 및 유통 활성화 지원 ▸ 전자출판 유통지원센터 구축	▸ 국민독서문화증진 지원 ▸ 출판산업 조사연구사업 ▸ 지역서점육성사업 ▸ 전자출판산업 진흥 중장기 전략과제 조사연구사업
2013	▸ 우수도서 선정 지원 ▸ 국민독서문화증진 지원 ▸ 전자출판육성 지원 ▸ 서울국제도서전 개최 및 해외 도서전 참가 사업 ▸ 출판물류기반구축 사업 ▸ 파주출판도시 어린이책잔치 사업 ▸ 도쿄국제도서전 주체국 참가 사업 ▸ 국제출판유통전문가 초청	▸ 한중출판학술회의 ▸ 아시아 편집자 펠로우십 프로그램 사업 ▸ 한국도서 해외전파 사업 ▸ 서울와우북페스티벌 사업 ▸ 출판도시문화재단 국제교류사업 ▸ 중소기업 청년취업인턴제 위탁운영사업 (고용노동부) ▸ 중소기업 청년취업인턴 지원금(고용노동부)
2014	▸ 우수도서 선정 지원 ▸ 독서문화증진 사업 ▸ 전자출판산업육성 지원 ▸ 국제교류사업 ▸ 저작권 수출 활성화 지원 사업 ▸ 열린도서관, 파주출판도시 활성화 지원 ▸ 출판물류기반구축 사업	▸ 청년취업인턴제 위탁운영사업(고용노동부) ▸ 청년취업인턴 지원금(고용노동부) ▸ 서울와우북페스티벌 ▸ 책 읽는 사회만들기 ▸ 출판지식 창업보육센터 설립(중소기업청)
2015	▸ 세종도서 선정 지원 ▸ 독서문화증진 사업 ▸ 전자출판육성 지원 ▸ 국제교류사업 ▸ 저작권 수출 활성화 지원 사업 ▸ 파주출판도시 활성화 사업 ▸ 출판물류기반구축 사업 ▸ 지역출판산업육성 ▸ 책 읽는 문화 확산을 위한 도서관열차 조성 ▸ 청년취업인턴제 위탁운영사업(고용노동부)	▸ 청년취업인턴 지원금(고용노동부) ▸ 출판전문인력 양성사업(컨소시엄) ▸ 한국출판문화산업진흥원 지방이전 ▸ 서울와우북페스티벌 ▸ 해외 출판수출 교류지원 사업 ▸ 창업보육센터 운영 ▸ 우수 학술도서의 전자책 제작 지원 사업 ▸ 한국디지털문학관 구축 및 순수문학 전자책 제작 ▸ 학술지식콘텐츠 공유를 위한 전자책 DB 및 시스템 ▸ 책 읽는 사회만들기

69 공공기관 경영정보 공개시스템(ALIO)의 수입·지출현황 자료를 기준으로 작성하였으며, '기타' 항목에는 지출 잔액과 이자 수입이 포함됨. 해당 연도에 종료된 사업은 지출 잔액을, 이월 사업은 집행 예정 잔액을 반영하여 공표된 예산 규모와 차이가 있을 수 있으며, 2025년 수치는 예산 편성 기준으로 작성되어 결산 이후 변동될 수 있다.

2016	▸ 세종도서 선정 지원 ▸ 독서문화증진 사업 ▸ 전자출판육성 지원 ▸ 국제교류 사업 ▸ 저작권 수출 활성화 지원 사업 ▸ 인문독서예술캠프 운영 ▸ 파주출판도서 활성화 지원 ▸ 출판물류기반구축 사업 ▸ 지역출판산업 육성 ▸ 책 읽는 문화 확산을 위한 도서관열차 조성 ▸ 청년취업인턴제 위탁운영사업(고용노동부) ▸ 청년취업인턴 지원금(고용노동부)	▸ 출판전문인력양성 사업(컨소시엄) ▸ 양서 홍보를 위한 방송프로그램 제작 사업 ▸ 서울와우북페스티벌 ▸ 독서경영 우수직장 인증사업, 　언론매체 활용 사업 홍보 ▸ 파리도서전 주빈국관 참가 　(국제교류사업 2차) ▸ 인도네시아 국제도서전 한국도서 홍보관 　(국제교류사업 3차) ▸ 서울국제도서전 개최(2016~2017년, 　국제교류사업 4차) ▸ 네이버문화재단 문화콘텐츠기금
2017	▸ 세종도서 선정 지원 ▸ 독서문화증진 사업 ▸ 전자출판육성 지원 ▸ 출판산업 국제교류 사업 ▸ 저작권 수출 활성화 지원 사업 ▸ 인문독서예술캠프 운영 ▸ 파주출판도시 활성화 사업 ▸ 출판물류기반구축 사업 ▸ 지역출판산업 육성 ▸ 책읽는 문화확산을 위한 도서관열차 조성	▸ 청년취업인턴제위탁운영사업(고용노동부) ▸ 청년취업인턴 지원금(고용노동부) ▸ 출판전문인력양성 사업(컨소시엄) ▸ 양서 홍보를 위한 방송프로그램 제작 사업 ▸ 책 읽는 사회 만들기 ▸ 영세출판사 창작자금 지원 사업 ▸ 국제 학술행사 개최 및 기념저술 발간 ▸ 서울와우북페스티벌 ▸ 네이버문화재단 문화콘텐츠기금 ▸ 인문활동가 양성파견 사업
2018	▸ 출판유통통합시스템 구축 ▸ 2018년 책의 해 추진 ▸ 세종도서 선정구입 지원 ▸ 국민독서문화확산 사업 ▸ 독서문화캠프 ▸ 서울와우북페스티벌 지원 ▸ 전자출판산업 육성 지원 ▸ 국제도서전 개최 및 참가 ▸ 출판저작권 수출활성화 및 교류지원 ▸ 파주출판도시 활성화 ▸ 파주출판도시 세계문화클러스터 조성	▸ 출판물류기반구축 사업 ▸ 지역출판산업육성 ▸ 인문활동가 양성파견사업 ▸ 중소출판사 출판콘텐츠 창작 지원(체육기금) ▸ 책 읽어주는 문화봉사단(체육기금) ▸ 청년내일채움공제 위탁운영비(고용보험기금) ▸ 출판전문인력양성사업(컨소시엄) ▸ 책읽는 문화확산을 위한 도서관열차 조성 ▸ 출판산업 경력자 재취업(체육기금) ▸ 도깨비 책방 ▸ 책의해 네이버문화재단 문화콘텐츠 기금 ▸ 인문활동가 양성파견사업(위탁용역)
2019	▸ 출판유통통합시스템 구축 ▸ 세종도서 선정 구입 지원 ▸ 국민독서문화확산 사업 ▸ 생활문화시설 인문프로그램 지원 ▸ 서울와우북페스티벌 ▸ 경의중앙선 도서관열차 열차 조성 ▸ 책 읽는 사회 확산프로젝트 ▸ 책 읽어주는 문화봉사단(체육기금) ▸ 중소출판사 출판콘텐츠 창작 지원(체육기금) ▸ 출판산업 경력자 재취업 지원(체육기금) ▸ 전자출판산업 육성 지원	▸ 출판신성장 동력창출 ▸ 국제도서전 개최 및 참가 ▸ 출판저작권 수출활성화 및 교류지원 ▸ 파주출판도시 활성화 ▸ 파주출판도시 세계문화클러스터 조성 ▸ 출판물류기반구축 사업 ▸ 지역출판산업육성 ▸ 청년내일채움공제 위탁운영비(고용노동부) ▸ 출판전문인력양성 사업(컨소시엄) ▸ 출판전문인력양성 사업(컨소시엄) 　고용미 가입자 ▸ 도깨비 책방

　　　　　　　　　　　　　　　　　　　　　　　　　출판에 대하여

2020	▸ 출판유통통합시스템 구축 ▸ 세종도서 선정 구입 지원 ▸ 국민독서문화확산 사업 ▸ 전자출판산업 육성 지원 ▸ 출판신성장 동력창출 ▸ 출판원천콘텐츠 다중활용 ▸ 책 읽는 사회 확산프로젝트 ▸ 생활문화시설 길 위의 인문학 사업 ▸ 출판물류기반구축 사업 ▸ 지역출판산업육성 사업 ▸ 파주출판도시 활성화 사업 ▸ 서울와우북페스티벌 ▸ 국제도서전 개최 및 참가	▸ 출판저작권 수출활성화 및 교류지원 ▸ 책 읽어 주는 문화봉사단(체육기금) ▸ 중소출판사 출판콘텐츠 창작 지원(체육기금) ▸ 출판산업 경력자 재취업 지원(체육기금) ▸ 청년내일채움공제 위탁운영비(고용기금) ▸ 출판전문인력양성 사업(고용보험기금) ▸ 도깨비 책방 ▸ 인문정신문화 온라인서비스 제공 사업 ▸ 청년디지털일자리 사업(위탁사업비) ▸ 청년디지털일자리 사업(기업지원금) ▸ 청년일경험지원 사업(위탁사업비) ▸ 청년일경험지원 사업(기업지원금) ▸ 대구출판산업지원센터(대구시)
2021	▸ 세종도서 선정 구입 지원 ▸ 국민독서문화확산 사업 ▸ 병영독서활성화 사업 ▸ 전자출판산업 육성 지원 ▸ 출판 신성장 동력 창출 ▸ 출판원천콘텐츠 다중 활용 ▸ 책 읽는 사회문화기반 조성 ▸ 출판물류기반구축 사업 ▸ 지역서점 활성화 지원 ▸ 지역출판산업육성 사업 ▸ 서울 와우북페스티벌 ▸ 파주출판도시 활성화 지원	▸ 출판물류기반 마련 및 해외유통 강화 ▸ 병영독서코칭(국방부) ▸ 책 읽어주는 문화봉사단(체육기금) ▸ 중소출판사 출판콘텐츠 창작 지원(체육기금) ▸ 출판경력자 재취업 지원(체육기금) ▸ 출판전문인력양성(고용기금) ▸ 생활문화시설 길 위의 인문학 ▸ 디지털 인문뉴딜 ▸ 인문정신문화 온라인서비스 제공 ▸ 인생나눔교실(예비)멘토 양성 교육 ▸ 대구출판산업지원센터(대구시)
2022	▸ 세종도서 선정 구입 지원 ▸ 국민독서문화확산 사업 ▸ 병영독서활성화 사업 ▸ 전자출판산업 육성 지원 ▸ 출판 신성장 동력 창출 ▸ 출판원천콘텐츠 다중활용 ▸ 책 읽는 사회문화기반 조성 ▸ 출판물류기반구축 사업 ▸ 지역서점 활성화 지원 ▸ 지역출판산업육성 지원 ▸ 서울와우북페스티벌 ▸ 파주출판도시 활성화 지원 ▸ 출판물류기반 마련 및 해외유통 강화 ▸ 병영독서코칭(국방부)	▸ 책 읽어주는 문화봉사단(체육기금) ▸ 중소출판사 출판콘텐츠 창작 지원(체육기금) ▸ 출판경력자 재취업 지원(체육기금) ▸ 출판전문인력양성(고용기금) ▸ 생활문화시설 길 위의 인문학 ▸ 디지털 인문뉴딜 ▸ 인문정신문화 온라인서비스 제공 ▸ 도서관 길 위의 인문학 특별 프로그램 ▸ 여행자 길 위의 인문학 ▸ 대구출판산업지원센터(대구시) ▸ 대구시민 도서구입비 지원(대구시 추경)

2023	▶ 출판 국내수요 창출 및 유통 선진화 ▶ 우수 출판콘텐츠 제작 활성화 ▶ 글로벌 출판한류 확산 ▶ 출판문화산업 지속성장 인프라 구축 ▶ 세종도서 선정·구입 지원 ▶ 국민독서문화확산 ▶ 병영독서활성화 지원 ▶ 전자출판산업 육성 지원 ▶ 출판 신성장 동력 창출 ▶ 출판원천콘텐츠 다중활용 지원 ▶ 책 읽는 사회문화기반 조성 ▶ 출판물류기반구축 사업 ▶ 지역서점 활성화 지원	▶ 지역출판산업 육성 사업 ▶ 서울와우북페스티벌 ▶ 파주출판단지 활성화 지원 ▶ 출판한류기반 및 해외유통 강화 ▶ 병영독서코칭 ▶ 책 읽어주는 문화봉사단(체육기금) ▶ 중소출판사 출판콘텐츠 창작 지원(체육기금) ▶ 출판경력자 재취업 지원(체육기금) ▶ 출판전문인력양성(고용기금) ▶ 생활문화시설 길 위의 인문학 ▶ 중장년 청춘문화공간 운영 ▶ 청소년 인문문화 프로그램 ▶ 도농상생지역독서문화(전주시)
2024	▶ 세종도서 지원 ▶ 문학나눔 도서보급 ▶ 디지털 기반 제작 지원 ▶ 웹소설 산업 지원 ▶ 디지털 도서물류 지원 ▶ 출판산업 활성화 심의사업 및 기본사업 ▶ 출판수출 및 인력양성 지원 ▶ 출판물 공정유통환경 조성 ▶ 출판유통통합전산망 운영	▶ 소외계층 전자책 접근성 제고 ▶ 지역문화사회 기반 책읽기 수요 창출 ▶ 지역서점 활성화 지원 ▶ 출판산업 기초통계조사 및 정책개발 ▶ 출판전문인력 양성 ▶ K-BOOK IP 수출지원 ▶ 책 읽어주는 문화봉사단(체육기금) ▶ 도농상생 지역 독서문화 확산(전주시) ▶ 중소출판사 성장도약 지원 사업(위탁용역)
2025	▶ 세종도서 지원 ▶ 문학나눔 도서 보급 ▶ 디지털기반 제작 지원 ▶ 웹소설 산업 지원 ▶ 디지털 도서물류 지원 ▶ 심의사업 등 기본사업 ▶ 출판 수출 및 인력양성 지원 ▶ 출판물 공정유통환경 조성 ▶ 출판유통통합전산망 운영 ▶ 소외계층 전자책 접근성 제고	▶ 지역문화사회 기반 책읽기 수요창출 ▶ 지역서점 활성화 지원 ▶ 출판산업 기초통계조사 및 정책개발 ▶ 출판전문인력 양성 ▶ 서울국제도서전 참가지원 ▶ 책읽는 대한민국 ▶ 책읽어주는 문화봉사단 ▶ 도농상생 지역 독서문화 확산(전주시) ▶ 중소출판사 성장도약 지원 사업(위탁용역)

3) 출판진흥 기구의 설립과 출판정책의 변화

출판진흥원 출범 초기 출판진흥원과 출판업계는 강렬한 긴장 관계로 출발한다. 당시 문화체육관광부는 7월 18일 동아일보 출판국장 겸 출판편집인 출신 이재호를 초대 원장(임기 3년)으로 임명한다는 보도자료를 배포하였는데, 비상임이사 7인을 함께 지명하

출판에 대하여

면서 7월 20일에 임명장을 수여하고자 하였으나, 출판진흥원의 원장과 이사 구성 등에 대한 출판업계의 이견으로 이사 임명이 원활하게 진행되지 못하였다.[70] 2012년 7월 19일에는 민주통합당 문방위원 일동 이름으로 '낙하산 인사 철회하고, 적임자를 다시 임명하라!'라는 성명서가, 7월 25일에는 대한출판문화협회와 한국출판인회의의 '출판문화 살리기 비상대책위원회' 이름으로 '대한민국 출판, 누가 죽였는가!'라는 성명을 발표하기도 하였다. 한국간행물윤리위원회의 유산을 넘겨받은 기구에 불가피하게 동의는 하였으나, 출판진흥 기구의 원장은 출판업계의 인사가 맡아야 한다는 인식 때문에 정부와 출판업계 사이에서 통합적인 출판정책을 수립, 집행해야 하는 기구의 역할에 어려움이 생기기 시작했다. 그럼에도 초대 원장으로 임명된 이재호는 그해 9월 26일 제3차 출판문화산업진흥 5개년 계획(2012~2016)을 당시 문화체육관광부 청사에서 직접 발표[71]하는 등 초기 출판진흥원의 사업과 예산, 인력 확보를 위해 부단한 노력을 보여주었다.

출판진흥 기구 출범 이후 출판정책의 변화에 대해서는, 출범 초년도에는 한국간행물윤리위원회가 확보한 예산의 범위 내에서 출판진흥 기구를 운영할 수밖에 없어서 특징적인 사업의 변화를 평가할 것은 없으나, 이후 지속적으로 출판정책의 체계적 수립 및 시행,

---

[70] 당시 문화체육관광부 보도자료의 이사 명단은 이형규 대한출판문화협회 부회장, 정은숙 마음산책 출판사 대표, 박영률 커뮤니케이션북스 대표, 송영만 효형출판사 대표, 김성용 교보문고 대표, 홍승기 변호사, 이구용 KL매니지먼트 대표였다. 이중 일부는 이사 임명을 받아들이지 않아 이사 임명이 취소되었다.

[71] 당시 발표된 5대 과제는 출판수요 창출 및 유통선진화, 우수콘텐츠 제작 활성화, 전자출판 및 신성장동력 육성, 글로벌 출판한류 확산, 출판문화산업 지속 성장 인프라 구축이었다.

출판정책의 실행력과 실질적 변화를 끌어낼 수 있는 예산, 인력, 사업의 확충 등을 통해 변화의 가능성을 보여주었다. 그중 몇 가지 중요한 변화를 짚어 보면 다음과 같다.

(1) 출판정책의 체계적 수립 및 시행

출판정책의 실질적 변화를 반영하기 위해서는 법 제도의 개선, 〈출판문화산업진흥법〉 개정 필요성이 대두되었다. 그동안 출판업계에서 판면권, 공공도서관 대출보상권, 전자출판물 관련 법제도 개선, 출판 관련 세제 지원 확대 등 정책적 변화를 위한 시도들이 있었는데, 출판진흥기구가 만들어졌다고 하루아침에 논의 내용이 반영된 것은 아니지만, 출판진흥원이 할 수 있는 역할은 출판업계의 의견수렴, 정책자료 연구, 정부와 국회를 대상으로 하는 입법 활동 지원을 통해 최종 법제화를 이루는 것인데,[72] 출판진흥원과 출판업계의 긴장 관계로 중간자적 역할에 한계가 있었지만, 출판진흥원이 담당했던 그 역할을 무시할 수는 없다. 다양한 출판업계의 목소리를 정책으로 반영할 수 있도록 조사연구 보고서와 정책자료집을 발간하였고, 각종 공청회나 모임 등을 기획하고 운영함으로써 출판정책 수립이 체계적으로 수립, 반영될 수 있는 기반을 만들었다.

출판유통 질서 확립의 측면에서 보면, 출판진흥기구 설립 전후의 변화가 확연하게 나타난다. 베스트셀러를 인위적으로 조작하는 도서정가제 위반에 대한 조사 분석은 출판진흥기구 설립 이전에도 그 기능이 있었다. 2007년 12월에 배포된 문화관광부의 보도자료 '출판물 불법유통 및 사재기신고센터 설치 운영'에 따르면 동년 12월 4일부터 사재기신고센터를 운영한다고 하며 민간위촉직 위원

12명 명단[73]을 발표하였다. 이 조직이 출판계의 도서정가제 위반에 대해 많은 역할을 하게 되지만 민간에서 운영하는 조직의 한계가 분명하게 있었다. 이런 역할이 출판진흥원이 출범하면서 출판진흥원 내에 운영을 담당하는 전담 직원을 배치하고 당시 '출판산업 종합지원센터'를 중심으로 2013년 5월 31일 제1차 출판유통심의위원회를 구성, 운영하게 되는데, 총 20명의 위원[74]이 출판물불법유통신고센터에서 조사, 부의한 안건을 검토하여 해당 안건에 대해 의견제시를 하거나 경고 또는 문화체육관광부에 행정처분을 요청하였다. 출판·서점·소비자단체가 모두 참여한 조직이었으며 이후에도 도서정가제 위반에 대한 단속과 사후 조치에 많은 실적을 보여주었다. 물론 출판유통심의위원회는 위원장과 위원이 출판진흥원과는 독립적인 기구로서 기능을 수행하였으나, 출판진흥원 내부 직원과 조직에서 체계적인 관리와 조사 업무를 담당하게 됨으로써

72　출판정책 관련 조사연구보고서 및 정책자료집은 한국출판문화산업진흥원 누리집 출판정보에서 확인할 수 있다. 특히 2013년에 발간된 〈OECD 회원국 도서가격 법제 현황〉 〈서체 프로그램 이용 길라잡이〉 등은 출판업계가 요구하는 정책수립 방향에 기여한 바가 크다.

73　이연지 대한인쇄문화협회 이사, 박맹호 대한출판문화협회장, 조유식 인터넷서점협의회 대표, 민병욱 한국간행물윤리위원회 위원장, 이창연 한국서점조합연합회장, 한기호 한국출판마케팅연구소 대표, 강맑실 한국출판인회의 부회장, 이정춘 한국출판학회장, 김종수 한국출판협동조합 이사장, 박은주 김영사 대표, 김자혜 소비자시민모임 사무총장, 김혜경 푸른숲 대표

74　이대현 대한출판문화협회 유통 담당 상무이사, 윤철호 한국출판인회의 부회장, 도승철 밝은미래 대표, 주정관 한국출판인회의 감사, 성의현 미래의창 대표, 정해운 한국출판영업인협의회장, 진창섭 어린이출판협의회, 김연일 인문사회과학출판협의회장, 황선옥 소비자시민모임 부회장, 홍탁균 변호사, 김태영 씽크스마트 대표, 박대춘 한국서점조합연합회장, 양수열 한국서점조합연합회 정무위원장, 최낙범 불광문고 대표, 김민기 교보문고 마케팅실장, 유성식 예스24 이사, 최우경 알라딘 총괄본부장, 조성길 인터파크 기획실장, 유제범 서울문고 이사 등.

출판진흥기구라면 해야 할 역할의 중요한 법 제도적 변화의 한 부분을 담당했다.

이밖에 5년마다 발표하는 출판문화산업진흥 5개년 계획의 수립을 위한 조사연구용역, 정부와 출판업계의 의견수렴 등에 출판진흥원이 적극 역할을 하게 되었음은 물론 도서정가제에 대한 제도 개선을 위한 출판·서점·소비자 간의 견해 차이를 조정하는 역할 등에서 출판진흥기구의 역할은 적지 않았다.[75] 이후에도 세종도서로 명명된 우수출판도서에 대한 지원사업을 위해 '세종도서 사업 운영위원회'를 구성하고, 출판전산망을 공정하고 효율적으로 운영하기 위해 '출판유통통합전산망 운영위원회' 구성, 운영하는 등 출판업계의 목소리가 출판정책에 반영될 수 있는 시스템적인 구조를 만들어간 것은, 출판진흥기구가 정부와 출판업계의 중간적 역할을 충실하게 수행하기 위해 노력하고 있음을 방증하는 사례로 보인다.

(2) 출판정책의 실행 동력의 확보

출판정책이 수립되고 실행되려면 그만큼 안정적인 예산확보와 해당 사업을 수행할 수 있는 인력의 확보, 다양한 출판정책을 반영하는 신규사업의 개발이 전제되어야 한다. 이런 측면에서 출판진흥기구 출범 당시 사업비가 80억이 조금 넘는 규모였는데 2022년 약 464억이었으니 5.5배 이상 증가하였다. 이후 윤석열 정부 출범 이

---

75 2014년 도서정가제 개정을 위한 민관의 논의에서 인터넷서점의 할인율 범위를 놓고 정부, 출판사, 인터넷서점, 오프라인 서점 간에 있었던 의견 차이를 메우기 위해 다양한 자료를 취합, 작성하면서 결국에는 할인율의 범위에 대한 합의에 도달할 수 있었던 점은 출판진흥기구가 해야 할 역할의 본보기가 되었다고 볼 수 있다.

후 출판산업 예산은 감소 또는 유지하는 수준에 머물고 있는데, 단순히 예산의 증액만 아니라 사업 내용이나 규모 면에서 비교하기 어려울 정도로 지난 10년간 다양한 사업들이 추진된 바 있다. 출판진흥 기구 출범 이후 중소 출판사 출판콘텐츠 창작지원 사업, 출판신성장 동력 창출 지원사업(오디오북 제작 지원 등), 출판유통통합시스템 구축 사업, 출판한류 기반 마련 및 해외유통 강화 사업, 저작권 수출 활성화 지원 사업, 출판전문인력 양성사업, 대구출판산업지원센터 운영 사업 등이 시기마다 출판문화산업진흥 5개년 계획의 추진 방향에 따라 추진된 바 있다. 이런 사업을 발굴하고 예산을 확보하고 집행하는 기능을 하기 위해 출판진흥원 내부에서 기울이는 노력은 출판진흥원이 출판진흥 기구로서 해야 할 중요한 역할임이 분명하다. 특히 출판진흥원의 원장이 부임할 때마다 역점을 두었던 사업이 조금씩 차이가 있었다. 초대 이재호 원장의 경우는 한국간행물윤리위원회 시절 변변한 출판 관련 사업이 없었던 시절이라 출판진흥원이 추진해야 할 기본적인 사업 영역의 틀을 갖추는 데 주력하였고, 그 뒤를 이은 이기성 원장의 경우는 본인의 경험에 바탕하여 전자출판 서체 개발과 출판학회의 국제교류 사업에 역점을 두었으며, 김수영 원장은 책 문화센터 구축 등 지역 출판 및 독서 문화 활성화를 강조하는 사업을 강조하여 추진한 바 있다.

이런 사업들을 발굴하고 추진하는 과정은 출판진흥원의 독자적인 노력으로만 이루어지는 것은 아니다. 매년 초 신규사업 발굴을 위해 출판 유관 협·단체의 제안을 받는 회의를 하거나 이를 취합, 수렴하고, 다음 해 예산 확보를 위해 활용하는 것은 출판업계와 정부의 중간적 역할을 위해 필요한 대표적인 기능이며, 해마다 학기 초 대학가를 중심으로 불법복제 출판물을 막기 위한 캠페인을 한국대학출판협회, 한국저작권보호원 등과 공동으로 벌이고 있는 사례들은 출판정책의 실행 동력 확보를 위한 출판진흥 기구의 출범으로 나타난 긍정적 변화 사례로 꼽을 수 있다.[76]

(3) 출판정책의 미래지향적 도전과 한계

출판정책을 둘러싼 국내외 환경은 시시각각 변하고 있다. 최근 몇 년간 기준으로 보더라도 디지털 전환, IT 네트워크, 생성형 AI 등 출판의 패러다임 변화를 요구하는 굵직한 이슈들이 등장했다. 맞춤형 독자 큐레이션이 일상이 되어버린 현실에서 더는 종이책 중심의 출판정책만으로는 한계에 부딪히게 된다. 〈출판문화산업진흥법〉에 명시된 출판의 기본 개념부터 바꾸어야 한다는 요구가 나온 지도 오래되었지만, 여전히 출판 현실은 과거에 머물고 있다. 새로운 변화의 기점을 만들기 위해서는 무엇부터 해야 할까? 미래지향적 출판정책을 수립하고 이를 효과적으로 집행하는 방법은 무엇일까? 기본으로 돌아가는 방법이 최선이라고 본다. 출판진흥원을 만들고자 했던 첫 마음, 출판진흥원이 해야 할 역할에 대한 첫 마음으로 돌아가는 게 필요하다.

출판진흥 기구는 출판진흥 정책의 수립과 집행을 위한 통합적인 컨트롤 타워가 필요해서 만든 것이다. 이 기관을 통해 더욱 많은 예산으로 효과적인 사업들을 만들어서 출판산업계 종사자들이 혜택을 볼 수 있는 법 제도의 정비와 사업을 집행하도록 하고, 출판진흥원 직원들은 그 속에서 보람과 자존감을 느낄 수 있으면 그뿐이다.[77] 좀 더 현실적인 접근이 필요하다. 출판진흥원은 출판산업계 종사자를 위해 존재한다는 책임 의식을 보완하고, 출판업계는 소위 자리에 대한 욕심과 단체의 이익보다는 출판진흥 기구가 출판업계 내부의 이견을 조율하고, 정부와 국회, 기재부를 향해 출판업계의 입장을 대변하도록 힘을 실어주어야 한다.

출판진흥 기구가 예산을 확보하고 효과적으로 배분할 수 있도록, 정책평가 시스템을 강화하여 출판정책의 방향성을 견인할 수 있도록, 국내외 출판업계의 환경 변화에 유연하게 대응하면서 정책 방향을 제시할 수 있도록 힘을 모으는 것, 이것이 결국 출판진흥 기구를 만들고자 했던, 첫 마음이었음을 잊지 말아야 한다. 여기에 한 가지 더하면, 출판진흥원은 상대적으로 작은 규모의 예산과 인력 구성으로 출판정책을 오롯이 책임질 수는 없다. 출판진흥원과 출판 업계와 학계가 폭넓게 정책적으로 연대하는 상시적인 출판정책 연 대 포럼을 구성, 현안에 신속하게 정책적 대안을 만들어 내는 구조 가 필요하다. 그 중심에 출판진흥원이 안정적인 인력과 예산으로 뒷받침할 수 있다면 그게 바로 출판정책의 미래 과제를 선도하는 출판진흥원의 소임이고 역할일 수 있겠다.

---

76 〈2024년 저작권 보호 연차보고서〉 온오프라인 출판콘텐츠 이용 현황에 따르면, 출판분 야 불법복제 이용률은 14.4%로 7권 중 1권은 불법으로 이용되고 있다고 한다. 출판사업 체 연간 전체 매출액 약 4조 6000억(출판산업 실태조사_2022년 기준)에 대입하면 연간 6600억 원의 손해가 발생하고 있다고 추정할 수 있다.

77 누가 출판진흥원의 원장이 되어야 하는지, 누가 출판진흥원의 사무처장이 되어야 하는 지, 출판진흥원의 직원들이 출판 경험이 없다거나 하는 것은 모두 부질없는 푸념일 뿐 이다.

1) 출판 전문인력 양성

〈표 4-10〉에서 보는 바와 같이 제1차 출판·인쇄문화산업 진흥발전계획(2003~2007년)의 중점 추진과제는 출판 산·학 연계 체제 구축 및 특성화 교육 지원을 목표로 설정하고 목적은 정규 교육기관의 출판학과 교과 과정을 산업체에서 요구하는 실무중심의 내용으로 개편하여 경쟁력 있는 전문인력 양성을 통한 출판산업 활성화의 기반 마련이었다. 제2차 출판·인쇄문화산업진흥 계획(2007~2011년)의 중점 추진과제는 미디어 융합 등 다변화된 출판환경에 맞는 특화 전문인력 양성체계 마련을 목적으로 세웠다. 제3차 출판문화산업 진흥 5개년 계획(2012~2016년)의 중점 추진과제는 국내 대학 내 출판 관련학과의 폐지 또는 통폐합 경향으로 출판 전문인력 양성을 위한 장기 인력양성 과정 부족과 국내 출판계의 글로벌 진출 활성화를 위한 전문 에이전트 양성 필요성이 증대하는 등 분야별 전문가 교육과정 수요가 높다고 판단했으며, 출판계 종사자들이 급변하는 환경에 적응하고 전문적 식견을 키울 수 있도록 직무별, 이슈별로 다양한 교육 프로그램 필요성을 강조했다. 제4차 출판문화산업진흥 기본계획(2017~2021년)의 중점 추진과제는 한국출판문화산업진흥원이 설립되었으나('12.7.27), 연구조사 역량 미흡, 출판콘텐츠 투자 활성화 전략 부재 등 출판계 비판 지속과 생산·유통정보가 연계된 통합 출판통계 정보시스템을 구축하여 출판정보 인프라 구축 필요성을 강조했다. 제5차 출판문화산업진흥 기본계획(2022~2026년) 중점 추진과제는 출판 관련 대학 및 대학원의

취약한 교육 기반으로 인해 신규 우수인력 및 전문 연구인력 양성
이 제한되어 있고, 출판교육은 분야별로 파편화되어 이루어지고 있
어 종합적인 관점에서 교육과정 재설계 및 연계 필요성을 강조했다.

〈표 4-10〉 제1~5차 출판문화산업 진흥계획 중 출판 양성 및 정책연구 추진과제

전략	중점 추진과제	세부 추진과제
제1차 출판·인쇄문화산업진흥 발전계획(2003~2007년) [발표일: 2003.5.21. / 비전: 지식문화 강국 실현]		
출판산업 인프라 구축	1-5. R&D 여건 조성 및 정책지원 기능 강화	▸ 출판산업의 R&D 역량 강화 ▸ 출판·인쇄정책자문위원회 구성 운영
2. 양서출판 기반조성 및 전문인력 양성 지원	2-3. 출판 산·학 연계체계 구축 및 특성화 교육 지원	▸ 산·학 연계 교육 프로그램 개발 지원 ▸ 새로운 교과과정 개발 및 적용에 따른 기자재 구입 지원
	2-4. 출판아카데미 운영 지원	▸ 전문인력 양성을 위한 출판아카데미 개설 운영 ▸ 출판분야 취업을 위한 인력 운용 웹사이트 개설 및 인턴십제도 운영 연계 ▸ 사이버 교육용 콘텐츠·프로그램 개발 및 교육과정 운영
제2차 출판·인쇄문화산업진흥 계획(2007~2011년) [별칭: 지식강국의 성장동력 출판지식산업 육성방안 / 발표일: 2007.4.4. / 비전: 책으로 만드는 글로벌 지식 문화강국 – 국민이 참여하는 새로운 문예부흥의 시작]		
7. 출판지식 전문인력 양성	1-1. 출판지식 연구개발 (R&D) 인프라 확충	▸ 한국출판연구소를 확대(3명→10명 이상), 출판지식산업 싱크탱크로 육성
	1-2. 출판지식 대학원 대학 설립 검토 추진	▸ 출판기획, 제작, 마케팅, 독서지도, 정책 등 유관분야 통합교육 ▸ 인력 수요기업과의 산학협정 체결로 현장 위주의 맞춤교육 실시
	1-3. 출판지식산업 부문별 전문인력 양성 및 교재개발 보급	▸ SBI(서울북인스티튜트) 등에 출판인 교육과정 확대 지원 ▸ 전자출판, 인쇄, 서점계가 추진하는 전문인력 양성지원 ▸ 출판제작, 디지털출판 등 부문별 전문 교육교재 개발·보급 ▸ 교육교재로 활용 가능한 출판 관련 도서의 저술 지원 ▸ 출판인 해외 교육연수 프로그램 운영
	1-4. 산학협력 활성화	▸ 출판계와 관련 학계가 참여하는 산학협력 체계 구축 ▸ 대학과 산업간 산학협력 강화

제3차 출판문화산업 진흥 5개년 계획(2012~2016년)
[발표일: 2012.9.26. / 비전: 글로벌 출판문화 강국 도약]

5. 출판문화산업 지속성장 인프라 구축	5-2. 출판 전문인력 양성	▸ 장기 인력양성 과정 설치 지원 – 전문화된 장기 인력양성 과정(출판대학원대학) 　설치 지원을 통해 글로벌 시장 진출 확대, 과학적인 　경영 등을 선도할 수 있는 고급 인력의 양성 – 출판 생산, 유통, 수출입, 전자출판 등 각 분야별로 　세분화된 전문인력 양성과정 설치 지원 ▸ 직무별, 이슈별 출판전문인 양성 교육/연수 　프로그램 운영 – 한국출판문화산업진흥원에서 출판경영, 저작권, 　전자책, 앱북 개발자 과정 등 교육·연수 수요가 높은 　다양한 실무강좌 운영 ▸ 중소출판사 청년인턴 사업의 지속적 지원 – 출판인력 양성과정과 연계하여 청년들에게 　출판현장의 실무를 경험할 수 있는 기회 제공

제4차 출판문화산업진흥 기본계획(2017~2021년)
[발표일: 2017.2.16. / 비전: 출판 기반의 창의한국 실현]

1. 지속성장 기반 마련	1-2. 진흥원 개편 및 연구센터 설립	▸ 진흥원 개편 및 연구센터 설립 ▸ 출판통계정보시스템 구축 및 출판정보위원회 출범
	1-3. 콘텐츠산업의 핵심으로써 인식 확산	▸ 출판(산업) 인식에 대한 기초조사 ▸ 출판(산업) 인식 제고 캠페인 등 추진
	1-4. 출판산업 고급인력 활용 및 창업 지원	▸ 인문계 분야 고급인력 취업 지원 ▸ 출판 스타트업 육성을 위한 기반조성

제5차 출판문화산업진흥 기본계획(2022~2026년)
[발표일: 2023.4.5. / 비전: 책으로 만드는 케이컬쳐, 출판으로 성장하는 문화매력국가]

3. 미래를 향한 책	3-2. 출판 전문인력 양성체계 구축	▸ 산학협력을 통한 출판 미래인재 양성 – 대학(원)–출판업계 간 컨소시엄을 통한 프로젝트 　기반 실무형 교육 지원 – 대학별 출판산업계 전문가 매칭을 통한 　멘토링 과정 운영 ▸ 출판 교육과정 체계화 및 플랫폼 구축 – 현재 예비/창업, 재직자, 간부, 특수분야(디지털) 등 　개별로 이루어지고 있는 교육과정 간 내용 차별화 및 　체계화를 위한 로드맵 수립 – 교육 활용도를 높이고 지역·시간 제한 없이 접근성을 　높일 수 있도록 교육사업 결과 영상화 및 온라인 　플랫폼 구축, 단계별 학습 지원 – 웹소설 시장 확대와 타 장르 확장 가능성을 고려한 　맞춤형 교육과정 신설 – 출판수출 환경변화와 현장수요를 반영한 수출 　전문인력 양성 교육 지원

4-3. 출판 전담기관 역량 강화	▶ 정책연구 및 통계 역량 강화
	  – 출판산업 관련 산학연 허브로서 진흥원의 정체성을 고려하여, 산업에서 필요로 하는 업계 현황, 트렌드 분석, 국내·국제 유관 정책 등에 대한 연구 기능을 강화하여 산업 대내외 이슈에 적시 대응
	  – 기초통계 정밀화, 출판산업 실태조사 체계화 등 국내 출판시장 관련 정보를 생산 및 축적하고, 빅데이터 등 다양한 조사통계 기법 활용
	▶ 출판산업 공정성 제고를 위한 핵심 기관으로 육성
	  – 도서 사재기, 간행물 정가표시 및 판매제도 위반 등 건전한 출판유통 질서를 저해하는 행위 근절을 위한 출판물 불법유통신고센터 역량 강화
	  – 출판분야 불공정 행위 개선을 위해 콘텐츠분쟁조정위원회의 출판 관련 역량 강화를 추진하고 한국출판문화산업진흥원 내 (가칭)공정상생센터 설치·운영 검토

출판은 문화콘텐츠산업의 원천콘텐츠를 창출하는 중요한 지식집약 산업으로 21세기가 지식산업을 기반으로 한 문화경제 시대임을 고려한다면 출판산업의 중요성은 더욱 부각되어야 함에도 불구하고, 그 중요성에 비해 국내 사립대학의 출판교육은 출판학과의 전공명을 바꾸거나 커리큘럼을 축소하였고, 이에 출판관련 전문인력이 부족한 실정이다. 현업 종사자들의 재교육 중심으로 이루어지고 있는 과정이 있으나, 실무적이고 미시적인 차원에서 이루어지고 있어서 출판계는 4년제 출판 교육기관의 운영을 지속적으로 요구해 왔다. 4년제 대학의 경우는 대부분 학과나 전공명이 바뀌거나 폐과되었고, 서일대학교 미디어출판과가 유일하게 학과명에 출판의 명칭을 사용하고 있다. 민간 직업교육 과정으로 서울북인스티튜트SBI, 한겨레신문사 교육문화센터에서 과정을 운영하고 있다.

문화체육관광부는 출판지식산업 육성을 위한 정책과제(2003-2007년)에서부터 출판지식 대학원대학 설립 검토를 추진하여 출판

기획, 제작, 마케팅, 독서지도, 정책 등 유관분야 통합교육 및 인력 수요기업과의 산학협력 체결로 현장 위주의 맞춤교육 실시를 제시한 적이 있다. 지금이라도 변화하는 출판환경에 발맞추어 출판학 교육의 정체성을 확립하고 지속가능한 출판을 위한 교육 커리큘럼

<표 4-11> 출판 관련 전문대학 및 학과 현황

NO	학교	지역	개설연도	학과명	2004년 학과명	2011년 학과명	2025년 학과명
1	신구대학교	경기	1988	출판과	출판정보미디어과	미디어콘텐츠과	
2	대전과학기술대학	경기	1989	미디어홍보출판과	광고창작과	폐과	
3	서일대학교	서울	1991	인쇄출판과	정보출판과	미디어출판학과	
4	세명대학교	충북	2014	디지털콘텐츠창작학과	미디어창작학과	미디어콘텐츠창작학과	
5	백제예술대학교	전북	1992	출판편집과	광고창작과	광고편집과	폐과
6	경인여자대학교	인천	1993	전자편집디자인과	뉴미디어 디자인과	광고영상디자인과	디지털미디어디자인학과
7	계원예술대학교	경기	1995	전자출판과	출판디자인과	비주얼다이얼로그군	폐과
8	김포대학교	경기	1996	전자출판과	디지털출판과	영상미디어과	폐과
9	동원대학교	경기	1999	출판미디어과	출판미디어과	광고편집과	폐과

<표 4-12> 출판 관련 특수대학원의 학과와 전공 현황

NO	학교	지역	개설연도	2004년 학과명 2024년 학과명	2004년 전공 2025년 전공
1	건국대 언론홍보대학원	서울	1995	신문출판학과 디지털저널리즘학과	출판잡지전공 디지털저널리즘학과
2	경희대 미디어커뮤니케이션대학원	서울	1989	저널리즘학과 문화콘텐츠학과	출판잡지전공 출판·저작권전공
3	동국대 언론정보대학원	서울	1988	출판잡지학과 인쇄출판학과	출판잡지전공 출판잡지전공
4	서강대 미디어커뮤니케이션대학원	서울	1992	폐과	출판전공 폐과
5	성균관대 미디어문화융합대학원	서울	1998	폐과	출판정보전공 폐과
6	연세대 언론홍보대학원	서울	1992	폐과	폐과
7	중앙대 신문방송대학원	서울	1981	신문방송학과 폐과	출판잡지전공 폐과
8	한양대 언론정보대학원	서울	1995	폐과	신문출판전공 폐과

　　　　　　　　　　　　　　출판에 대하여

을 개발 및 운영하는 공익적이고 희소가치 높은 국내 유일의 출판
공교육기관 설립이 시급하다.

2) 출판정책연구

2012년 한국출판문화산업진흥원이 설립되기 이전에는 주로 문
화체육관광부와 민간단체에서 보고서를 발간했다. 〈표 4-13〉에 나
타난 자료도 한국출판문화산업진흥원 정책부서에서 관리하고 발
행한 자료들이다. 법, 디지털콘텐츠, 지역서점, 독서, 도서정가제,
웹소설, 해외 출판지원정책, 학술출판, 근로환경, 표준계약서, 수출
현황, 출판물류 관련 소재들을 중심으로 정책의 시급성에 따라 주
제들이 결정되는 경향이 있었다.

〈표 4-13〉 한국출판문화산업진흥원 설립 이후 출판정책 보고서 발행 현황자료

연도	연구용역명	수행기관	책임연구자
	OECD회원국 도서가격 법제 현황	한국출판문화산업진흥원	-
	창조경제 시대 문화융성 위한 출판문화산업 진흥방안: 출판산업 5개년 계획의 창조적 실행전략	㈜유플러스연구소	김원제
	창조경제의 롤모델: 파주출판도시 활성화 전략 조사 연구	출판도시입주기업협의회	이상
	스마트 미디어시대 출판유통 도소매점 경영환경 변화 연구	출판유통진흥원	고중언
	출판문화산업진흥법 개정방향 연구	한국출판연구소	김종수
2013	스마트 융합시대 전자책산업 진흥을 위한 중장기 전략과제 연구	대진대학교 산학협력단	이용준
	독서문화확산을 위한 조사 연구	고려대학교 산학협력단	이순영
	출판메세나 활성화 방안 연구	미래경제사회포럼	김용구
	도서정가제 개정 법률(안)의 경제성 분석	현대경제연구원	-
	출판진흥기금 조성방안 연구	한국문화관광연구원	정광렬
	출판통계정보 서비스 방안	출판유통진흥원	박종찬
	AIDS 모형을 이용한 경제학적 도서 수요함수 및 가격 탄력성에 관한 연구	명지대학교 산학협력단	빈기범
2014	1인 출판사 실태조사	한국중소출판협회	이건웅
	K-Book의 해외시장 확대전략	한국경영학회	전병찬
	지역서점 POS 운영실태조사와 개선방안 연구	출판유통진흥원	박익순

연도	연구 과제명	연구기관	연구책임자
2015	독자의 도서발견 채널과 국내외 책의 발견성 강화 동향 연구 조사 보고서	미래출판전략연구소	이중호/장은수
	중국 출판교류 활성화 방안	중국창의산업연구소	김택규/이건웅
	출판유통 활성화 방안 연구_ 국내외 출판유통 공급률 고찰과 시사점 연구를 중심으로	출판유통진흥원	고경대
2016	개정 도서정가제 영향 평가 및 향후 방향 연구	한국출판인회의	한기호
	국내 도서분류 체계 표준화 방안 연구	출판유통진흥원	박익순
	선진국 지역서점 활성화 활용 사례 분석	한국서점조합연합회	박치완
	지역 도서총판 유통실태 조사 연구	출판유통진흥원	김종수
	소비자 도서 구매 결정요인 분석	원광대 산학협력단	정현욱
	일본 출판정책 연구	출판진흥원	김정명
2017	송인서적 부도 관련 피해 출판사 실태조사	(사)한국출판인회의	장인형
	영국 출판정책 연구	출판진흥원	한주리
	출판문화산업 중요성에 대한 고찰과 인구구조 변화에 따른 출판수요 분석 및 대응 방안	원광대 산학협력단	정진한
	출판문화산업 활성화를 위한 법제 개선 방안 연구	한국법제연구원	강현철
	온·오프라인 중고서점 실태조사 연구	한국서점조합연합회	백원근
	웹소설 산업 현황 및 실태조사	비욘드리서치	백경현
2018	지역출판문화산업 육성 및 진흥 방안 연구	한국출판학회	최낙진
	출판유통 어음거래 실태 및 개선 방안 연구	출판유통진흥원	최성구
	학술출판 활성화를 위한 방안 모색 연구	대한출판문화협회	정원옥/배성인
	출판미래비전 2030	한국문화관광연구원	이성민
	출판유통통합시스템 구축을 위한 연구조사	대한출판문화협회	정원옥/이중호
	에스파냐 출판산업 연구	출판진흥원	정창
	2018 해외 출판 시장 조사	애틀러스리서치앤컨설팅	이기영
2019	개정 도서정가제 시행 영향 평가 및 개선 방안 연구	한국출판연구소	백원근
	지역서점 현황조사 및 진흥 정책 연구	한국서점조합연합회	박찬수
	출판계 근로환경 실태조사	나우앤퓨처	정병택
	디지털 시대의 출판저작권법 개정 연구	서일대 산학협력단	한주리
	출판물의 지역서점 공급 효율성 제고 방안 연구	출판유통진흥원	최성구
	공공도서관 전자출판물 B2B 계약 개선을 위한 조사연구	한국출판콘텐츠	이중호
	청소년 독자/비독자 연구	글로벌알앤씨	이순영
	독서의 사회·문화적 요인과 거시경제 효과	한국지역문화학회	김재현
	스웨덴 출판정책 연구	출판진흥원	이유진
	전자 출판물 납본제세 운영 개선을 위한 조사 연구	한국법제연구원	박세훈
2020	고령자 맞춤형 독서 프로그램 개발	한국출판연구소	백원근
	출판 신성장을 위한 민간사업 발굴 및 지원정책 마련 조사 연구	한양대학교 문화콘텐츠전략연구소	박기수
	오디오북 산업동향 분석 및 활성화 방안 연구	비욘드리서치	백경현
	K-Book 해외시장 진출현황 및 확대전략 연구	책문화콘텐츠연구소	박찬수
	코로나19 팬데믹에 따른 출판산업 현황과 전망	서일대 산학협력단	한주리
	공공기관 도서 납품 낙찰자 실태조사	책문화콘텐츠연구소	박찬수
	1인 법인 출판사 무점포 사업 가능 여부 해석	도픽스	김동혁
	출판분야 표준계약서 개선안 연구	세명대학교 산학협력단	김기태

출판에 대하여

연도	연구명	수행기관	연구책임자
2020	출판 수출 현황 조사 연구	현대리서치연구소	전상현
	미국 출판산업 연구	출판진흥원	이은호
	출판유통통합전산망 운영 법제화 연구	로고스	박지영
	출판물의 반품 및 재생 실태조사 연구	출판유통진흥원	최성구
2021	전자출판 산업분석 및 활성화를 위한 조사연구	글로벌알앤씨	김태영
	출판콘텐츠 지식재산권 활성화를 위한 조사연구	한양대학교 문화콘텐츠전략연구소	박기수
	해외출판시장 조사연구	마켓링크	이상은
	제5차 출판문화산업 진흥 계획(22-26) 수립을 위한 조사연구	한국문화관광연구원	김규찬/이윤경
	지역서점 실태조사 추진을 위한 기초연구	글로벌알앤씨	최성구
	스마트 미디어를 활용한 독서 생활화 방안 연구	한국방송통신대학교 산학협력단	이성민
	출판물류 정보화 개선 연구-반품 처리 정화를 중심으로	출판유통진흥원	최성구
	공공대출보상제도에 관한 기초 연구	한국출판연구소	박익순
2022	출판물 수발주 현황 및 온라인 수발주 활성화 방안 연구	출판유통진흥원	최성구
	웹소설 분야 산업 현황 실태조사	비욘드리서치	백경현
	지역서점 실태조사	메트릭스알앤씨	정종호
	지역서점의 공공도서관 납품 서비스 개선방안 연구	출판유통진흥원	최성구
	출판산업 실태조사 성과진단 및 체계개선 연구	도픽스	김정명
	다문화가정 독서 실태조사 및 독서 활성화 방안 연구	글로벌알앤씨	백원근
	출판 분야 정부 표준계약서 활용 실태조사	서일대 산학협력단	한주리
	출판산업 구조 변화에 따른 인력양성 체계 마련 연구	한국출판학회	공병훈
	북큐레이션 현황과 독서활성화 방안	어린이와작은도서관협회	박소희
	현행 도서정가제 영향 평가 및 개선방안 연구	책과사회연구소	백원근
2023	민간전자책 뷰어 장애인 접근성 개선 연구	보인정보기술	김현영
	출판 스타트업 창업 현황 조사	씨앤아이리서치	김태성
	출판사 및 인쇄사 신고 업무 개선 연구	도픽스	김정명
	출판 외주노동자 근로환경 실태조사 및 개선방안 연구	케이스탯컨설팅	장안식
	2020~2022년 국내 출판 수출현황 조사 연구	브릿징파트너스	정영운
	독서경영 기업 평가지표 개선방안 연구	호서대 산학협력단	이준호
	출판유통통합전산망 도서 주제분류 통계 조사	글로벌리서치	김한규
	전자책 시장 현황 분석 및 활성화 방안 연구	한국전자출판학회	이은호
	출판계 권리 확대 방안 도출 연구	미디어북톡	박익순
	도서정가제 적용에 대한 독자 의견 분석	컬쳐미디어랩	김숙
	웹소설 분야 표준계약서 제정안 연구	법무법인(유한) 원	강윤희

	비독자 대상 독서 유인사업 설계 및 실험 연구	고려대 산학협력단	이순영
	출판콘텐츠 제작비용 세액공제 방안 연구	한국재정학회	임병인
2024	2024 지역서점 실태조사	글로벌리서치	장현준
	해외 출판시장 규모 및 진출 전략 조사 연구	도픽스	김정명
	2024년 웹소설 산업 현황 실태조사 연구	비욘드리서치	백경현
	공공대출도서 지원 제도 운영 시뮬레이션 및 도입 연구	신구도서관재단	김정명
	「2025 출판산업 실태조사」 연구	메트릭스	–
2025	출판콘텐츠 기술개발 과제 발굴 연구	에이치앤컨설팅	–
	2023~2024년 국내 출판 수출 현황 조사 연구	현대알앤씨	–
	출판 외주노동자 표준계약서 제정 연구	케이스탯컨설팅	–
	도서정가제 영향 분석 및 개선방안 연구	책과사회연구소	백원근

출판산업의 대표적인 학술지 〈출판학연구〉(한국출판학회 발행)에 게재된 논문 현황을 살펴보면 1969년 〈出版과 文字 - 한글전용을 전제로 한 出版上의 諸問題에 關한 實際的考察〉(황병국) 외 논문을 시작으로 2023년까지 763여 편의 논문이 게재되었으며, 석·박사학위 논문은 1960년 동국대 석사학위논문 〈언론 출판의 자유와 그 한계를 논함〉을 시작으로 2023년까지 4,530여 편의 논문이 작성되었다.[78]

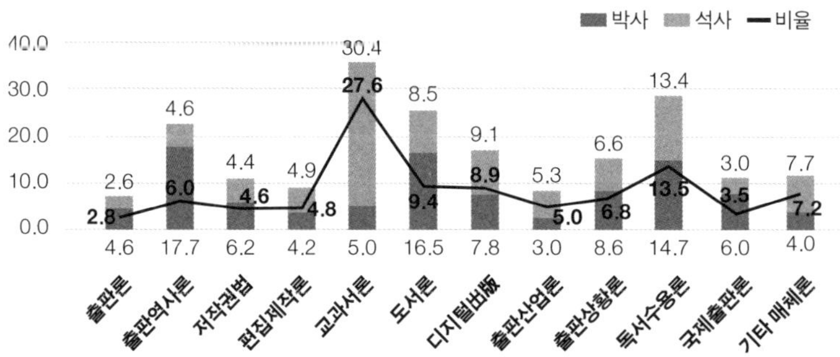

〈그림 4-3〉〈출판학연구〉게재된 논문 현황[79]

출판에 대하여

1) 서점의 변화와 정책

서점의 변화 과정[80]은 서점의 탄생(1880~1900년대), 일제강점기(1910~1945년대), 해방기(1945~1970년대), 발전기(1980~1990년대), 변혁기(2000~2014년대), 도약기(2015년~현재)로 나누어 볼 수 있다. 비교적 최근 발전기부터 살펴보면 1980년대는 정치·사회적으로 혼란한 가운데, 도서정가제가 시행되고 서점 대형화가 시작된 시기였다. 1980년 말 공포된 독점규제 및 공정거래에 관한 법률의 예외 규정에 따라 도서의 재판매가격유지(도서정가제)가 법적으로 보장받게 되었다. 1980년대에 들어서 대형서점인 교보문고의 개점 계획이 발표되고, 전국 서점인들의 강력한 반대가 있었지만, 결국 1980년 6월, 900평 규모의 교보문고가 개점했다. 교보문고의 성공은 서점 대형화 추세의 신호탄이 되었다.

1991년 4월에는 도서상품권이 발매되어 도서 구매 수요의 증가를 이끌었고, 책 포장 안하기 운동 등 물자절약 운동이 전국으로 확산되었다. 교보문고와 영풍문고 개점 등 서점 대형화 추세와 함께 전국적인 대형서점 유통사들이 등장하여 베스트셀러 위주의 할인매장 등이 번창하게 되면서 지역서점의 매출 감소는 지속되었다. 또한 1998년 예스24, 알라딘 등 인터넷 서점의 등장으로 지역서점

78　金貞明, 〈韓國における 出版研究の傾向に關する研究 − 學位論文と韓國出版學會の學術論文を中心として〉, 日本 出版研究, 54, 2023, 71~85쪽.

79　위의 글, 80쪽.

80　한국서점조합연합회, 〈서점의 역사를 걷다〉, 2021, 홍보물 재정리

의 경쟁력은 더욱 악화되어, 결국 60년 역사를 가진 보문당이 부도를 맞았다. 변혁기(2000~2014년대)에는 2000년대 들어 서점들은 생존을 위해 변신을 모색하게 되었고, 2000년대 서점출판업계 최대 화두인 도서정가제가 2003년 2월부터 전국적으로 시행되었다.

2011년 10월 한국서점조합연합회는 학원이나 교습소, 개인과 외교습자가 수강료 외에 별도의 교재비를 받는 것을 금지하는 〈학원의 설립·운영 및 과외교습에 관한 법률 시행령〉 제정하게 되었다. 2013년 중소서점업이 서비스업 중소기업 적합 업종으로 지정되어, 대기업의 서점업 진출을 제한하여 지역서점을 살리는데 주력했다. 2014년 지역서점 활성화 취지로 개정된 도서정가제가 전면 시행되었다. 오랫동안 지역에 자리 잡고 여전히 지역주민들의 사랑받고 있는 서점들은 오랜 역사뿐 아니라 변화하는 시대에 맞춰 문화교류의 공간으로 성장을 모색하고 있다. 단순히 도서 판매만이 아니라 문화교류의 공간, 국민의 지적·문화적 자산으로 자리매김하고 있다. 특히 신개념 서점, 특색 있는 작은 서점들이 등장하면서 기존의 지역서점의 발전과 더불어 다양해진 서점의 모습을 볼 수 있다. 도약기(2015년~현재)에는 2015년 서점업계와 한국교직원공제회는 교육기관 전자조달시스템 S2B(학교장터) 협력강화를 위하 업무협약을 체결했고, 한국서점조합연합회 회원사와 지역서점에 대한 검증작업을 통해 인증된 지역서점 정보를 제공하고 S2B는 S2B에 등록된 도서업체 중 검증된 지역서점 인증 표시를 명기해 수요 기관의 도서구매 시 활용할 수 있도록 했다. 2016년 4월 지역서점 POS를 연계하여 지역서점에 도서정보를 제공하고, 출판사에게 지역서점의 도서 재고 및 판매 현황을 제공하고자 지역서점 포

     출판에 대하여

털사이트 '서점온'[81]을 오픈하였다. 같은 해 6월 지역서점의 경영 안정과 성장을 도모하여 균형 있는 지역경제 발전에 이바지함을 목적으로 서울시 지역서점 활성화 조례가 공포되었고, 현재까지 각 시도 지자체는 잇따라 서점조례를 제정하면서 지역서점 활성화에 동참하고 있다. 또한 책꽂이에 꽂힌 책을 연상케 하는 11이 두 번 겹치는 11월 11일을 '서점의 날'로 제정, 제1회 서울서점인대회에서 선포하였다. 매년 11월 11일에 전국 서점의 날 행사를 개최하며 서점 발전을 위한 다양한 정보교류, 행사, 포럼, 정부포상 등을 진행하고 있다.

2020년 11월 5일 발의된 〈출판문화산업진흥법〉 일부개정법률안'이 2021년 8월 10일 공포되어 2022년 2월 11일부터 시행되었다. 법률 개정 이유는 도서정가제와 관련하여 제도 운영상 개선이 필요하다는 목소리가 커지고 있고, 도서 전시장 및 지역 문화거점 역할을 하는 지역서점의 소멸 위기 상황 속에서 각 지방자치단체에서는 지역서점 활성화 방안 조례 제정을 힘쓰는 등 지역서점 지원을 위해 노력해 왔으나, 이에 대한 사항을 법률로 규정하여 근본적인 대책을 마련할 필요가 있다는 의견이 제기되고 있기 때문이다. 개정 법률에서는 지역서점 실태조사, 공공도서관의 지역서점 이용 등 지역서점 활성화 관련 조항 신설했으며, 지역서점이 존재하지 않는 지역에 대한 해당 지방자치단체의 조례 제정, 지원책 마련 등이 추가되었다. 현행 〈출판문화산업진흥법〉 제7조의2(지역서점 활성화 지원)에 따르면 지역서점은 첫째, 관할 지역에 주소와 매장을

---

81   서점온 누리집 booktown.or.kr

두고 불특정 다수가 이용할 수 있을 것. 둘째, 〈부가가치세법〉 제8
조에 따라 서적 소매업으로 사업자등록을 하였을 것. 셋째, 〈중소기
업기본법〉 제2조에 따른 중소기업자가 경영할 것으로 다소 광범위
하게 정의하고 지방자치단체는 지역 실정에 따라 지역서점의 요건
을 조례로 달리 정할 수 있도록 한다.

<표 4-14> 출판문화산업진흥법 제7조의2(지역서점 활성화 지원 등)

출판문화산업진흥법 제7조의2(지역서점 활성화 지원 등)

제7조의2(지역서점 활성화 지원 등)
① 국가와 지방자치단체는 다음 각 호의 요건을 갖춘 서점(이하 "지역서점"이라 한다)이 활성화될
수 있도록 정책을 수립하고 이에 필요한 지원을 하여야 한다. 다만, 지방자치단체는 지역 실정에 따
라 지역서점의 요건을 조례로 달리 정할 수 있다.

1. 관할 지역에 주소와 매장을 두고 불특정 다수가 이용할 수 있을 것
2. 「부가가치세법」 제8조에 따라 서적 소매업으로 사업자등록을 하였을 것
3. 「중소기업기본법」 제2조에 따른 중소기업자가 경영할 것

② 문화체육관광부장관은 제1항에 따른 지역서점 활성화 정책의 수립 및 지원에 필요한 기초자료
로 활용하기 위하여 지역서점에 관한 실태조사를 실시할 수 있다. 이 경우 실태조사 결과 지역서점
이 없는 지역에 대하여는 해당 지방자치단체의 장과 협의하여 별도의 지원책을 마련하여야 한다.
③ 문화체육관광부장관은 제1항에 따른 지역서점 활성화 정책의 수립을 위하여 필요한 경우 지방
자치단체의 장에게 관련 자료를 요청할 수 있다.
④ 지방자치단체는 지역서점 활성화에 필요한 사항을 조례로 정할 수 있다.
⑤ 지방자치단체의 장은 교육감과 협력하여 관할 지역의 도서관(「도서관법」 제3조에 따른 도서관
을 말한다)이 도서를 구매하는 경우 지역서점을 이용하도록 독려하여야 한다. 〈개정 2021. 12. 7.〉
⑥ 제2항에 따른 지역서점에 관한 실태조사의 방법 및 절차 등에 필요한 사항은 대통령령으로 정한
다. [본조신설 2021. 8. 10.]

서점분류 기준에 따라 서점의 명칭은 다양하게 나타날 수 있다.
〈지역서점 현황조사 및 진흥정책 연구〉(2019년) 보고서에서 제안한
서점의 명칭은 서점의 형태를 매장 유무, 체인 유무, 취급 도서 분야
별, 취급 상품 비중별, 제도 적용별로 구분한다.[82]

서점에 대한 정의를 재해석하면 "불특정 다수를 상대로 영업하며 책을 판매하여 생계를 유지하는 가게"를 의미한다. 지역서점은 "불특정 다수를 상대로 지역에 주소와 방문매장을 두고, 지역주민과 소통하는 공간으로써 매장 내 도서 비치와 도서로 매출이 발생하는 가게"를 지칭한다. 이를테면 다음과 같은 요소를 갖추고 있는 곳이라 할 수 있다. 첫째, 매장 규모가 200평 미만이며, 둘째, 지

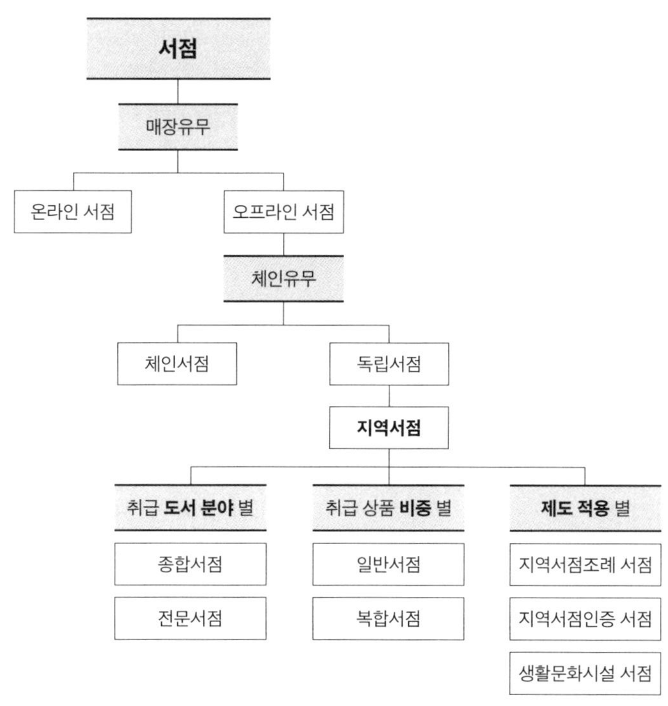

〈그림 4-4 〉 서점분류 기준[83]

---

82 한국서점조합연합회, 〈지역서점 현황조사 및 진흥정책 연구〉, 한국출판문화산업진흥원, 2019, 32쪽.

83 위의 글, 32쪽.

역을 기반으로 운영, 셋째, 해당 지역에 '주소'와 '방문매장'을 두고 영업하고 있는 서점, 넷째, 지역사회를 기반으로 도서를 매개로 지역주민과 소통하는 장소, 다섯째, 가급적이면 지역주민을 대상으로 매월 1회 이상의 문화행사를 1년 이상 지속적으로 운영, 여섯째, 매장 내 구성 상품 중 50% 이상이 책으로 진열, 일곱째, 매출액의 50% 이상이 책 판매를 통해 발생해야 한다. 그동안 동네서점, 동네책방, 독립책방 등으로 불러왔던 명칭은 일반 대중적으로 사용자의 편의에 따라 사용되어 왔다는 점을 인식하고, 향후 서점을 표현하고자 할 경우, 가장 상위의 포괄적 개념에서는 '서점'으로 칭하고, 매장 유무에 따라 '온라인서점'과 '오프라인서점'으로 구분하며, 오프라인서점을 체인 유무에 따라 '대형체인서점'과 '독립서점'으로 구분하되, 이 경우의 독립서점을 가장 널리 쓰이는 '지역서점'이라는 용어로 통일하여 일반화하는 것을 권장했다.

2) 서점 정책 추진(제1~5차 출판문화산업진흥 계획)

제1차 출판·인쇄문화산업 진흥발전계획의 중점 추진과제 '7-2. 서점의 현대화, 정보화 사업 지원'의 세부 추진과제 중에 '지역서점의 특성화·전문화 지원 융자사업'이 포함되었는바, 2003년 이전부터 이미 '지역서점'이라는 용어가 사용되었다. 제2차 출판·인쇄문화산업진흥 계획의 중점 추진과제 '3-3. 서점을 지역사회 거점 문화공간으로 육성', 제3차 출판문화산업 진흥 5개년 계획의 중점 추진과제 '1-4. 지역서점 활성화 지원', 제4차 출판문화산업진흥 기본계획의 중점 추진과제 '2-2. 지역서점 상생발전 체계 구축'에서 보는 바와 같이, 출판문화산업진흥 계획에서는 지역서점 육성

　　　　　　　　　　　　　　　출판에 대하여

을 중점 추진과제로 중시하고 계속하여 발전시켜 왔다. 제5차 출판
문화산업진흥 기본계획 중점 추진과제는 '2-1. 지역서점 경쟁력 강
화'인데, 책 경험 공간 고도화(노후 지역서점의 시설개선 및 차별화된 공
간 배치와 리모델링 컨설팅 지원), 지역서점의 문화적 기능 확충(북콘서
트, 독서동아리 모임, 지역 내 저자와의 만남 등 문화활동 개최 지원), 지자
체와 협력을 통한 지역서점 자립기반 구축(지자체의 지역서점 활성화
조례 제정을 독려하기 위해 표준 조례안 제안, 도서관 장서구입 지역서점 구
매, 도서관과 지역서점 공동 주최 등 협력 프로그램 개최 활성화 지원)을 세
부 추진과제로 계획하였다.

〈표 4-15〉 제1~5차 출판문화산업진흥 계획 중 서점 육성 관련 추진과제

전략	중점 추진과제	세부 추진과제
제1차 출판·인쇄문화산업진흥 발전계획(2003~2007년) [발표일: 2003.5.21. / 비전: 지식문화 강국 실현]		
2. 양서출판 기반 조성 및 전문인력 양성 지원	2-2. 출판산업 활성화를 위한 조세제도 합리적 개선 지원	▶ 서점 임대료에 대한 부가가치세 면제: 지식정보 유통업종인 서점 임대료에 대해 부가가치세 면제로 경영여건 개선 조치 ▶ 서점의 신용카드 수수료율 인하 추진: 서점의 신용카드 수수료율을 편의점, 종합병원, 주유소 수준 1.5%로 인하 추진
5. 출판유통현대화 기반조성과 유통질서 확립	5-2. 전국 서점 및 출판사에 대한 유통구조 개선사업 지원	▶ 전국 서점의 네트워크 구축 및 활용 지원 ▶ 서점의 온라인 전자상거래화 ▶ 출판유통현대화시스템 가동을 위한 S/W 및 단말기 지원
7. 지방 출판문화 육성	7-2 서점의 현대화, 정보화 사업 지원	▶ 지역서점의 특성화·전문화 지원 융자사업
제2차 출판·인쇄문화산업 진흥계획(2007~2011년) [별칭: 지식강국의 성장동력 출판지식산업 육성방안 / 발표일: 2007.4.4. / 비전: 책으로 만드는 글로벌 지식문화강국 – 국민이 참여하는 새로운 문예부흥의 시작]		

3. 출판지식 유통구조 혁신	3-3. 서점을 지역사회 거점 문화공간으로 육성	‣ 광역지자체별로 '지역문화센터 모델서점' 시범 지정·운영: 중소서점의 특성화 · 전문화 유도 (예: 고서점가 조성 등) ‣ 일정 규모 이상의 공공기관 건물에 서점이 입점할 수 있도록 권장: 서점의 필수 문화공간 인식 확산 및 공공기관 독서환경 조성
	3-4. 서점 협동화사업 촉진 지원	‣ 전국 중소서점의 허브 인터넷서점 운영 지원 ‣ 중소형서점의 권역별, 주력 품목별 체인화로 경영 효율화 도모

제3차 출판문화산업 진흥 5개년 계획(2012~2016년)
[발표일: 2012.9.26. / 비전: 글로벌 출판문화 강국 도약]

1. 출판수요 창출 및 유통 선진화	1-4. 지역서점 활성화 지원	‣ 지역서점 보호를 위한 제도 개선 　– 지역서점 활성화를 위한 전문가 포럼 개최 　– 지역서점과 해당 지역 공공도서관 도서구매 관련 　　협력방안 모색 ‣ 지역서점 온·오프 통합 서비스 시스템 구축 추진 　– 지역의 오프라인서점도 온라인으로 고객 서비스를 　　할 수 있는 중소서점 통합 인터넷서점 구축 지원 　– 지역서점은 홈페이지 운영, 책 주문과 배송 등은 　　도매상이 제공하는 등 지역서점과 도매상 연계 운영 ‣ 지역서점 문화사업 지원 확대 　– 지역서점 문화공간 조성 및 지역서점 문화프로그램 　　운영 지원 확대, 저자 강연 지원 등 중소서점 　　특성화를 통한 경쟁력 강화 　– 중고서점 활성화 및 책방거리 조성 등 지원 　– 지역서점 상품권 도입 방안 조사연구 추진

제4차 출판문화산업진흥 기본계획(2017~2021년)
[발표일: 2017.2.16. / 비전: 책으로 도약하는 문화강국 실현]

2. 출판유통 선진화	2-2. 지역서점 상생발전 체계 구축	‣ 지역서점 통합 전산망 구축 ‣ 지자체 지원 지역서점 활성화 체계 확산 ‣ 지역서점 활성화 기반 마련 　– 창업 교육, 서점종사자 교육, 경영 및 창업 컨설팅 　　등을 지원하고 관련 연구 등을 수행하는 　　서점지원센터 신설

제5차 출판문화산업진흥 기본계획(2022~2026년)
[발표일: 2023.4.5. / 비전: 책으로 만드는 케이컬쳐, 출판으로 성장하는 문화매력국가]

　　　　　　　　　　　　　　　　　　　　　　　　　출판에 대하여

2. 어디에나
있는 책
	2-1. 지역서점
	경쟁력 강화
		▸ 책 경험 공간 고도화
		 – 노후 지역서점의 시설개선 및 차별화된 공간 배치와
		   리모델링 컨설팅 지원
		▸ 지역서점의 문화적 기능 확충
		 – 북콘서트, 독서동아리 모임, 지역 내 저자와의 만남
		   등 문화활동 개최 지원
		▸ 지자체와 협력을 통한 지역서점 자립기반 구축
		 – 지자체의 지역서점 활성화 조례 제정을 독려하기
		   위해 표준 조례안 제안
		 – 도서관 장서구입 지역서점 구매, 도서관과 지역서점
		   공동 주최 등 협력 프로그램 개최 활성화 지원

3) 지역서점 활성화 조례

지역서점은 온라인서점의 점유율 확대, 국민독서율 감소, 학령인구 감소, 경영 혁신 부재 등의 요인으로 생존위기를 겪고 있다고 해도 과언은 아니다. 이러한 문제 인식으로 지방자치단체와 교육청에서 '지역서점 활성화 및 지원을 위한 조례'를 제정하는 등 지원책을 마련하고 있으며, 우리나라 지방자치단체가 지역서점을 활성화하기 위해 조례를 제정·시행한 것은 2016년 7월 14일 서울특별시에서 공포·시행한 〈서울특별시 지역서점 활성화에 관한 조례〉가 최초이다.

2024년 8월 기준 전국 17개 광역지자체(100%)와 226개 기초지자체 중 85개(37.6%)가 독립적인 지역서점 활성화 조례를 제정하여 시행 중이며, 광역 및 기초지자체 조례는 총 102개로 집계되었다. 기초지자체인 6개 시군구(2.6%)에서는 지역서점 활성화 조례를 별도로 제정하지 않았지만, 독서문화진흥 등의 조례에서 지역서점 활성화 조항을 삽입하여 시행하고 있다. 전국 17개 교육청 중 10개의 교육청(58.8%)에서 독서문화 진흥을 위한 지역서점과의 협력을 위한 조례를 제정하여 시행한다. 지역서점 활성화 조례가 있는 광역·기초지자체(총 102개) 중 20개 지자체에서 한국서점조합연합회의 '지역서점 인증제도'를 조례에 명시하고 있으며, 46개 지자체에서는 '지역서점위원회' 규정을 두고 있다. 90개 지자체 조례에는 지역서점 우선 구매 조항이 있으며, 그중 28개의 지자체에서는 지역서점 도서 구매 예산을 책정하도록 규정하였다. 또한 34개의 지자체에서 지원계획 수립 주기를 명시하고 있는데 3년마다 수립하도록 한 곳이 26개로 가장 많으며, 56개 지자체에서는 지역서점 및 지역서점 활동에 대한 홍보 규정을 두고 있다. 이 가운데 42개의 지자체가 구체적인 홍보 방안을 명시하고 있다. 6개의 지자체에서는 독서문화 진흥 조례나 도서관 관리운영 조례 등에 지역서점 활성화 조항을 규정하고 있다. 기초지자체의 지역서점 활성화 조례 확대와 함께 기존 조례가 있는 지자체에서 지역서점 인증제 도입, 지역서점위원회 구성, 지역서점 우선 구매, 지원계획 수립 주기, 홍보 지원 등을 명시하도록 하는 등 표준 조례의 제정·보급이 필요하다. 지역서점 바로 대출제의 경우 17개 광역지자체 중 13곳, 226개 기초지자체 중 131곳이 도입하여 지역의 공공도서관과 지역서점이 상생하고 시민의 도서 이용 편의성을 제고하도록 지원하고 있다.[84]

<표 4-16> 지역서점 활성화 관련 조례 현황 (단행 조례, 2024.8.30. 기준)

구분	조례 제정(112곳)			조례 미제정(148곳)		
지자체	광역	기초	교육청	광역	기초	기초
수	17	85	10	0	141	7
비율	100%	37.6%	58.8%	0%	62.4%	41.2%

　　　　　　　　　　　출판에 대하여

지역서점 도서 우선구매 제도는 도서관 등 공공기관에서 도서 구입 시 해당 지역서점에서 구매하도록 권장하는 제도이다. 지방자치단체를 당사자로 하는 계약에 관한 법률(약칭 지방계약법) 제9조 제2항, 행정자치부의 지방계약 예규 광역지자체 및 기초지자체의 지역서점 조례 등을 적용해 지역서점 도서 우선구매 제도를 운영하고 있다. 기존에는 지역 제한 입찰제도에 따라 부분적으로 시행되어 오다가 2014년 11월 21일에 개정 도서정가제가 확대 시행(도서관, 국가기관, 지방자치단체, 공공목적을 위해 특별법에 따라 설립된 특별법인, 군부대, 교도소 등에 판매하는 간행물에도 도서정가제 적용) 됨에 따라 각 지역의 공공도서관과 학교도서관을 중심으로 지역서점 도서 우선 구매 제도가 확산되었다. 지역서점 도서 우선구매 제도를 가능하게 하는 법제에는 지역 제한 입찰제도 외에 2014년 개정 도서정가제 후속 조치로 시행된 행정안전부의 지방계약 예규 개정, 지역서점 활성화 조례 등이 있으며 이 법과 제도들이 서로 연계되어 지역서점 도서 우선구매 제도를 견인하고 있다.

대부분의 지역서점 진흥조례는 지역서점의 활성화를 직접적으로 규정하고 있는 법령은 없으며, 〈지방자치법〉, 〈소상공인 보호 및 지원에 관한 법률〉, 〈중소기업제품 구매촉진 및 판로지원에 관한 법률〉 등에서 중소기업 및 소상공인 지원에 관한 사항을 명시하고 있다. 〈지방자치법〉 제9조 제2항 제3호 타목에 "중소기업의 육성"과 관련된 자치사무를 명시하고 있으며, 〈소상공인 보호 및 지원에 관한 법률〉 제3조에서 지방자치단체는 소상공인의 경영 안정과 성

84   한국출판문화산업진흥원, 〈2024년 지역서점 실태조사(2023년 기준)〉, 요약 24~25쪽

장을 위한 종합적인 지원시책에 따라 관할 지역의 특성을 고려한 지역별 소상공인 지원시책을 수립·시행하여야 한다고 명시하고 있다. 〈중소기업제품 구매촉진 및 판로지원에 관한 법률〉은 중소기업의 경쟁력 향상과 경영 안정에 이바지하도록 중소기업제품의 구매 촉진 및 판로 지원에 관한 사항을 규정하고 있다. 또한, 〈독서문화진흥법〉 제5조 제1항 제5호에 '독서문화진흥에 필요한 독서 자료의 생산과 유통 진흥에 관한 사항'을 포함하여 독서문화진흥을 위한 기본계획을 수립하도록 하고 있다.

〈표 4-17〉 지역서점 도서 우선구매 제도를 견인하는 주요 법과 제도

구분	내용
지역제한 입찰제도	〈근거 법률〉 지방자치단체를 당사자로 하는 계약에 관한 법률 (약칭: 지방계약법) 제9조제2항
개정 도서정가제 시행 (2014.11.21.)	개정 도서정가제 시행(2014.11.21.)
해정아저부이 지방계약 예규 개정 등	1. 지방자치단체 입찰 및 계약 집행기준(2014.12.19, 일부개정) 　　－ 도서정가제 시행에 따른 수의계약 견적률(90%) 상향 조정 2. 도서정가제 시행에 따른 지방계약제도 운영지침(2014.12.19.) 3. 지방계약의 정보처리장치 지정에 관한 고시(2014.12.31.) 　　－ G2B(나라장터)와 S2B(학교장터) 중 발주자가 선택하여 입찰 　　　및 계약이 되도록 개선 4. 시방사시난세 입살 시 낙살사 설성기순 　　(2015.12.29. 일부개정, 2016.1.11. 시행) 　　－ 영세한 동네서점이 도서 구입 입찰에 참가, 선순위 낙찰예정자가 　　　되더라도 경영상태(신용평가) 점수가 부족하여 부적격 처리되는 　　　문제점 발생. 　　－ 간행물(도서) 구입 평가기준에 '신인도' 분야를 추가, 　　　중소기업·소상공인은 1점을 가산하도록 하여 동네서점(지역서점) 　　　의 도서 입찰 참여 기회를 확대함.
지역서점 활성화 조례	경기, 광주, 전북, 제주, 대구, 충남 등 6개 시·도의 지역서점 조례에 포함

　　지역서점 인증제도는 일부 지역의 지역서점 활성화 조례로, 일정한 요건을 갖춘 해당 지역 내의 서점을 심사하여 지역서점으로 인증하고, 조달계약 체결 시 우대·홍보·경영 및 시설개선 지원·경영 컨설팅 및 교육훈련 제공·문화 활동 지원 등의 혜택을 주는 제도이다. 지역서점 인증제도는 민간단체에서 시작하여, 기초자치단체 조례에 도입되고, 광역자치단체 조례로 확산되었다. 한국서점조합연합회에서 2015년 7월부터 '지역서점 인증제'를 처음 도입하였고, 기초자치단체는 2015년 12월 창원시에서 처음 시행한 이후 서울 성북구, 경기 안양시 등으로 확산하였다. 광역자치단체는 2017년에 경기도가 광역자치단체 중 최초로 지역서점 조례를 개정하여 지역서점 인증에 관한 사항을 규정하고, 인증에 관한 세부사항을 규정하기 위하여 지역서점 조례 시행규칙을 제정하여, 2018년부터 본격적으로 지역서점 인증 업무를 시행하였다. 지역서점 조례에 직접적인 규정 없이 지역서점 조례 등과 관련된 행정 행위의 일환으로 지역서점 인증제를 시행하는 포항시, 전주시 등의 사례도 있다. 2023년 기준 지역서점 조례나 독서진흥 조례에 지역서점 인증제도를 규정하고 있는 지역은 광역지자체 6곳(경기, 울산, 충남, 강원, 충북, 전남), 기초지자체 12곳(창원시, 서울 성북구, 안양시, 광주 광산구, 인천 동구, 화성시, 광주시, 당진시, 목포시, 여수시, 진천군, 익산시)이다. 경기도는 광역자치단체 중 최초로 지역서점 조례에 지역서점 인증제도를 도입하고, 인증에 관한 구체적인 사항을 정하기 위하여 유일하게 조례 시행규칙까지 마련하였다. 이 시행규칙에는 지역서점의 인증 요건, 지역서점의 인증 신청 및 절차, 인증의 유효기간, 인증서점에 대한 관리, 인증서점의 인증 취소, 인증서점에 대한 지원 등이 구체

적이고 체계적으로 명시되어 있다.[85]

4) 생계형 적합업종 제도

생계형 적합업종 지정 제도는 〈소상공인 생계형 적합업종 지정에 관한 특별법〉 제7조, 〈소상공인 생계형 적합업종 지정에 관한 특별법 시행령〉 제8조에 따라 소상공인의 생존권을 보장하기 위하여 정부가 생계형 적합업종을 직접 지정하고 대기업의 영업을 제한하는 제도이다. 생계형 적합업종으로 지정되면 지정일로부터 5년간 대기업은 해당 사업을 인수·개시·확장할 수 없으며, 이를 위반하면 시정명령을 받게 되고, 시정명령을 따르지 않을 경우 위반행위 관련 매출액의 5% 이내에서 이행강제금이 부과된다. '서점업'(서적 및 잡지류 소매업)의 생계형 적합업종 지정은 한국서점조합연합회에서 '서적 및 잡지류 소매업'(한국표준산업분류 47611, 이하 '서점업')을 소상공인 생계형 업종으로 지정 추천해 줄 것을 동반성장위원회에 신청하였고, 동반성장위원회의 추천을 거쳐, 중소벤처기업부에서 '서점업'을 제1호 생계형 적합업종으로 지정 고시하였다. '서점업'을 생계형 적합업종으로 지정한 이유는 '서점업'은 소상공인이 약 90%에 달하는 소상공인 중심 업종으로, 소상공인 사업체의 평균 매출, 영업이익, 종사자 인근 등에 있어 전반적으로 영세한 환경에서 사업을 영위하고 있으며, 대기업 서점의 급격한 사업 확장에 따른 인근 소상공인 서점의 매출 감소 및 폐업 증가 등 소상

---

85   출판유통진흥원, 〈지역서점의 공공도서관 납품 서비스 개선방안 연구〉, 한국출판문화산업진흥원, 2023, 16~30쪽.

공인의 취약성을 고려해 안정적으로 보호할 필요성이 있다고 판단했기 때문이다. 2024년 10월 기준 생계형 적합업종은 서점업, LPG 연료 소매업, 자판기 운영업, 두부 제조업, 국수 제조업, 떡국·떡볶이 떡 제조업, 간장 제조업, 고추장 제조업, 된장 제조업, 청국장 제조업, 냉면 제조업 등 11개 업종이 지정돼 있다. 중소벤처기업부는 2024년 10월 14일 생계형 적합업종 심의위원회를 개최하고 '서적·신문 및 잡지류 소매업'의 생계형 적합업종 재지정을 의결했다. 심의위원회는 서점업이 2019년 이후 대기업·중견기업은 온라인서점 중심으로 성장하는 반면 오프라인서점은 소상공인 비중이 높고 영세성이 심화되고 있기 때문에 학습참고서를 주로 판매하는 소상공인 보호를 위해 대기업 신규출점 매장의 초·중·고 학습참고서 판매 제한 기간을 유지하면서, 대기업의 자유로운 영업활동을 방해하지 않도록 총량 내 유연한 신규출점을 허용하고 이전출점 요건을 완화했다. 재지정 기간은 2024년 10월 18일에서 2029년 10월 17일까지 5년간이다.

<표 4-18> 「서적, 신문 및 잡지류 소매업」 생계형 적합업종 지정 고시

「서적, 신문 및 잡지류 소매업」 생계형 적합업종 지정 고시 [시행 2024. 10. 18.] [중소벤처기업부고시 제2024-78호, 2024. 10. 18., 제정]
1. 지정 기간: 2024. 10. 18.(금) ~ 2029. 10. 17.(수), 5년간 2. 업종·품목의 정의 및 대상범위 • 「서적, 신문 및 잡지류 소매업(약칭:서점업)」: 매장, 매대 등 물리적 공간에서 서적(도서) 등 인쇄·출판된 간행물을 갖추어 놓고 이를 상품으로 하여 소비자에게 판매하는 소매업 • 융복합 서점은 다음 각 호 모두에 해당하면서 초·중·고 학습참고서를 취급·판매하지 않는 서점을 말한다. 가. 사업장의 6개월 평균 매출 중 서적 등의 매출비중이 50% 미만인 경우 나. 사업장의 서적 등의 판매면적이 1,000㎡ 미만인 경우

다. 사업장이 유통매장, 중고서점 등 물리적 공간에서 서적 등을 여타 업종·품목과
　　단순 병행하여 판매하지 않는 경우
• 법 제8조제1항에 따른 생계형 적합업종 사업은 「서적, 신문 및 잡지류 소매업」 중
　융복합 서점을 운영하는 것을 제외한다.
3. 법 제8조제1항에 따른 제한 사항
• 대기업등(「대·중소기업 상생협력 촉진에 관한 법률」 제32조제1항 각 호의 어느 하나에
　해당하는 기업)은 생계형 적합업종 지정기간 동안 「서적, 신문 및 잡지류 소매업」의
　사업을 인수·개시 또는 확장해서는 아니 된다. ※ 인수·개시·확장 등의 구체적인 사항은
　「소상공인 생계형 적합업종 지정에 관한 심의기준 고시」에 따른다.
4. 법 제8조제2항에 따른 승인 사항
• 대기업등은 생계형 적합업종 지정일(2024.10.18.)을 기준으로 연간 2개의 사업장
　(생계형 적합업종 지정기간 동안 최대 5개)의 신규 출점을 할 수 있으며, 해당 사업장은
　그 출점일로부터 36개월 동안 초·중·고 학습참고서를 판매할 수 없다.
　– 가맹점, 대리점 등으로 신규 출점하는 경우에도 신규 출점에 포함한다.
• 기존 사업장을 폐점하고 동일 시·군·구(자치구를 말한다.) 또는 반경 2km 범위 내로
　이전 출점(임대차계약 종료 등 폐점 전·후 1년 이내)하는 경우 확장으로 보지 않는다.
　– 이전 출점하는 경우, 기존 사업장보다 면적이 증가하여도 확장으로 보지 않는다.
5. 법 제11조에 따른 대기업 등에 대한 권고
• 지정일(2024.10.18.) 이전에 「서적, 신문 및 잡지류 소매업」 생계형 적합업종 종전 지정 고시
　(중소벤처기업부고시 제2019-51호)에 따라 초·중·고 학습참고서의 판매금지를 이행하고
　있는 경우, 그 이행한 기간을 포함하여 36개월 동안 초·중·고 학습참고서의 판매금지를
　권고한다.

5) 지역서점 생활문화시설 인정제도

2018년 3월 9일 문화체육관광부의 '생활문화시설의 범위에 관한 고시'의 개정에 따라 지역서점이 생활문화시설의 범위에 추가되었으며, 국가와 지방자치단체가 생활문화시설 사업수행에 필요한 비용을 예산의 범위에서 지원할 수 있게 한 제도이다. 생활문화시설로 인정받는 지역서점은 지역주민의 문화적 욕구 충족을 위한 문화활동 공간(서점 전용면적의 1/10)과 설비를 갖추고 지역주민을 대상으로 매월 1회 이상의 독서동아리 운영, 저자 초청 특강, 전시 및 공연 등 문화행사를 1년 이상 지속적으로 운영하는 서점으로서 기

　　　　　　　　　　　　　　　　　　출판에 대하여

초지방자치단체장이 인정한 서점을 말한다.

<표 4-19> 「생활문화시설의 범위에 관한 고시」

「생활문화시설의 범위에 관한 고시」 문화체육관광부 고시 제2018-0016호
「지역문화진흥법」 제2조 제5호 및 같은 법 시행령 제2조 제4호의 규정에 따라 생활문화시설의 범위를 다음과 같이 고시합니다. 2018년 3월 9일 문화체육관광부장관 「생활문화시설의 범위에 관한 고시」 제정 2014.10.27. 문화체육관광부 제2014-38호 개정 2018.3.9. 문화체육관광부 제2018-16호 지역주민의 지속적인 생활문화를 위하여 공동 이용을 목적으로 운영되는 다음 시설을 지역문화진흥법시행령 제2조 제4호 규정에 의하여 생활문화시설로 본다. 1. 생활문화센터: 지역주민의 생활문화 참여기회를 확대하고 다양한 생활문화 활동을 지원하기 위한 목적으로 건립되는 문화시설 2. 지역영상미디어센터: 지역주민의 영상문화 향유 및 미디어 체험 등 영상·미디어 활동을 지원하기 위해 건립되는 시설 3. 지역서점: 지역주민의 문화적 욕구 충족을 위한 문화활동 공간(서점 전용면적의 1/10)과 설비를 갖추고 지역주민을 대상으로 매월 1회 이상의 독서동아리 운영, 저자초청 특강, 전시 및 공연 등 문화행사를 1년 이상 지속적으로 운영하는 서점으로서 기초지방자치단체장이 인정한 서점 부 칙 ① (시행일)이 고시는 고시한 날로부터 시행한다. ② (재검토기한) 문화체육관광부장관은 「훈령·예규 등의 발령 및 관리에 관한 규정」에 따라 이 고시에 대하여 2018년 7월 1일을 기준으로 매3년이 되는 시점(매 3년째의 6월 30일까지를 말한다)마다 그 타당성을 검토하여 개선 등의 조치를 하여야 한다.

6) 지역서점포털 사이트 서점온과 디지털 물류 기반 구축 지원

　문화체육관광부는 한국출판문화산업진흥원, 한국서점조합연합회 등과 협력하여 전국 약 2,000여 개 지역서점의 정보를 통합·제공하고, POS(판매정보관리시스템) 연계, 실시간 재고·판매 정보 공유, 도서 공동구매, 온라인 매장 구축 등 다양한 기능을 갖춘 지역서점 포털 사이트 구축을 목적으로 추진하였다. 2015년부터 플랫폼 구축이 본격적으로 추진되어 약 1년여의 준비 기간을 거친 후 2016

년 3월 시범 운영에 들어가서 4월 27일부터 정식으로 '서점온' 서비스가 개시되었다. 정부는 공공도서관과 학교도서관 등 공공기관이 도서 구매 시 '서점온'의 지역서점 정보를 적극 이용하도록 유도하였다. '서점온'은 지역서점의 판매관리시스템을 중앙시스템과 연동시켜 도서의 재고와 판매 정보를 파악할 수 있다. 서점온에 연계된 지역서점 판매관리시스템의 재고와 판매정보는 출판유통통합전산망으로 연계된다. 2025년 7월 기준 출판유통통합전산망의 지역서점 판매데이터 연계 현황은 327개 점이다. 서점온은 우리 동네 서점 위치 정보와 찾고 있는 책의 재고 수량을 파악하여 도서 예약드림 서비스를 제공하고 있으며, 그리고 지역서점 관련 문화행사 안내와 뉴스·이벤트 등의 서비스를 제공한다.

문화체육관광부의 '지역서점 디지털 물류 기반 구축 사업'은 지역서점이 급변하는 출판유통 환경 및 디지털 전환 흐름에 효과적으로 대응할 수 있도록, 물류 시스템을 현대화하고 공급망의 효율성과 경쟁력을 높이기 위해 기획된 정책 사업으로 2024년 정부 예산안에 신규 사업으로 편성되었다. '지역서점 공동 수·배송 운영 시범 사업'이 핵심인데 파주 물류센터에서 지역에 집하되어 서점별로 배송되던 도서를 지역의 '출판물 지역 도·소매 협의체'에서 마련한 지역거점 창고에 집하 후에 지역 내 공동 배송 차량을 운영하여 서점에 배송하는 사업이다. 출판물류시장 전반의 효율성 제고를 위한 '출판물 표준운송용기 제작 및 보급', '지역형 스마트 출판물류센터 구축 기본 계획 및 실증 연구 용역'을 시행하여 디지털 출판물류 달성을 위한 점진적 변화 및 현장 안착을 위해 단계적으로 사업을 시행하여 착오를 최소화하고 안정적인 출판물류를 지원하겠다

    출판에 대하여

는 전략이다. 출판유통통합전산망의 도서정보, 주문처리 전자데이터교환, 사전배송통지, 출판물 트래킹 시스템, 출판물 표준운송용기, 지역서점 키오스크와 온라인 결제 앱 등 다양한 기술을 연계하여 2026년까지 지역형 출판물류센터를 설립하여 스마트 출판물류 거점을 조성하고 디지털 출판물류체계를 구축하겠다는 계획이다.

7) 지역서점 실태조사와 활성화 지원 정책

2022년 2월 11일부터 개정 시행된 〈출판문화산업진흥법〉(제7조의2)은 지역서점 활성화 정책의 수립 및 지원에 필요한 기초자료로 활용하기 위해 격년 단위로 지역서점의 영업 실태 등을 조사하고, 실태조사 결과 서점이 없는 지역에 대해서는 해당 지자체장과 협의하여 별도의 지원책을 마련하도록 규정하고 있다. 시범조사 성격으로 표본조사를 실시했던 2022년 조사에 이어, 2024년에는 지역서점 전수조사를 실시하였다. 2년 마다 실시하는 지역서점 실태조사를 통해 지역서점 소멸지역과 지역서점의 평균 모습을 파악할 수 있으며, 지원 정책 요구사항을 파악할 수 있다.

〈2024년 지역서점 실태조사〉(조사 모집단 2,331곳 전수조사, 1,809곳 응답) 결과, 전국 기초지자체 중 지역서점이 한 곳도 없는 '지역서점 소멸 지역'은 6곳, 서점이 1개밖에 남지 않은 '지역서점 소멸 위험 지역'은 21곳으로 집계되었다. 이들 지역은 공통적으로 인구밀도가 매우 낮고 고령인구 비율이 높은 전형적인 군 단위 행정구역의 농·산·어촌 지역으로 지역서점의 존립을 위해 필요한 일정 규모 이상의 도서 구입자가 절대적으로 적은 현실이 주요 배경인 것으로 파악하였다. 2024년 기준으로 우리나라 지역서점의 평균적인 모습은 100.5㎡(약 30평)의 면적에 종사자 수가 1~2인(83.3%)이고, 매장 소유 형태는 자가 24.4%, 월세 50.9%, 전세 7.4%, 전세+월세 14.5%, 매장 비치 도서는 평균 3,959종에 11,518부, 하루 평균 방문 고객 수는 약 35.6명(여성 고객 64.2%) 수준으로 전국 각지에서 소규모 자영업 형태로 도서를 판매하는 업종이었다. 다양한 분야의 도서를 판매하는 '종합서점'이 70.3%로 많았고, 지역서점의 매장 공간 비율에서 '도서 판매' 공간의 비중은 77.8%이며, 취급 도서 분야별 부수의 비중은 일반 단행본 36.4%, 학습참고서 32.9%, 어린이책 12.9% 순이며, 독립출판물을 취급하는 비중도 8.4%로 나타났다. 이를 제외한 다른 공간의 비율은 '문구 판매'(7.0%), '문화활동 공간'(6.1%), '카페'(5.2%), '기타'(3.9%) 순으로 나타났다. 2023년 기준 지역서점들의 연매출액 분포는 '5천만 원 미만' 31.6%, '5천만 원 이상 1억 원 미만' 17.9%, '1억 원 이상 2억 원 미만' 16.4%로 전체 응답 서점의 65.9%가 2억 원 미만의 매출액에 머물렀다.[86]

〈2024년 지역서점 실태조사〉 결과 약 68.5%의 서점이 지역서점 인증을 받았으며, 지역서점 인증의 용도는 공공도서관 납품(68.3%), 학교도서관 납품(55.5%), 서점 지원사업 참여(24.3%), 서점 홍보(13.2%)의 순으로 나타났다. 지역서점들이 생각하는 지역서점 활성화에 필요한 정책(1+2순위)은 지역서점 우선 납품제도 강화(63.1%), 지역화폐 등을 활용한 시민의 도서 구입 지원(30.5%), 지역서점 이용 촉진 홍보 마케팅(27.1%), 문화행사 개최 지원 확대(24.5%), 서점의 특성화·전문화 지원(17.1%), 정책금융 지원(16.4%) 순으로 나타났다.

지역서점들이 생각하는 지역서점 활성화에 필요한 정책(1+2

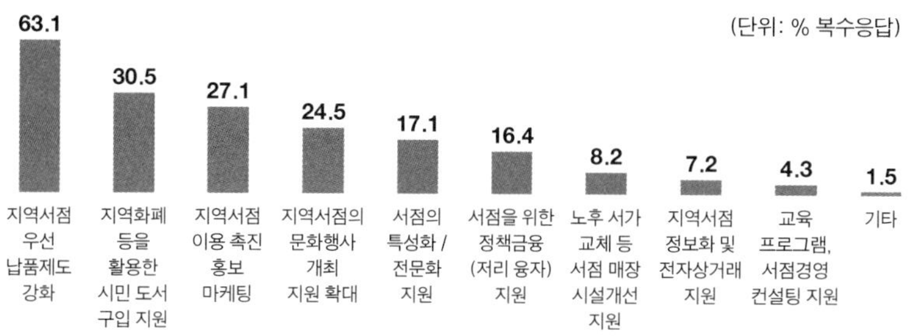

〈그림 4-5〉 지역서점 활성화에 필요한 지원 정책 (1+2순위)[87]

순위)은 지역서점 우선 납품제도 강화이다. 지역서점을 활성화하기 위한 법제도로 지역서점이 공공도서관에 도서 납품을 할 수 있는 기회는 점차 증대되고 있다. 2014년 도서관이 도서정가제의 적용을 받게 된 개정 도서정가제 시행 이후 지역서점 진흥조례 확산, 지역서점 우선구매제도 권고 등 중앙정부와 지자체의 정책적 지원은 도서관 도서 납품으로 지역서점에 기회를 제공하는 사례의 법제도적 기반이 되었다. 특히 〈출판문화산업진흥법〉 개정 시행(2022.2.11.)으로 제7조의2(지역서점 활성화 지원 등)의 법에 근거하여 국가와 지방자치단체는 지역서점이 활성화될 수 있도록 정책을 수립하고 지방자치단체의 장은 교육감과 협력하여 관할 지역의 도서관이 도서를 구매하는 경우 지역서점을 이용하도록 독려하도록 명시하였다. 〈지역서점의 공공도서관 납품 서비스 개선방안 연구〉에 따르면, 중앙정부와 지자체에서 지역서점 우선구매제도와 마크 장비 용역의 별도 예산 책정 등을 소속 도서관에 권고하고 있지만, 지역 현

---

86 [백원근의 독서출판] "'2024 지역서점 실태조사' 결과에 주목한다", 한국독서교육신문, 2025.03. 가공

87 글로벌알앤씨, 〈2024 지역서점 실태조사〉, 한국출판문화산업진흥원, 2025.

장에선 유령서점이 입찰 참여와 마크 장비 용역비의 불공정한 적용 사례가 여전히 발생하고 있다. 공공도서관보다는 상대적으로 학교도서관에서 불공정 사례가 발생하고 있으며, 전국의 지역서점 111곳이 연대하여 발표한 〈불공정한 학교도서관 마크 구축 및 장비 용역비 책정 관행 개선을 바라는 전국 서점 성명서〉(2023.1.20.)에서 지역서점인들은 "첫째, 마크MARC 구축 및 장비 용역비 계약을 서점이 아닌 전문 업체와 별도 계약하라, 둘째, 마크MARC 구축 및 장비 용역비는 도서구입비와 별도 예산을 책정해 집행하라 셋째, 마크MARC 구축 및 장비 용역비를 합리적이고 상식적인 수준에서 책정하라"고 요구하였다. 〈출판문화산업진흥법〉의 도서정가제와 지역서점 활성화를 위한 법 조항에도 불구하고, 지방자치단체 입찰 및 계약집행기준의 공사, 용역, 물품 구입에서 도서 관련 예외 조항이 없이 입찰 관리가 이루어지고 있어서 도서관의 도서구매 담당자들은 세부적인 지침을 요구하고 있다. 분할발주 관련 유권해석도 "도서의 분할 구매계약이 단일 사업을 부당하게 분할하여 계약하는 것인지에 대한 여부는 계약의 목적, 내용, 사업의 특성상 분할발주의 필요성, 현장상황 등을 종합적으로 고려하여 발주기관에서 판단할 사항"이라고 밝혔지만, 일선 도서관에서는 분할발주에 따른 행정 불편을 감수하면서두 수의계약에 감사 지적 등 불안감을 가지고 있다. 지역서점의 활성화와 경쟁력 강화를 지원한다는 이유로 도서관이 도서 구입에 지역서점을 이용하는 경우가 늘고 있으나, 대다수의 서점이 목록수주 후 도매상에서 일괄 작업하여 납품하고 수수료를 취하는 방식으로 운영되다 보니 실질적으로 서점의 경쟁력 강화가 이루어지고 있는가에 대한 의문이 제기되고 있으며, 서점 간의 갈등도 표면화될 때가 있다. 지역서점 활성화 조례, 지역서점 인증제 확산 등의 지역서점 지원정책이 지속적으로 확산되고 도서관 도서 납품 물량이 유령서점이 아닌 지역서점에 온전히 돌아간다면 지역서점은 수익의 일부를 도서관 납품 서비스에 재투자하여야 한다. 도서관이 지역서점의 납품 수행에 대한 만족도가 증대된다면 도서관과 지역서점의 상생 모델이 전파되고, 대민 서비스 만족도 증대, 지역 독서 문화 향유 체계 강화, 상생 기반의 지역 문화 조성 등의 기대효과를 얻을 수 있다.

5   출판유통 정책

1) 출판유통의 변곡점과 동향

국내 출판유통업은 1970~1980년대 출판계와 서점계의 자율적인 유통 관행을 가지고 성장해오다, 1990년대 도서 가격 할인을 무기로 하는 대형할인매장과 온라인서점의 등장으로 유통채널의 변화를 가져왔다. 2000년대 들어 온라인시장의 점유율과 대형체인서점의 점포 확대로 기존의 지역서점은 상당 부분 폐업과 축소의 결과를 가져오게 되었다. 대자본의 할인경쟁과 온라인 시프트에 의한 전통 소매업의 위축은 타 소매 산업의 동향과 다르지 않지만, 도서가 지식기반 사회의 근간을 이루는 문화상품의 역할을 해왔고 지역서점이 도서의 전시장과 문화 실핏줄 역할을 해왔기 때문에 정책적 지원 방법으로 도서정가제를 제정하여 운영하였다. 도서정가제 개정은 출판유통의 변곡점 역할을 하였다. 2003년 〈출판 및 인쇄진흥법〉의 시행 이후에 2007년과 2014년에 걸쳐 법제가 개정되어 왔지만 도서정가제는 불완전 도서정가제, 도서할인법이라는 업계의 비판을 받았다. 2014년 11월 개정 도서정가제 시행 이후 할인경쟁의 폭은 다소 완화되었으나, 무료배송, 제휴카드할인 등의 제3자 할인으로 판매 가격 할인 경쟁은 계속되고 있다. 팬데믹을 겪으면서 온라인 시프트 현상으로 온라인채널의 도서 판매 점유율은 대폭 늘어났고, 지역서점의 폐업 속에 도매상의 부도와 폐업이 뒤를 이었다. 〈2024 출판산업실태조사〉 보고서에 따르면 출판사의 도서 유통 경로는 '인터넷서점'이 43.8%로 가장 많고, '대형서점' 25.7%, '도매·총판' 15.2%, '기관 판매' 3.7% 그리고 중소형서점 3%의 순으로 나타났다. 출판유통 분야의 주요 정책 방향은 전근대적 출판 유통 관행과 불투명한 유통 관행 등을 개선하기 위한 정보화 사업, 도서정가제의 합리적 보완·개정, 출판물 불법유통 신고센터의 역할 제고 및 운영 개선이다.

출판유통의 변곡점은 기술의 발전에 따라 새로운 도서유통 업체와 서비스의 등장에서도 발견할 수 있다. 1980년대 대형서점의 등장과 체인화, 1990년대 인터넷서점의 등장, 2000년대 오픈마켓과 홈쇼핑 판매, 2010년대 전자책과 오디오북 플랫폼 서비스, 2020년대 비대면으로 촉발한 온라인채널 시프트와 배송전쟁 그리고 지역서점과 도매상의 온라인 서비스 시도 등 도서유통 채널은 경쟁 속에서 변화를 보여왔다.

2) 출판유통 정책 추진(제1~5차 출판문화산업진흥 계획)

제1~5차 출판문화산업진흥 계획(2003~2026년) 추진과제에 나

출판에 대하여

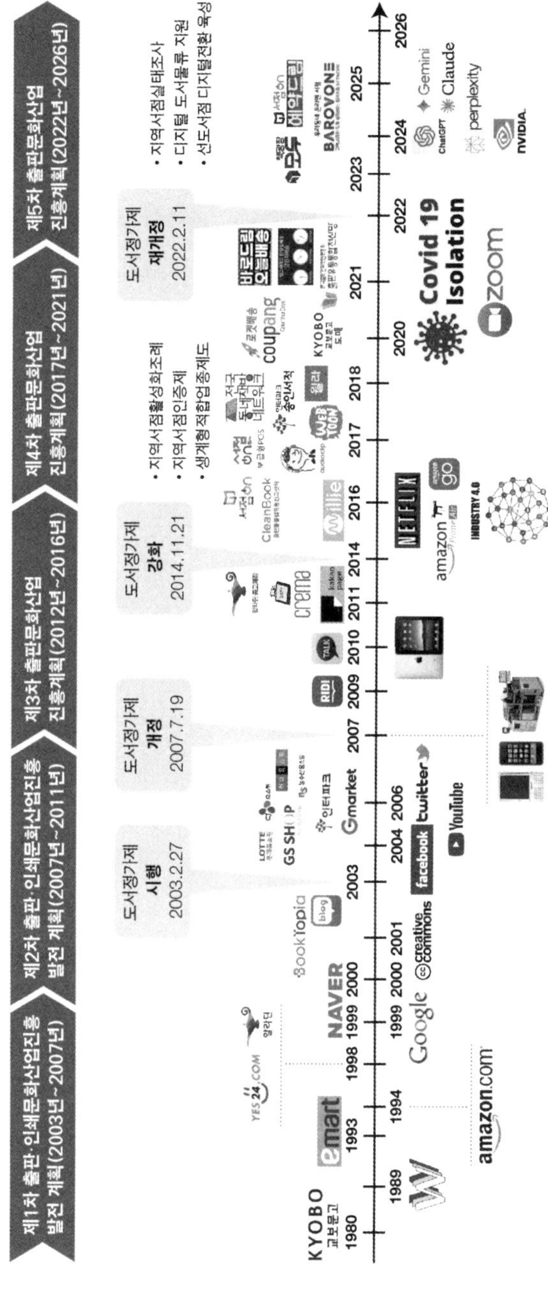

최성구, "출판유통의 기로와 활로", 〈한국 출판유통 혁신 토론회〉, 인문사회과학출판인협의회, 한국서점인협의회, 전국동네책방네트워크, 2025.6.27.

타난 출판유통 정책은 〈표 4-20〉과 같다. 제1차 출판·인쇄문화산업진흥 발전계획(2003~2007년)에서 수립한 출판유통 정책은 '1. 출판산업인프라 구축' 전략에 중점 추진과제로 '1-1. 출판 및 인쇄진흥법의 성공적 정착 운영'과 '1-4. 출판물 종합유통센터 건립 지원'으로 나누고 세부 추진과제로 ▶도서정가제 시행에 대한 후속 평가작업(매년 상·하반기 2회 실시, 출판·서점·유통업계 및 학계 공동참여): 평가결과는 출판유통심의위원회에 보고하고 정책에 반영, ▶건전 출판유통질서 유지를 위한 불법복제 간행물 단속 및 간행물윤리 심의기능 강화, ▶출판물 종합유통센터 건립 지원사업을 추진과제로 삼았다. '5. 출판유통현대화 기반조성과 유통질서 확립' 전략에 중점 추진과제로 '5-1. 출판유통현대화 법인설립 및 2004년 상반기 시스템구축 시범운영', '5-2. 전국 서점 및 출판사에 대한 유통구조 개선사업 지원' 관련 세부 추진과제로 ▶출판유통현대화 법인 설립 ▶출판유통시스템 구축 시범 운영: 유통도서 D/B 구축(40만 종), 도서 수·발주 전자상거래 시스템 구축 등, ▶전국 서점의 네트워크 구축 및 활용 지원, ▶서점의 온라인 전자상거래화, ▶출판유통현대화시스템 가동을 위한 S/W 및 단말기 지원 계획을 수립하였다.

제2차 출판·인쇄문화산업진흥 계획(2007~2011년)에서 수립한 출판유통 정책은 '3. 출판지식 유통구조 혁신' 전략에 중전 추진과제로 '3-1. 유통정보 표준화 추진(RFID 적용 출판유통·물류 현대화)'와 '3-2. 건전 출판유통질서 확립'으로 나누고 세부 추진과제로 ▶출판사(인쇄사), 유통업체, 서점, 도서관 등 모든 출판유통·물류 과정의 정보 공유 및 추적관리 기능을 통하여 유통·물류 공정을 혁신, ▶출판유통현대화시스템과 연계한 도서관 RFID시스템 적용, ▶출판유

　　　　　　　　　　　　　　　　　　출판에 대하여

<표 4-20> 제1~5차 출판문화산업진흥 계획 중 유통 육성 관련 추진과제

전략	중점 추진과제	세부 추진과제
제1차: 출판·인쇄문화산업진흥 발전계획(2003~2007년) [발표일: 2003.5.21. / 비전: 지식문화 강국 실현]		
1. 출판산업 인프라 구축	1-1. 출판 및 인쇄진흥법의 성공적 정착 운영	▶ 도서정가제 시행에 대한 후속 평가 작업(매년 상·하반기 2회 실시, 출판·서점·유통업계 및 학계 공동참여): 평가결과는 출판유통심의위원회에 보고하고 정책에 반영 ▶ 건전 출판유통질서 유지를 위한 불법복제 간행물 단속 및 간행물윤리 심의기능 강화
	1-4. 출판물 종합유통센터 건립 지원	▶ 출판물 종합유통센터 건립 지원사업
5. 출판유통현대화 기반조성과 유통질서 확립	5-1. 출판유통현대화 법인설립 및 2004년 상반기 시스템구축 시범운영	▶ 출판유통현대화 법인 설립 ▶ 출판유통시스템 구축 시범 운영: 유통도서 D/B 구축(40만 종), 도서 수·발주 전자상거래 시스템 구축 등
	5-2. 전국 서점 및 출판사에 대한 유통구조 개선사업 지원	▶ 전국 서점의 네트워크 구축 및 활용 지원 ▶ 서점의 온라인 전자상거래화 ▶ 출판유통현대화시스템 가동을 위한 s/w 및 단말기 지원
제2차: 출판·인쇄문화산업진흥 계획(2007~2011년) [별칭: 지식강국의 성장동력 출판지식산업 육성방안 / 발표일: 2007.4.4. / 비전: 책으로 만드는 글로벌 지식문화강국 – 국민이 참여하는 새로운 문예부흥의 시작]		
3. 출판지식 유통구조 혁신	3-1. 유통정보 표준화 추진(RFID 적용 출판유통·물류 현대화)	▶ 출판사(인쇄사), 유통업체, 서점, 도서관 등 모든 출판유통·물류 과정의 정보 공유 및 추적관리 기능을 통하여 유통·물류 공정을 혁신 ▶ 출판유통현대화시스템과 연계한 도서관 RFID시스템 적용 ▶ 출판유통현대화시스템 가동을 위한 정보화 프로그램 개발
	3-2. 건전 출판유통질서 확립	▶ 도서정가제의 지속 실시를 위한 관련법 개정(출판 및 인쇄진흥법) ▶ 건전 출판유통질서 확립을 위한 업계 자율정화기능 강화 및 관련 심의위원회 운영 활성화
제3차: 출판문화산업진흥 5개년 계획(2012~2016년) [발표일: 2012.9.26. / 비전: 글로벌 출판문화 강국 도약]		
1. 출판수요 창출 및 유통 선진화	1-5. 출판 유통질서 확립	▶ 도서유통과정 및 가격 등 제도 개선 추진 ▶ 출판물 건전유통질서 강화
제4차: 출판문화산업진흥 기본계획(2017~2021년) [발표일: 2017.2.16. / 비전: 책으로 도약하는 문화강국 실현]		

2. 출판유통 선진화	2-1. 출판유통 선진화 체계 구축	▶ 한국출판유통정보센터 설립 추진 ▶ 전근대적 출판유통 관행 개선 ▶ 도서정가제의 합리적 보완·개정 및 정착 ▶ 출판물 불법유통 신고센터의 역할 제고 및 운영 개선

제5차: 출판문화산업진흥 계획(2022~2026년)
[발표일: 2023.4.5. / 비전: 책으로 만드는 케이컬쳐, 출판으로 성장하는 문화매력국가]

2. 어디에나 있는 책	2-2. 출판유통 고도화	▶ 출판유통 데이터 고도화 ▶ 출판물류체계 개선 ▶ 불합리한 거래 관행 개선

통현대화시스템 가동을 위한 정보화 프로그램 개발, ▶도서정가제의 지속 실시를 위한 관련법 개정(출판 및 인쇄진흥법) 건전 출판유통질서 확립을 위한 업계 자율정화기능 강화 및 관련 심의위원회 운영 활성화 계획을 수립하였다.

제3차 출판문화산업진흥 5개년 계획(2012~2016년)에서 수립한 출판유통 정책은 '1. 출판수요 창출 및 유통 선진화' 전략에 중점 추진과제로 '1-5. 출판 유통질서 확립'으로 정하고 세부 추진과제로 ▶도서유통과정 및 가격 등 제도 개선 추진, ▶출판물 건전유통질서 강화를 추진하였다.

제4차 출판문화산업진흥 기본계획(2017~2021년)에서 수립한 출판유통 정책은 '2. 출판유통 선진화' 전략에 중점 추진과제로 '2-1 출판유통 선진화 체계 구축'으로 정하고 세부 추진과제로 ▶한국출판유통정보센터 설립 추진, ▶전근대적 출판유통 관행 개선, ▶도서정가제의 합리적 보완·개정 및 정착, ▶출판물 불법유통 신고센터의 역할 제고 및 운영 개선을 추진하였다.

제5차 출판문화산업진흥 계획(2022~2026년)에서 수립한 출판유통 정책은 '2. 어디에나 있는 책' 전략에 중점 추진과제로 '2-2.

출판유통 고도화'로 정하고 ▶출판유통 데이터 고도화, ▶출판물류 체계 개선, ▶불합리한 거래 관행 개선을 추진하였다.

제1~5차 출판문화산업진흥 계획의 추진과제에 나타난 출판유통 정책을 주요 키워드로 살펴보면 첫째, 도서정가제 시행, 둘째, 출판물불법유통신고센터 운영, 셋째, 출판유통 정보화 정책으로 나누어 살펴볼 수 있다.

3) 도서정가제 시행

일반적인 거래에서 정가제란 법률적·경제적 용어로 재판매가격유지제도resale price maintenance를 말한다. 재판매가격유지제도란 〈독점규제 및 공정거래에 관한 법률〉(제1장 제2조 20항)에 의하면, 사업자가 상품 또는 용역을 거래할 때 거래상대방인 사업자 또는 그다음 거래단계별 사업자에 대하여 거래가격을 정하여 그 가격대로 판매 또는 제공할 것을 강제하거나 그 가격대로 판매 또는 제공하도록 그 밖의 구속조건을 붙여 거래하는 행위를 말한다.[88] 도서의 경우에는 1977년 12월 1일부터 출판과 서점계 합의로 정가판매제(정찰제)를 실시하였으며, 1980년 12월 31일 공정거래법(독점규제 및 공정거래에 관한 법률)을 시행하여 도서를 정가 판매 가능 상품으로 지정하였다. 1986년 8월 5일 대한출판문화협회와 한국서점조합연합회는 '출판물 재판매가격유지계약서'를 체결하기도 하였다. 1990년대 중반 이후 할인점과 온라인서점의 등장으로 출판계·서점계 자율협약에 의존하던 정가제는 협약을 어기고 할인 판매

88　〈독점규제 및 공정거래에 관한 법률〉, 제1장 제2조 20항, 2024.2.6., 일부개정.

가 늘어났으나, 법적인 제재수단 없었다. 1999년부터 도서정가제 입법화를 시작하여, 2003년 2월부터 〈출판 및 인쇄진흥법〉을 시행하였다. 발행 후 1년 미만 도서에 한해 온라인서점만 10% 할인 허용하고 오프라인서점은 정가로 판매하였고, 편법적인 마일리지 적용 판매 허용 등으로 오프라인 역차별 논란이 일었다. 2007년 10월 20일부터 오프라인서점도 10% 할인 판매하고, 발행 후 18개월까지 정가제 적용하였다. 2010년 7월 1일부터 경품고시에서 이식된 '10% 추가 할인' 시행규칙으로 신간 10% 기본할인에 판매가에서 10% 추가할인 허용하여 총 할인율 19%가 되었으며, 발행일로부터 18개월이 지난 구간 도서에 대해 무제한 할인 경쟁과 변칙 할인이 만연하였다. 2014년 11월 21일부터 신간과 구간의 구별 없는 도서정가제를 적용하면서 간행물 재정가 제도를 도입하였고, 도서관의 도서구입도 도서정가제를 적용하며, 직간접 할인율을 15%로 제한하는 개정 도서정가제를 시행하였다.

〈표 4-21〉 도서정가제 시행 약사

▶ 1977년 12월 1일부터 출판·서점계 합의로 정가판매제(정찰제) 실시
 – 가격경쟁 없는 도서정가제 실시로 전국적인 서점 증가, 발행종수 증가

▶ 1980년 12월 31일 공정거래법(독점규제 및 공정거래에 관한 법률) 시행
 도서를 정가 판매 허용 상품으로 지정

▶ 1990년대 중반 이후 가격파괴 열풍 속에서 자율적 제도 시행의 한계
 – 출판계·서점계 자율협약에 의존하던 정가제는 할인점 및 할인 위주 인터넷서점의 등장으로 한계 봉착. 협약 미준수(할인판매)시 제재수단 부재로 할인판매 확산.

▶ 1999년부터 도서정가제 입법화 시작

▶ 2003년 2월부터 〈출판 및 인쇄진흥법〉 시행
 – 발행 후 1년 미만 도서에 한해 온라인서점에만 10% 할인 허용(오프라인서점은 정가 판매), 편법적인 마일리지 적용 판매 허용 등으로 오프라인 역차별 논란(50% 할인 등 극도의 덤핑 판매 및 경품 경쟁). 일몰제 방식으로 5년간(2008년 2월까지) 정가제 적용하는 한시 규정.

▶ 2007년 7월 19일 〈출판문화산업진흥법〉 시행
  – 2007년 10월 20일부터 오프라인서점에서도 10% 할인 판매, 정가제 적용 기간의 6개월
    연장(발행 후 18개월까지 정가제 적용), 정가제 일몰제 조항 폐지.
▶ 2010년 7월 1일부터 경품고시에서 이식된 '10% 추가 할인' 시행규칙 규정 시행
  – 신간 10% 기본할인 + 판매가에서 10% 추가할인 허용(총 할인율 19%)
  – 구간의 무제한 할인율 경쟁 및 변칙 할인으로 신간 시장 위축, 서점·유통사 폐업 속출 및
    출판사 경영난 심화
▶ 2014년 11월 21일부터 구간 도서의 무제한 할인판매를 금지하는 개정 도서정가제 시행
  – 도서정가제 적용 기간 및 적용 도서 분야의 제한 폐지(발행 후 18개월 이상 경과한
    구간에 대한 무제한 할인판매의 금지), 직간접 할인율(소비자의 경제상 이익) 15%로 제한
  – 도서관에 대한 도서정가제 적용
  – 재정가 책정 제도 도입
▶ 2022년 2월 11일부터 개정 도서정가제 시행
  – 재정가 책정 가능 기간을 발행 후 18개월에서 12개월로 단축
  – 공공도서관 판매 시 가격 할인(통상 10%) 이외의 경제상 이익 제공(통상 5%) 금지
  – 도서정가제 위반 시 과태료 부과액 증액(최고 300만 원을 500만 원으로)
  – 지역서점 활성화 지원정책 규정

출처: 한국출판문화산업진흥원, 〈도서정가제 영향 평가 및 개선방안 연구〉, 2023.7. 43쪽.

현행 도서정가제는 〈출판문화산업진흥법〉[89] 제22조(간행물 정가 표시 및 판매)에서 정한 사항을 말한다. 주요 내용은 첫째, 출판사가 판매를 목적으로 간행물을 발행할 때에는 소비자에게 판매하는 가격(이하 "정가: 定價"라 한다)을 정하여 대통령령으로 정하는 바에 따라 해당 간행물에 표시하여야 한다. 둘째, 간행물을 판매하는 자는 이를 정가대로 판매하여야 한다. 셋째, 간행물을 판매하는 자는 독서 진흥과 소비자 보호를 위하여 정가의 15% 이내에서 가격할인과 경제상의 이익을 자유롭게 조합하여 판매할 수 있다. 이 경우 가격할인은 10% 이내로 하여야 한다. 넷째, 발행일부터 12개월이 지

---

89 출판문화산업진흥법 (약칭: 출판법)[시행 2025. 6. 26.] [법률 제20842호, 2025. 3. 25., 일부개정]

난 간행물은 대통령령으로 정하는 바에 따라 정가를 변경할 수 있다. 다섯째, 국가, 지방자치단체, 〈공공기관의 운영에 관한 법률〉에 따른 공공기관 및 〈도서관법〉 제4조 제2항 제1호에 따른 공공도서관에 간행물을 판매하는 자는 정가의 10% 이내의 가격할인만 제공할 수 있다. 그 외 도서정가제 적용 예외의 경우와 '경제상의 이익'에 대한 내용을 포함하며, 위반 시에는 500만 원 이하의 과태료를 부과한다. 문화체육관광부장관은 제27조의2(규제의 재검토)에 따라 도서정가제에 관하여 3년마다 그 타당성을 검토하여 폐지, 강화·완화 또는 유지 등의 조치를 하여야 한다.

〈출판문화산업진흥법 시행령〉 제15조 제3항에 따라 출판사는 발행일부터 12개월이 지난 간행물의 정가를 변경하려는 경우 해당 간행물의 정가를 변경하여 적용하려는 달의 전 달 15일까지 다음 각 호의 사항을 진흥원과 해당 간행물의 유통에 관련된 사업자 및 사업자 단체에 알려야 하는데, 출판유통통합전산망에 '정가변경 신청' 메뉴를 이용하여 등록할 수 있다. 출판유통통합전산망에서는 정가변경 신청 정보를 취합하여 정가변경(재정가) 확정 도서를 공표한다. 〈표 4-22〉와 같이 간행물 재정가제도가 시행된 2014년 이후부터 연간 인상도서와 인하도서의 수를 나타내는데, 2018년 이후부터는 정가 인상도서가 인하도서에 비해 큰폭으로 증가하고 있다. 2024년 기준 발행일로부터 12개월이 경과하여 재정가 등록을 한 도서는 총 10,609종으로 그 중 가격 인상 도서는 9,798(92%) 인하 도서는 811종(8%)이다.

<**표 4-22**> 출판유통통합전산망 간행물 재정가 공표 연간 통계(2014~2024년)

시행일	인상	인하	총합계
2014년	28	2,656	2,684
2015년	935	4,345	5,280
2016년	992	1,947	2,939
2017년	761	2,128	2,889
2018년	2,248	1,013	3,261
2019년	4,055	1,227	5,282
2020년	3,448	1,581	5,029
2021년	3,480	1,132	4,612
2022년	6,223	1,510	7,773
2023년	8,795	1,078	9,873
2024년	9,798	811	10,609
총합계	40,763	19,428	60,191

출처: 출판유통통합전산망 누리집

4) 출판물불법유통신고센터 운영

2007년 12월 4일 문화관광부 출판유통심의위원회는 도서 판매량을 불법적으로 늘려 베스트셀러를 조작하는 등 출판물의 건전한 유통질서를 어지럽히는 행위에 대해 적극적으로 대처하기 위해 출판물 불법유통 및 사재기신고센터를 설치 운영할 계획임을 보도자료를 통해 알렸다. 〈출판 및 인쇄진흥법〉 제24조에 근거하여 구성된 출판유통심의위원회는 문화관광부 차관을 위원장으로 출판계, 유통업계, 온·오프라인 서점업계 대표 등 총 15명의 위원으로 구성되어 있다. 출판유통심의위원회는 2007년 3월에 출판물 사재기를 근절하기 위해 별도의 6인 소위원회(소위원장 이정춘 한국출판학회 회장)를 구성하여 '출판물사재기신고센터' 설립 및 사재기 실태조사

〈표 4-23〉 2007년 출판유통심의위원회 위원 명단

- 위원장: 문화관광부 박양우 차관
- 당연직: 공정거래위원회 시장감시본부장, 문화관광부 문화미디어추진단장
- 민간위촉직: 12명

(순서: 단체명 가나다순, 전문가 업체명 가나다순)

성 명 (생년월일)	직 위	학력 및 주요 경력
이연지	대한인쇄문화협회 이사	홍일문화 대표이사 인쇄여성경제인회 회장
박맹호	대한출판문화협회 회장	민음사 대표 대한출판문화협회회장
조유식	인터넷서점협의회 대표 (알라딘 대표)	알라딘 대표 인터넷서점협의회 대표
민병욱	한국간행물윤리위원회 위원장	동아일보 출판국장 한국간행물윤리위 위원장
이창연	한국서점조합연합회 회장	도원문고 대표 한국서점조합연합회장
한기호	한국출판마케팅연구소 대표	중앙대 신문방송대학원 초빙교수 한국출판마케팅연구소 대표
강맑실	한국출판인회의 부회장	사계절출판사 대표 한국출판인회의 부회장
이정춘	한국출판학회 회장	중앙대 신문방송학과 교수 한국출판학회 회장
김종수	한국출판협동조합 이사장 출판유통진흥원 회장	한국출판협동조합 이사장 출판유통진흥원 회장
박은주	김영사 대표	대한출판문화협회 이사 서울북인스티튜드원장
김자혜	소비자시민모임 사무총장	방송심의기준위원회 위원 도서정가제 포럼 소비자대표 참석 (출판연구소 포럼, 국회공청회 등)
김혜경	푸른숲 대표	(주)북토피아 공동대표 전 한국출판인회의 회장

등을 추진하였다.[90]

　이후 출판유통심의위원회는 2014년 6월 25일 출판문화산업의 건전한 유통질서 유지 지원을 위해 2012년에 설립된 한국출판문화산업진흥원으로 이관되었다. 한국출판문화산업진흥원은 정관 제4조 제9호(출판문화산업의 건전한 유통질서 유지 지원)에 규정한 사업의 효율적 수행을 위해 부설기구로 "출판유통심의위원회"를 두었다. 〈신설 2014.6.25.〉) 한국출판문화산업진흥원은 〈출판문화산업진흥법〉 제22조(간행물 정가 표시 및 판매), 제23조(간행물의 유통질서)에 근거하여, 도서정가제 준수 안내 및 사재기 방지를 위해 '출판물불법유통신고센터'[91]를 운영하고 있다. 출판물불법유통신고센터에 따르면 도서 '사재기'라 함은 특정 도서의 이해관계자가 특정 서점 등의 판매량 순위를 불공정하게 상승 또는 유지시킬 목적으로 해당 도서를 부당하게 구매하거나 간접적으로 이를 조장함으로써 이해관계가 없는 선의의 일반 독자 대상 판매량 집계에 작위적인 영향력을 미치는 행위를 말한다. 사재기 위반 처벌은 2년 이하의 징역 또는 2천만 원 이하의 벌금(2014년 7월 29일 이후 사재기 신고 포상금제 실시)을 부과하며, 사재기 관련 법률은 〈출판문화산업진흥법〉 제23조(간행물의 유통질서), 제25조의2(포상금), 제27조의3(벌칙), 제27조의4(양벌규정)에 근거하고 있다. 사재기 신고 처리 절차는 신고내용을 접수한 후 위반사항을 확인하고, 출판유통심의위원회 검토를 통해 검찰 또는 경찰에 신고하여 처벌을 결정한다.

90　문화관광부 보도자료 – 출판물 불법유통 및 사재기신고센터 운영(2007.12.4.)
91　출판물불법유통신고센터 누리집

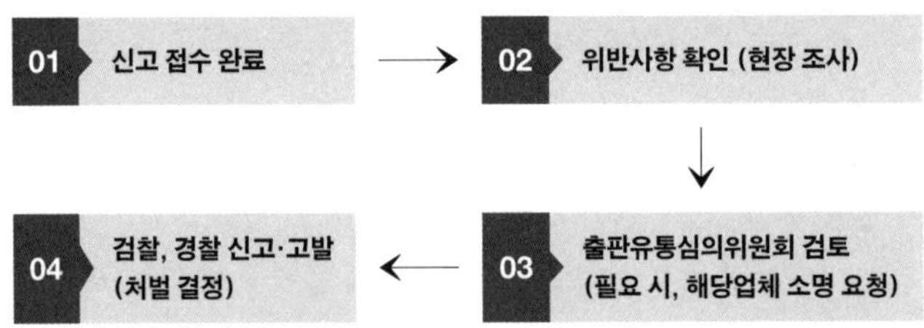

〈그림 4-7〉 사재기 신고 처리 절차

출처: 출판물불법유통신고센터 누리집

출판물불법유통신고센터는 도서 사재기 단속과 함께 도서정가제 위반 신고 처리도 담당한다. 도서정가제 위반의 경우 도서 정가 미표기, 정가 10%를 초과하는 가격할인 또는 도서 정가 5~15%를 초과하는 경제상의 이익 제공, 유가 도서 무료 배포 행위 등을 다루고 있으며, 위반 시 500만원 이하의 과태료를 부과한다. 도서정가

〈그림 4-8〉 도서정가제 위반 신고 처리 절차

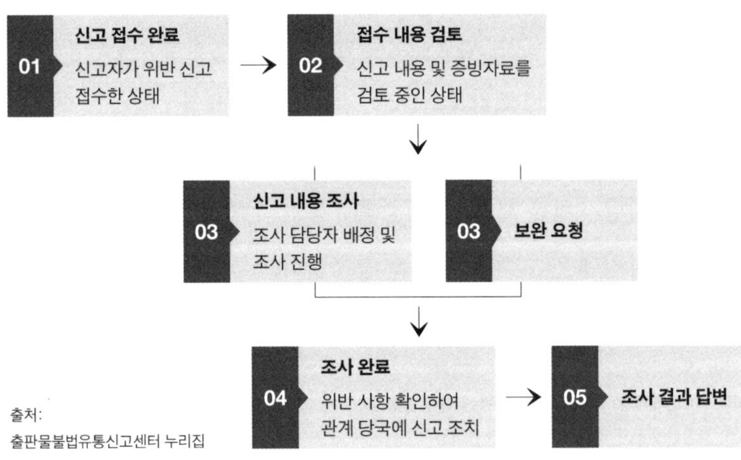

출처:
출판물불법유통신고센터 누리집

제 위반 신고 처리 절차는 신고 접수 후 내용을 검토하여 조사 담당
자를 배정하여 조사를 진행한 후 위반 사항을 확인하여 관계 당국
에 신고 조치하고 조사 결과를 회신한다.

2013년에서 2021년 4월까지 도서정가제 위반 접수 및 처리사
항은 민원 접수 또는 모니터링 건수는 6,339건, 위반 해당사항 없음
2,437건, 계도 2,788건, 출판진흥원에서 지자체에 위반신고 1,123
건 중에 지자체가 위반자에게 과태료를 부과한 건수는 689건이며
위반신고 대비 과태료 부과율은 61.4%이다. 689건의 과태료 부과
건수 중 463건(67%)이 반복 위반자에 해당한다.

<표 4-24> 도서정가제 위반신고 접수 및 처리 현황

연도	민원접수 또는 모니터링 건수	처리내역			과태료부과	
		해당없음(안내) (진흥원)민원인)	계도 (진흥원)위반자)	위반신고 (진흥원)지자체)	(지자체)위반자)	위반신고 대비 과태료 부과
2013년	50	15	32	3	0	0
2014년	85	39	33	21	13	61.9%
2015년	718	397	253	68	45	66.2%
2016년	756	349	262	145	107	73.8%
2017년	1,435	454	893	88	61	69.3%
2018년	1,309	501	536	272	138	50.7%
2019년	785	252	246	287	202	70.4%
2020년	923	335	386	203	111	54.7%
2021년 4월까지	278	95	147	36	12	33.3%
계	6,339	2,437	2,788	1,123	689	61.4%

* 2013년~2021년 4월 간 총 689건의 과태료 부과 건수 중 463건(67%)이 반복 위반자에 해당
* 2021년의 경우 4월 30일자 기준
* 한국출판문화산업진흥원 자료

2024년 출판물불법유통신고센터의 운영 자료에 따르면 총사업비 120백만 원으로 출판유통심의위원회와 출판물불법유통신고센터 운영(도서정가제 및 사재기 위반 조사)을 하였으며, 6기 출판유통심의위원회 회의 운영 23회(정기회의 11회, 소위원회 12회) 개최, 출판유통 건전화를 위한 상시 활동으로 도서정가제 위반 신고건 조사 74건 접수 및 조사완료, 사재기 관련 베스트셀러 조사 21종 조사, 도서정가제 문의 308건을 처리하였다.[92]

5) 출판유통통합전산망 운영

한국출판문화산업진흥원에서 운영하는 '출판유통통합전산망'[93]은 2017년 1월 도서 도매상 송인서적 부도 사태 이후 발표된 출판문화산업진흥 5개년(2017~2021년) 계획 중에서 출판유통선진화사업의 일환으로 추진되었다. 국제표준도서번호ISBN 서지정보시스템, 오닉스ONIX(도서정보 교환을 위한 국제표준 형식으로 국내에서는 (사)출판유통진흥원에서 운영) 기반 출판유통정보시스템, 서점 판매시점 정보관리시스템POS 등으로 분산 추진되고 있는 출판물의 생산·유통 시스템의 연계·통합을 추진하여 '출판유통통합전산망'을 구축 운영하는 것이다. 2018년 〈출판유통통합시스템 구축을 위한 연구조사〉를 시작으로 정부화전략계획ISP수립, 시스템 장비도입 및 메인시스템 개발, 도서 메타데이터 및 주제분류체계 표준 개발, 표준 메타데이터 통합시스템 개발, 판매통계시스템 개발, 도서홍보 카탈로그 및 관리자 시스템 등을 개발하였다. 2019년 11월에 한국출판문화산업진흥원은 '출판유통정보화위원회'를 발족하였다. 민관 협력기구 성격의 정책 자문 역할을 하는 위원회는 한국출판인

회의, 한국서점조합연합회, 교보문고, 예스이십사, 알라딘커뮤니케
이션즈, 북센, 한국출판콘텐츠, 한국출판학회, 국립중앙도서관, 법
무법인 로고스, 문화체육관광부, 한국출판문화산업진흥원 소속 담
당자 12명으로 구성하였고, 한국출판인회의에서 위원장을 맡았다.
2021년 9월 출판유통통합시스템은 '출판유통통합전산망'으로 운

〈표 4-25〉 제2기 출판유통통합전산망 운영위원회 위원 명단

성명	주요 경력	임기
고성익	(현) 도서출판 삼영사 대표 (현) 한국학술출판협회 정책이사	2024. 1. 31.~2026. 1. 30.
김호석	(현) 한국과학기술출판협회 이사 (현) 도서출판 대가 대표	2024. 1. 31.~2026. 1. 30.
박하영	(현) 알라딘 도서사업본부장	2024. 1. 31.~2026. 1. 30.
박현우	(현) 한국도서관협회 기획정책본부장	2024. 4. 24.~2026. 1. 30.
심정남	(현) 웅진북센 전략소싱팀장	2024. 1. 31.~2026. 1. 30.
이승호	(현) 교보문고 통합구매지원단장	2024. 10. 30.~2026. 1. 30.
이지연	(현) 한국출판인회의 부회장 (현) 이지스퍼블리싱 대표	2024. 1. 31.~2026. 1. 30.
정순구	(현) 한국출판협동조합 이사 (현) (주)역사비평사 대표이사	2025. 4. 30.~2026. 1. 30.
추교진	(현)한국서점조합연합회 유통대책위원장	2024. 1. 31.~2026. 1. 30.
김선아	(현) 문화체육관광부 출판인쇄독서진흥과장	당연직
김일희	(현) 한국출판문화산업진흥원 사무처장	당연직

출처: 출판유통통합전산망 누리집

---

92 한국출판문화산업진흥원 누리집 〉 열린경영 〉 사업실명제 https://www.kpipa.or.kr/
p/g5_2/250

93 출판유통통합전산망 누리집 https://bnk.kpipa.or.kr/

영을 시작하였다. 출판유통통합전산망은 (사)출판유통진흥원의 출판유통정보시스템에서 오닉스 기반 도서 데이터 140만여 종을 이관하여 활용하였으며, 국립중앙도서관의 ISBN 서지정보시스템과 연계 기능을 구현하였다. 한국출판문화산업진흥원 정관 제4조에 의거 출판산업 발전과 출판유통정보화 인프라 조성을 위해 운영하는 출판유통통합전산망을 공정하고 효율적으로 운영하기 위해 출판유통통합전산망 운영위원회를 구성 및 운영하고 있다. 2025년 현재 제2기 출판유통통합전산망 운영위원회의 명단은 〈표 4-25〉와 같다. 한국출판인회의 부회장이 위원장을 교보문고와 한국출판협동조합에서 부위원장을 맡고 있다. 출판유통통합전산망은 2025년 7월 현재 출판사 회원은 3천 8백여 개사, 지역서점 149 개사, 도서관 79개 관이며, 등록된 메타데이터는 62만 3천여 종이다.

6) 출판산업과 출판유통업 발전을 지원 정책 의견

〈2024 출판산업실태조사〉 결과 출판 사업체의 출판산업 발전 방안에 대한 의견은 1순위 기준으로, '우수 저자 발굴 및 양성'이 34.1%로 가장 높게 나타났고, 그 다음으로 '출판유통 정보화 및 출판유통 환경개선' 29.2%, 'OSMU 활성화 및 출판 지식재산권 부가가치 창출' 17.6%, '독서활성화를 통한 출판 수요 확대' 14.0% 순이다.

출판유통 사업체의 출판산업 발전을 위해 강화되어야 할 부분에 대한 의견은 '도서정가제'가 39.2%로 가장 많고, '도서공급률' 20.8%, '지역서점 활성화' 18.9%, '출판 물류 안정화' 15.3% 순으로 나타났다.

2023년 거대언어모델LLM, Large Language Model 기반 인공지능 챗

〈표 4-26〉 출판산업 발전 방안(1순위) (단위: %)

구분	우수 저자 발굴 및 양성	출판유통 정보화 및 출판유통 환경 개선	OSMU 활성화 및 출판 지식재산권 부가가치 창출	독서 활성화를 통한 출판 수요 확대	디지털 출판 제작 지원 및 이용 활성화	출판 전문인력 양성	기타
출판 사업체 전체	34.1	29.2	17.6	14.0	3.5	0.5	1.0
일반단행본	36.5	27.0	16.9	14.4	3.5	0.5	1.1
학술/전문서	32.3	30.5	19.3	14.8	1.8	0.0	1.3
수험서	30.8	36.2	14.6	13.8	3.8	0.8	0.0
교과서 및 학습참고서	30.9	33.8	23.0	6.5	5.8	0.0	0.0
교과서 및 학습참고서	26.0	35.1	16.9	14.3	5.2	0.0	2.6
유아 /아동도서	26.4	31.9	19.0	16.6	3.1	1.8	1.2
전집	36.0	30.0	16.0	12.0	4.0	2.0	0.0

출처: 한국출판문화산업진흥원, 〈2024 출판산업 실태조사〉 가공

〈표 4-27〉 출판유통업 발전 방안(1순위) (단위: %)

구분	도서 정가제	도서 공급률	지역서점 활성화	출판 물류 안정화	출판유통 정보화	출판 전문인력 양성	기타
출판유통 전체	39.2	20.8	18.9	15.3	4.4	1.2	0.2
오프라인 서점	51.3	18.4	18.9	8.3	3.1	0.0	0.0
온라인 서점	34.1	23.2	15.9	13.4	6.1	6.1	1.2
도매·총판	16.5	24.3	21.4	32.0	5.8	0.0	0.0

지피티ChatGPT의 등장은 전 산업분야에 큰 파장을 불러왔다. 유통산업은 인공지능, 빅데이터, 사물인터넷 등 4차 산업혁명의 다양한 기술 환경 속에서 생산, 유통, 소비에 대한 데이터를 이용하여 부가가치를 창출하는 플랫폼 주도의 '유통 4.0 시대'에 들어서 있다. 거대 유통 플랫폼으로 출판유통 분야에 진출한 쿠팡은 도서 매출 점유율을 높이고 있다. 쿠팡이라는 강력한 경쟁자는 기존 출판유통 업계에 배송전쟁으로 메기효과catfish effect를 가져왔다. 기존의 유통업자들도 사업 지속을 위해 물류투자를 통한 출판유통 혁신에 사활을 걸고 있다. 출판유통 정책에서 '출판유통 정보화 및 출판유통 환경개선'을 위한 지원 정책이 필요한 이유이다.

6 지역출판 정책[94]

1) 지역출판의 개념 및 개요

지역출판을 논하기 전에 '지역'의 개념을 살펴볼 수 있다. 먼저, 표준국어대사전에서 '지역region, 地域'이란 '일정하게 구획된 어느 범위의 토지 또는 전체 사회를 어떤 특징으로 나눈 일정한 공간 영역'으로 정의하고 있으며, 위키백과는 '지리적인 면에서 다른 곳과는 구별되는 지표상의 공간적 범위'를 말하고 있다.

《지역문화와 문화콘텐츠》에서 정경일·류철호(2017)는 지역문화를 논의할 때 지역의 개념을 단순한 지리적 공간이나 위치만을 의미하는 것이 아니라 일정한 지리적 공간을 바탕으로 생활을 영위해 나가는 사람들이 모여 만들어 나가는 하나의 공동체, 즉 지리적

 출판에 대하여

〈표 4-28〉 지역출판문화산업에서의 '지역' 개념의 문제[95]

구분	기준	문제점
지리적 근거	▸ 서울, 수도권 등으로 구분	▸ 같은 지리적 범위 내에서 존재하는 지역 차이를 설명하지 못함
지역성 근거	▸ 지역에 대한 정체성으로 구분	▸ 다소 구분 모호
출판콘텐츠의 성격과 지향점 근거	▸ 출판 주체(출판사)의 소재지 무관 ▸ 콘텐츠 성격이 지역 관련 유무에 따라 구분	▸ 일반적·행정적 지리적 구분과 일치하지 않을 수 있음

경계 위주의 지역개념인 'Region'의 개념보다는 동일한 공간을 공유하는 사람들의 삶의 모습인 'Community'의 개념으로 이해했다. 또한 지역사회의 개념을 지리적·행정적 경계선에 의한 구분으로 정의할 수도 있지만 지역을 독특한 물적·역사적·문화적 동질성 또는 다른 공동행위와의 상호작용에 의해 이루어지는 커뮤니티로서 이해할 수 있다고 했다.

지역출판문화산업으로도 '지역'의 범위를 본다면, 지리적 근거, 지역성 근거, 그리고 출판콘텐츠의 성격과 지향점을 근거로 지역의 범위를 구분[96]할 수 있을 것이다. 먼저, 지리적 근거로는 '서울 vs.

---

94 지역출판이라고는 하지만, 명확하게는 지방의 출판을 나타내고 있다. 지방은 중앙의 지도를 받는 아래 단위의 기구나 조직을 중앙에 상대하여 이르는 말로, 통상 서울 및 수도권 이외의 지역을 묶어 지방이라고 부른다. 반면 지역은 중앙이나 그 외를 가르는 것이 아니라 전체 사회를 자연적, 사회적, 문화적인 특성에 따라 나눈 일정한 공간 영역을 의미한다. 따라서 서울도 지역이 될 수 있다. 지역출판은 서울과 수도권을 제외한 출판을 주로 가리키고 있기 때문에 명확하게 말해서는 '지방출판'이라고 할 수 있다. 그러나 지금까지 지방이라는 용어를 사용하기보다는 지역이라는 용어를 사용해서 본서에서는 서울과 수도권을 제외한 출판을 '지역출판'이라고 한다.

95 최낙진·김정명·서보윤, 〈지역출판 균형발전 진흥 방안 연구〉, 한국출판문화산업진흥원, 2018, 11쪽.

96 위의 글, 10쪽.

지역' 혹은 '수도권 vs. 지역'으로 구분할 수 있다. 국내 출판산업은 출판사의 70% 이상이 수도권에 집중되어 있고, 특히 파주출판단지에 대형 단행본 출판사들이 집중 입주해 있기 때문에 이 출판사들은 지역출판에서 제외해야 한다. 둘째, 지역성 근거로는 지역민들이 갖는 주관적 정체성 인식인 '지역성'을 중심으로 구분할 수 있는데, 정체성을 기반으로 하고 있어 정책과 지원의 대상으로 보기에는 모호하다는 단점이 있다. 셋째, 출판콘텐츠의 성격과 지향점을 근거로 한다면 소재는 무관하고 출판콘텐츠의 성격에 따라 구분할 수 있다는 것이다. 그러나 이는 커뮤니케이션 기술의 발달로 지역 구분이 무의미하다는 입장이 크다.

즉, 출판문화산업에서 지역의 범위는 지리적, 지역성, 출판콘텐츠의 성격과 지향점의 모든 부분을 고려할 필요가 있다. 진흥과 지원의 대상으로서 지역출판의 범위는 '소재지'와 '지역성'으로 근거하며, 소재지만으로는 '지역'의 개념에서 미흡하고, 지역성만으로는 지원을 대상으로 선정하기에는 모호한 면이 존재하기 때문이다.

국내에서 지역출판에 대한 이슈가 부각된 계기로는 '한국지역출판연대'의 한국지역도서전을 꼽을 수 있다. 한국지역출판연대는 각 지역의 단위에서 '지역 책'을 출판해 오던 지역출판인이 연대·교류[97]를 시자했으며, 2013년 '전국지여문화잡지연대'를 결성히고, 이후 한국지역출판연대로 명칭을 변경했다.

학계에서는 2010년을 전후하여 지역출판에 관한 학문적 연구가 부분적으로 등장했다. 2013년 10월 (사)한국출판학회 산하 '지역출판연구회'가 결성되어 학문적 논의가 본격화[98]되는 것처럼 보였으며, 지역출판 현실에 대한 논의 등을 진행하였다. 중요한 논의

                                                                    출판에 대하여

로는 첫째, 그간 학계, 출판계에서 지역출판에 관한 논의가 거의 없었으며, 둘째, 지역출판의 어려운 여건 속에서도 각 지역의 출판사들의 모임과 출판사들이 지역출판의 가능성을 보여주었으며, 셋째, 지역출판은 지역문화의 근간임에도 이를 활성화를 위한 해결책 찾기가 어렵다는 것 등이었다.

또한 도종환, 배재정, 김태년, 박주선 의원실 공동 주최로 '지역출판 진흥과 활성화를 위한 국회토론회'를 개최(2015.5.11.)하였고, 지역출판이 활성화되어야 문화적 다양성, 국가 경쟁력을 높일 수 있다는 전제하에 열악한 지역출판문화 생태계를 살리기 위한 정책적, 제도적 뒷받침의 필요성을 논의가 있었다. 이를 계기로 지역출판인과 학계에서 함께 논의를 시작하여 2015년에 일본의 지역도서전인 '북인돗토리'를 방문하고 이후 2017년에 '제1회 한국제주지역도서전'을 개최하고 2025년 제9회를 청주에서 개최하였다.

2) 지역출판 법과 제도

국가법령정보센터에서 '지역'이라는 용어가 들어간 법령은 총 121개 법령(시행령, 시행규칙 포함)이 존재하고 있으며, 그 중에 문화, 미디어와 관련된 법령을 살펴보면 지역문화진흥법(2014.01.28. 제정), 지역문화진흥법 시행령과 시행규칙이 있고, 지역방송발전지원특별법(2014.06.03. 제정)과 지역방송발전지원특별법 시행령과 지역

---

97 '전라도 닷컴(광주)', '함께 가는 예술인(부산)', '월간 토마토(대전)', '월간 Yellow(인천)', '골목잡지 사이다(수원)' 등 지역에서 문화잡지를 만드는 출판 및 잡지인들의 모임으로 시작했다.
98 최낙진·김정명·서보윤, 앞의 글, 5쪽.

신문발전지원특별법(2018.07.17. 한시법), 지역신문발전지원특별법 시행령을 포함한 총 7개의 법령이 존재한다.[99]

과거에는 지역과 지역의 문화산업에 대한 정부의 관심이 거의 방임 수준에 가까웠으나, 최근 들어 '고르게 발전하는 중앙과 지역'을 목표로 정부가 지역에 관심 갖기 시작했다. 2018년 문화체육관광부 업무계획 중에서도 밝히고 있듯이, 지역 분권시대를 앞두고 지역의 사람, 지역의 문화를 풍부하게 해 지역문화가 자생할 수 있는 환경 만들기를 계획했다. 2003년 참여정부 출범부터 〈국가균형발전의 비전과 과제〉 추진하였으며, 대통령직속 국가균형발전위원회가 설립되어 국가균형발전의 기본방향을 설정하고 관련 정책을 조정 및 심의해 왔으며, 모든 지역과 각계각층의 소중한 의견을 수렴해 국가균형발전 정책에 반영했다.[100] 이전에 '지역발전위원회'라는 명칭[101]으로 되어 있었으나, 문재인 정부 이후 '균형'을 강조하면서 '국가균형발전위원회'로 명칭을 변경하였다. 윤석열 정부에서는 지방시대 국정과제를 총괄할 대통령 소속 기구로 2023년 7월 10일 세종특별자치시에서 공식 출범했다. 지방분권법과 국가균형발전법을 통합한 '지방자치분권 및 지역균형발전에 관한 특별법'을 근거로 하며, 2023년 5월 25일 통합법률의 국회 통과 이후 '지방시

99 　김정명, 〈지역출판 관련 조례 연구〉,《한국출판학연구》, 통권 제98호, 한국출판학회, 2021, 13쪽.

100 　국가균형발전위원회 홈페이지 참조(http://www.balance.go.kr/index.do)

101 　2003년 4월 7일 노무현 정부 출범 당시 '국가균형발전위원회'라는 이름으로 설립되었으나, 2008년 이명박 정부 이후 2009년 '지역발전위원회'로 이름이 변경했다. 문재인 정부에 들어서서 다시 명칭 환원 이야기가 나왔고, 2018년 3월 20일자로 '국가균형발전위원회'로 환원되었다.

대위원회'로 확대·개편하였다. 지방시대위원회는 대통령 소속 자문위원회로 출범하여 설치법에 존속 기한을 5년으로 설정하여 윤석열 정부를 거쳐 현재 이재명 정부로 이어져 오고 있으며, 2028년까지 운영될 예정이다. 이렇듯 지역에 대한 관심은 조금씩 확대되고 있지만 여전히 특정 영역에 한정되어 있고 여전히 지역 출판문화산업 분야에서는 미흡한 수준이다.

특히 지역출판과 관련한 법률 현황을 살펴보면 다음과 같다.

첫째, 출판진흥과 관련된 직접적인 법은 〈출판문화산업진흥법〉이 있다. 〈출판문화산업진흥법〉은 2002년 8월 26일 〈출판 및 인쇄진흥법〉(법률 제6721호)이 제정된 후, 2007년 7월 19일 인쇄문화산업에 대한 내용을 별도로 〈인쇄문화산업 진흥법〉으로 분리·제정하며, 본 법률은 〈출판문화산업진흥법〉으로 법제명 변경 및 개정되었다. 2025년 기준, 〈출판문화산업진흥법〉에는 '지역' 및 '지역출판'의 개념은 담겨있지 않다. 그러나 2021년 8월 10일 '제7조의2(지역서점 활성화 지원 등)'이 신설되어 지역서점의 정의와 지역서점 실태조사, 지자체의 지역서점 조례 등에 대한 조항이 있다.

둘째, 〈독서문화진흥법〉(2006.12.28. 제정)은 국가와 지방자치단체가 독서문화 진흥에 필요한 시책을 수립하여 시행할 것을 책무로 삼고 있으며, 독서소외인의 독서문화활동 기회를 보장하기 위한 시책을 지속적으로 강구해야 하고, 국가와 지방자치단체는 상호협력해야 하며(제3조), 지방자치단체장이 지역주민의 독서 생활화를 위해 필요한 독서시설의 마련 등 독서 문화 진흥 여건을 조성하고 지원해야 할 것과 매년 1회 이상 독서 관련 행사 개최나 관련 기관의 행사를 지원할 것을 규정(제9조), 또한 문화체육관광부장관이 독서

문화 진흥을 위한 기본계획을 수립하여 시행할 것을 명시한 부분에서 제5조 2항 3호에서 '소외지역'으로 지역을 명시하고 있다(제5조). 독서진흥의 주된 주체로는 지역(제9조)과 학교(제10조)를 규정하고 있다.

셋째, 〈지역문화진흥법〉(2014.1.28. 제정)은 "지역문화"를 〈지방자치법〉에 따른 지방자치단체 행정구역 또는 공통의 역사적·문화적 정체성을 이루고 있는 지역을 기반으로 하는 문화유산, 문화예술, 생활문화, 문화산업 및 이와 관련된 유형·무형의 문화적 활동으로 규정하고 있다. 또한 법 제4장 문화도시·문화지구의 지정 및 지원, 제5장 지역문화재단의 설립 등에서는 지역문화재단, 지역문화예술위원회, 지역문화진흥기금 운용의 근거, 지역의 문화진흥 기반 구축 등을 골자로 하고 있다. 기초지자체에서 지역서점을 생활문화시설로 인정함에 따라 관련 법에 따른 제도적 지원이 가능해졌다.

넷째, 출판문화와 관련이 있는 〈도서관법〉(1994.3.24. 제정)은 지식정보에 관한 국민의 알 권리 보장과 국가 및 지방자치단체의 책임 등을 정하고 도서관의 운영과 서비스, 사회적 역할에 관한 기본적 사항을 규정함으로써 국가 및 사회의 문화발전에 기여함을 목적으로 한다(제1조). 도서관의 책무로 "모든 국민이 신체적·지역적·경제적·사회적 여건에 관계없이 공평한 도서관 서비스를 제공받는 데 필요한 모든 조치를 하여야 한다"로 '지역적' 공평한 도서관 서비스 제공이 언급되어 있다(제7조). 〈독서문화진흥법〉에 따른 독서 진흥 활동을 위한 지원 및 협력(제20조)을 언급했다. '광역대표도서관(관할지역의 중심도서관)'이라고 규정, 광역대표도서관의 업무로서 지역도서관 발전을 위한 시책 수립, 지역도서관 지원 및 협력사업 등 지역도서관에 대한 지원을 규정하고 있다(제4장).

     출판에 대하여

〈표 4-29〉 지역출판문화산업 관련 법률 현황

구분	문제점
법률 제20919호〈출판문화산업진흥법〉 (2002.8.26. 제정, 2025.4.8. 일부개정)	▸ 지역, 지역출판 언급 없음
법률 제19794호〈독서문화진흥법〉 (2006.12.28. 제정, 2023.10.31. 일부개정)	▸ 독서진흥의 주체로 지역(9조)과 학교(10조) 규정
법률 제18780호〈지역문화진흥법〉 (2014.1.28. 제정, 2022.1.18. 일부개정)	▸ 지방자치법에 따라 '지역문화'를 지역을 기반으로 하는 문화유산, 문화예술, 생활문화, 문화산업 및 이와 관련된 유형·무형의 문화적 활동으로 규정 ▸ 기초지자체, 지역서점을 생활문화시설로 인정함에 따라 이 법에 따라 지원 가능
법률 제19592호〈도서관법〉 (1994.3.24. 제정, 2023.8.8. 타법개정)	▸ 광역대표도서관(관할지역의 중심도서관)이라고 규정(제4장) ▸ 지역별 분할 설치, 도서관의 책무로 "모든 국민이 신체적·지역적·경제적·사회적 여건에 관계없이 이용할 수 있도록"으로 규정
법률 제19592호〈작은도서관 진흥법〉 (2012.2.17. 제정, 2023.8.8. 타법개정)	▸ 주민의 참여와 자치를 기반. 지역사회의 생활문화 향상에 이바지하도록 운영되어야 함을 언급(제6조).

출처: 국가법령정보센터(www.law.go.kr) 검색을 통해 구성

다섯째, 〈작은도서관 진흥법(약칭: 작은도서관법)〉(2012.2.17. 제정)은 작은도서관의 진흥에 필요한 사항을 규정함으로써 국민의 지식정보 접근성을 높이고 생활 친화적 도서관문화의 향상에 이바지함을 목적으로 한다(제1조). 주민의 참여와 자치를 기반으로 하고, 지역사회의 생활문화 향상에 이바지하도록 운영되는 것을 기본으로 한다(제6조).

지역출판과 관련된 법률은 위의 표에서처럼 보이지 않는다. 겨우 〈출판문화산업진흥법〉에 '지역서점'에 대해 2021년에 개정되면서 언급되었다.

3) 지역출판 관련 조례

지역출판과 관련한 조례는 2018년에 제주특별자치도에서 처음 제정되었다. 그 계기로는 한국지역도서전이라고 할 수 있다. 한국지역출판연대에서 일본 돗토리현을 방문해 '북인돗토리'를 견학하여 한국에서 2017년에 처음으로 〈제1회 제주 한국지역도서전〉을 개최했다. 이를 계기로 지역출판에 대한 관심이 높아지면서 제주특별자치도 의회는 2월 14일 김태석 도의원이 대표 발의한 '제주특별자치도 지역출판 진흥 조례안'이 수정 가결된 결과였다. 제주도에서는 지역출판인과 학계, 그리고 도의회가 지역출판 진흥조례 제정을 위한 전문가 토론회 개최(2017.10.30)하는 등의 준비과정에 대한 노력이 있었다. 제주특별자치도는 이 조례에 근거하여 제주지역 출판진흥을 위한 지원근거를 마련하였고, 제주지역 출판계는 법적, 제도적 정책 마련으로 지속적이고 안정적인 출판진흥 활성화를 위한 계기를 확보했다. 특징은 국내외 출판 관련 전시회 등의 행사 참가 및 홍보, 제주특별자치도 관련 우수 출판물의 제작 및 배포, 지역출판사가 발간한 우수 출판물의 배포 지원, 지역출판 진흥을 위한 마케팅 등 네트워크 구축 및 활성화 등이었다. 제주의 지역출판 진흥 조례 제정(2018.2.28.) 이후, 부산광역시(2019.5.29.), 대구광역시(2019.7.10.), 경상북도(2019.9.19.), 서울(2019.9.26.), 그리고 광주광역시(2021.9.29.), 여수(2023.8.11.), 충청남도(2024.5.10.), 인천광역시(2024.7.17.), 경기도(2024.10.11.), 광명시(2024.12.23.), 전라남도(2025.8.7.) 순으로 제정되었다. 이 중 기초지자체로는 여수와 광명시의 두 곳이 제정했다.

각 지자체의 지역출판조례에는 지역의 특징을 담은 특이점은

　　　　　　　　　　　　　　　　　　　　　　　出版에 대하여

없다. 그러나 대구광역시에서는 2019년 12년 24일 일부개정을 통해 지역출판산업의 진흥을 위해서 출판산업과 지역서점 산업의 통합된 육성 정책 추진과 실효성 있는 정책을 수립하기 위하여 〈대구광역시 지역서점 활성화에 관한 조례〉를 〈대구광역시 지역출판 진흥 조례〉로 통합하였다.

이는 다른 지역보다 지역출판의 범위를 확장한 조례이며 출판

<표 4-30> 지역출판진흥조례 제정 현황

	조례명	최초공포일자	개정일자	제정·개정구분
제주 (10조항)	제주특별자치도 지역출판 진흥 조례	2018.2.28	2025.3.19	일부개정
부산 (9조항)	부산광역시 지역출판 진흥 조례	2019.5.29	–	제정
대구 (18조항)	대구광역시 지역출판 진흥 조례	2019.7.10	2019.12.24	일부개정
경북 (11조항)	경상북도 지역출판 진흥 조례	2019.9.19	–	제정
서울 (9조항)	서울특별시 지역출판 진흥 조례	2019.9.26	2020.12.31	타법개정
광주 (12조항)	광주광역시 지역출판 진흥 조례	2021.9.29	–	제정
여수 (11조항)	여수시 지역출판 진흥 조례	2023.8.11	–	제정
충청남도 (13조항)	충청남도 지역출판 진흥 조례	2024.5.10	2024.12.30.	일부개정
인천 (13조항)	인천광역시 지역출판 진흥 조례	2024.7.17	–	제정
경기도 (12조항)	경기도 지역출판 진흥 조례	2024.10.11	–	제정
광명시 (10조항)	광명시 지역출판 진흥 조례	2024.12.23	–	제정
전라남도 (8조항)	전라남도 지역출판 진흥 조례	2025.8.7.	–	제정

출처: 국가법령정보센터(http://www.law.go.kr/)

(생산자)과 유통(서점)의 연계를 좀 더 명확하게 보여주는 조례라고 할 수 있다.[102] 또한 제주, 서울, 인천, 경기도를 제외한 부산, 대구광역시, 경상북도, 광주, 여수시, 광명시에 있는 조항으로 "지역출판 간행물과 지역 서점의 도서를 우선 구매하도록 노력하고, 구·군이 설치·운영하는 도서관에 지역도서를 우선 구매하여 비치하도록 권장할 수 있다"라는 조항이 있으나, '노력해야 하고, 권장할 수 있다'는 임의조항으로 실제로 실행이 될지는 미지수이다.

〈표 4-30〉에서 보는 바와 같이 〈지역출판 진흥 조례〉가 제정된 지자체는 총 12지역으로, 광역 10지역, 기초 2지역이다. 〈지역서점 활성화 조례〉 및 〈독서문화진흥 조례〉와 비교할 수 없을 정도의 낮은 비율이다. 그나마 광역지자체가 겨우 50%를 넘었다.〈표 4-31〉

가와카미 노부오川上量生(2016)는 콘텐츠는 경쟁을 하면 할수록 다양성이 상실된다고 하였다. 즉, 콘텐츠의 다양성을 지키려면 오히려 경쟁이 심해서는 안 된다. 따라서 지역출판의 다양성을 지키기 위해서도 경쟁이 심해서는 안 되며, 이를 위해서는 지자체의 제도적 지원도 필요하다고 할 수 있다.[103]

〈표 4-31〉 책 생태계 관련 조례 현황 (단위: 개(%))

지역출판 진흥 조례		지역서점 활성화 조례		독서문화 진흥 조례	
광역	기초	광역*	기초	광역	기초
10(58.82%)	2(0.88%)	17(100%)*	94(41.59%)	17(100%)	150(66.37%)

* 지역서점 활성화 조례에서는 대구가 지역출판과 지역서점을 통합하여 〈지역출판 진흥 조례〉로 개정했기 때문에 실제 〈지역서점 활성화 조례〉의 명칭이 아니지만 지역서점 활성화 조례가 제정된 것으로 본다.

※ 교육청 조례 및 시행규칙, 독서실 설치 제외

※ 국가법령정보센터 자치법규정보시스템 검색을 통해 구성(2025년 6월 3일 기준)

4) 출판문화산업 진흥 기본계획 중 '지역출판' 분석

출판문화산업 진흥 계획은 2002년 〈출판 및 인쇄진흥법〉의 제정으로 중앙정부 차원에서 문화체육관광부가 진흥 정책을 수립 및 시행해 왔으며, 2007년 〈출판문화산업진흥법〉으로 개정되어 매 5년마다 출판문화산업진흥 계획 수립 및 시행하고 있다. 현재 〈제5차 출판문화산업 진흥 기본계획(2022~2026)〉이 수립되어 시행 중이다. 지금까지의 출판문화산업진흥 계획을 중심으로 실시된 지역출판문화산업 관련 정책을 분석하면 다음과 같다.

제1차 출판·인쇄문화산업진흥 발전계획(2003~2007년)은 〈출판 및 인쇄진흥법〉의 제정에 따른 첫 진흥발전 계획으로, 첫 진흥발전 계획은 '책 중심의 대한민국 비전 구현'을 목표로 출판산업 인프라 구축, 양서출판 기반 조성 및 전문인력 양성 지원, 세계적 전자적 주도국 지위 확보, 인쇄문화산업 진흥, 출판유통 현대화 기반조성, 출판산업의 국제경쟁력 강화, 지방 출판문화 육성, 남북 출판교류 활성화를 〈8대 정책과제〉로 제시하고 있다.

'출판유통 현대화 기반 조성' 과제에서 '전국서점' 명시와 '출판유통 현대화 기반조성' 과제에서는 '전국서점 및 출판사에 대한 유통 구조 개선 사업 지원'으로 규정하여, 지역서점의 구분 없이 '전국서점'으로 규정하고 있다. '지방 출판산업 육성'을 과제로 제시했는데 '지방 출판문화산업 육성'에서 '지방출판사의 우수출판 기획 제작 지원'과 '서점의 현대화, 정보화 사업 지원' 사업으로 계획하

102 김정명, 앞의 글, 19쪽.
103 위의 글, 25쪽.

고 있다. '지방출판사의 우수출판 기획 제작 지원'은 지방소재 출판사를 대상으로 종당 1천만 원 수준의 기획 출판비를 지원함(연간 30억 예산). '서점의 현대화, 정보화 사업 지원'은 기초생활권의 중소형 서점에 대해 특성화, 전문화를 위한 문화산업진흥기금 융자 지원(4년간 500개소 200억 원 지원)으로 계획되었다.

제2차 출판·인쇄문화산업진흥 발전계획(2007~2011)은 〈출판문화산업진흥법〉 개정에 따른 출판산업 육성 방안 모색으로 2007년 7월 〈출판 및 인쇄진흥법〉이 〈출판문화산업진흥법〉으로 개정되어 기본계획이 수립되었다. 이에 출판문화진흥을 위해 당시 문화관광부는 2006년 TF팀을 발족하고, 〈출판지식산업 육성방안〉 보고서를 발간했다. 이 보고서에서는 "책으로 만드는 글로벌 지식문화강국, Book Korea 2020"을 비전으로 하여, 출판지식산업 인프라 구축, 지식문화 네트워크 형성, 국민 참여와 균형발전을 추진전략으로 제시하며, 그 10대 정책과제로 출판지식 국가경쟁력의 체계적 관리, 출판지식 생산력 강화, 출판지식 유통구조 지식기반사회의 허브로서 출판산업을 위한 도래에 따른 혁신, 출판지식 유비쿼터스 환경 구축, 국민의 '독서권' 보장과 독서환경 조성, 출판지식의 글로벌 경쟁력 강화, 출판지식 전문인력 양성, 출판문화 균형발전, 출판지식산업 진흥기구 설립, 출판진흥 관련 법령 및 제도 정비를 제안하고 있다.

제3차 출판문화산업 진흥 5개년 계획(2012~2016)은 출판산업 경쟁력 강화를 목표로 글로벌 출판문화강국 도약을 비전으로 하고, 출판콘텐츠 경쟁력 강화, 선진 유통환경 조성, 해외 진출 활성화 및 신성장동력 발굴을 통한 출판산업 경쟁력 강화를 목표로 설정하여

 출판에 대하여

5대 정책과제와 23개 세부 이행 과제를 제시하였다. 5대 정책과제와 23개 세부 이행과제 중, '출판수요 창출 및 유통 선진화' 부분에서 '지역서점 활성화 지원'이 명시되어 있고, 세부 추진계획으로 지역서점 보호를 위한 제도적 개선방안 연구, 지역서점 활성화를 위한 중장기 포럼 개최, 지역서점인 교육, 지역서점 문화공간 활성화 추진을 계획했다. '우수 출판콘텐츠 제작 활성화' 부분에서 '지역출판산업 육성'이 추진과제로 제시되었고, 지방의 출판업체 수의 감소로 인한 출판문화산업의 지역 간 불균형 심화 추세를 배경으로, 지역문화 발전의 기초인 로컬 출판콘텐츠의 생산유통을 활성화하기 위한 지역 출판문화산업 육성 필요성이 언급되었다. 그 세부 방법으로 지역 출판문화산업 인프라 및 콘텐츠 활성화 지원, 지역출판사 협의체 구성 지원, 지역출판 제작·유통 지원(지자체 협조)을 제시하였다.

수요창출과 유통질서 선진화 부분은 전체적으로 다양하게 이루어졌으나, 지역문화콘텐츠 출판지원사업 시행 결과는 지역출판산업 육성에는 미흡했다. 특히 '파주' 지역이 중심으로 되었으며, 지역문화 콘텐츠 지원, 육성 관련 정책은 미흡했다.

제4차 출판문화산업 진흥 기본계획(2017~2021)의 출판콘텐츠는 영화, 웹툰, 게임 등 문화콘텐츠의 원천으로, 출판산업을 콘텐츠산업의 핵심으로 인식하고 지속 육성하는 전략 필요성과 4차 산업혁명에 따른 스마트 미디어 시대 진입을 고려하여 미래 출판환경에 조응할 수 있는 대책 마련이 시급하다고 인식했다. 또한 송인서적 부도('17.1.3) 사태로 출판거래의 투명성과 불합리한 거래 관행을 근절할 수 있는 유통 선진화 전략 필요성이 대두되었다. 아울러 저

출산, 독서인구 감소 등 여건 변화를 고려한 혁신적인 진흥 계획이
필요했다.

'지속성장 기반마련', '출판유통 선진화', '출판콘텐츠 투자 활성
화', '출판콘텐츠 수요 확대'를 4대 전략과 16개 핵심과제를 목표로
설정 이행 과제를 제시하였다. 지역출판과 연관된 정책은 지역서점
포털사이트 '서점ON'의 활성화를 통해 전국 지역서점의 위치, 규
모, 판매통계, 도서재고 현황 등 전산망 구축, 지역서점 활성화 조례
제정 확산, 거점 출판인프라 구축 일환으로 대구출판산업지원센터
설립을 계기로 영남권 지역출판·인쇄 콘텐츠산업 육성을 강조했다.

제5차 출판문화산업 진흥 기본계획(2022~2026)은 저출산·고령
화 지속, 인구 '데드크로스Dead Cross'로 2021년부터 인구 감소가 시
작되는 등 인구구조 변화로 인한 독서인구 양적 감소에 대한 대응
요구와 종이책에 대한 관심과 수요가 감소함에 따라 우수하고 다양
한 도서가 안정적으로 출판될 수 있게 하기 위한 공공의 역할이 필
요한 시점이라 인식했다. 또한 한국 도서의 해외 수상 사례 증가, 영
화·드라마·웹툰 등의 원천콘텐츠로서 출판의 해외 경쟁력 제고 및
수출기회가 확대되는 추세였다.

'모두를 위한 책', '어디에나 있는 책', '미래를 향한 책', '책을 위
한 정책 거버넌스'를 4대 전략으로 하고, 16개의 추진과제와 30개
의 세부과제를 제시했다. 우수 출판콘텐츠 발굴 및 활용도 강화, 지
역 생활권 내 도서구입 확대, 지역서점 경쟁력 강화와 책 경험공간
고도화, 문화적 기능 확충 등을 제시했다. 지역출판 활성화는 '어디
에나 있는 책' 핵심 전략과제에 포함되어 있으며, 지역 문화관광과
지역출판의 연계를 강조하면서 지역출판물의 활용도를 높일 수 있

　　　　　　　　　　　　　　　　　　출판에 대하여

<표 4-32> 제1~5차 출판문화산업진흥 기본계획 중 '지역' 관련 추진과제

전략	중점 추진과제	세부 추진과제
제1차 출판·인쇄문화산업진흥 발전계획(2003~2007년) [발표일: 2003.5.21. / 비전: 지식문화 강국 실현]		
산업기반 구축 정책효율성 제고 지식 정보화	지방 출판문화 육성	▸ 지방 출판산업 육성 ▸ 서점의 현대화, 정보화 사업 지원
제2차 출판·인쇄문화산업진흥 계획(2007~2011년) [별칭: 지식강국의 성장동력 출판지식산업 육성방안 / 발표일: 2007.4.4. / 비전: 책으로 만드는 글로벌 지식문화강국 – 국민이 참여하는 새로운 문예부흥의 시작]		
지식산업 인프라 구축 지식문화 네트워크 형성 국민 참여와 균형발전	출판문화 균형발전	▸ 지역문화관련 우수 기획출판지원 ▸ 우수 지역문화 소재도서 및 지역출판 도서 선정 ▸ 지역별 도서전 개최
제3차 출판문화산업 진흥 5개년 계획(2012~2016년) [발표일: 2012.9.26. / 비전: 글로벌 출판문화 강국 도약]		
출판콘텐츠 경쟁력 강화 선진 산업환경 조성	출판수요 창출 및 유통 선진화	▸ 지역서점 활성화 지원
	우수 출판콘텐츠 제작 활성화	▸ 지역출판산업 육성
제4차 출판문화산업진흥 기본계획(2017~2021년) [발표일: 2017.2.16. / 비전: 책으로 도약하는 문화강국 실현]		
출판콘텐츠 투자 활성화	지역핵심거점별 출판인프라 구축	▸ 거점별 출판 인프라 확충 ▸ 북비즈니스센터 설립 및 단계적 확대 추진 ▸ 출판산업 지원기관 운영
출판콘텐츠 수요 확대	독서문화진흥 기본계획에 따른 독서 운동 추진	▸ 지역독서공동체 조성
제5차 출판문화산업진흥 기본계획(2022~2026년) [발표일: 2023.4.5. / 비전: 책으로 만드는 케이컬쳐, 출판으로 성장하는 문화매력국가]		
어디에나 있는 책	지역서점 경쟁력 강화 출판유통 고도화	▸ 지역서점의 문화적 기능 확충 ▸ 지역서점 자립기반 구축
	지역출판 활성화	▸ 지역출판 기반 조성 및 지원 ▸ 지역 문화관광 연계

도록 요구하고 있다.

2025년 제5차 출판문화산업진흥 기본계획이 실행 중이다. 그러나 5차에 걸친 출판문화산업진흥 5개년 계획은 언제나 '지역' 관련 과제가 약간의 생색내기 또 구색맞추기 위해 있는 것처럼 보인다. 지역분권 및 지역계획은 계획으로만 남아 있는 경우가 대부분이지만 그래도 지역을 염두에 두고 있다는 생각이 들기도 한다. 그러나 제5차는 계획은 있지만 예산 삭감 등으로 추진할 수 있는 예산이 없는 상황에 이르게 되었다.

7 디지털콘텐츠(전자책, 오디오북, 웹소설 등) 정책

1) 전자출판의 변화

디지털 기술은 미디어에 많은 영향을 끼쳤으며, 읽기·쓰기에 대한 변화 또한 불러왔다. 그중 하나가 텍스트의 디지털, 즉 '전자책e-book'이라 할 수 있다. 디지털 출판환경은 책의 형태 중심Form Centric에서 콘텐츠 중심Content Centric으로, 생산자와 유통사 중심에서 소비자 중심으로, 대기업 중심에서 대기업과 셀프퍼블리셔가 공존하는 방식으로 변화하고 있다.

1985년 애플 매킨토시와 함께 앨더스Aldus사의 페이지메이커PageMaker가 탁상출판의 길을 열었다. 1987년 쿼크Quark사의 QuarkXpress는 1990년대 점유율이 95%에 올랐으나, 1994년 어도비Adobe에서 앨더스Aldus의 페이지메이커PageMaker를 인수 후, 2002년 출시한 인디자인InDesign 2.0 이후부터는 급속히 성장하여,

 출판에 대하여

〈그림 4-9〉 탁상출판 소프트웨어의 과거와 현재104

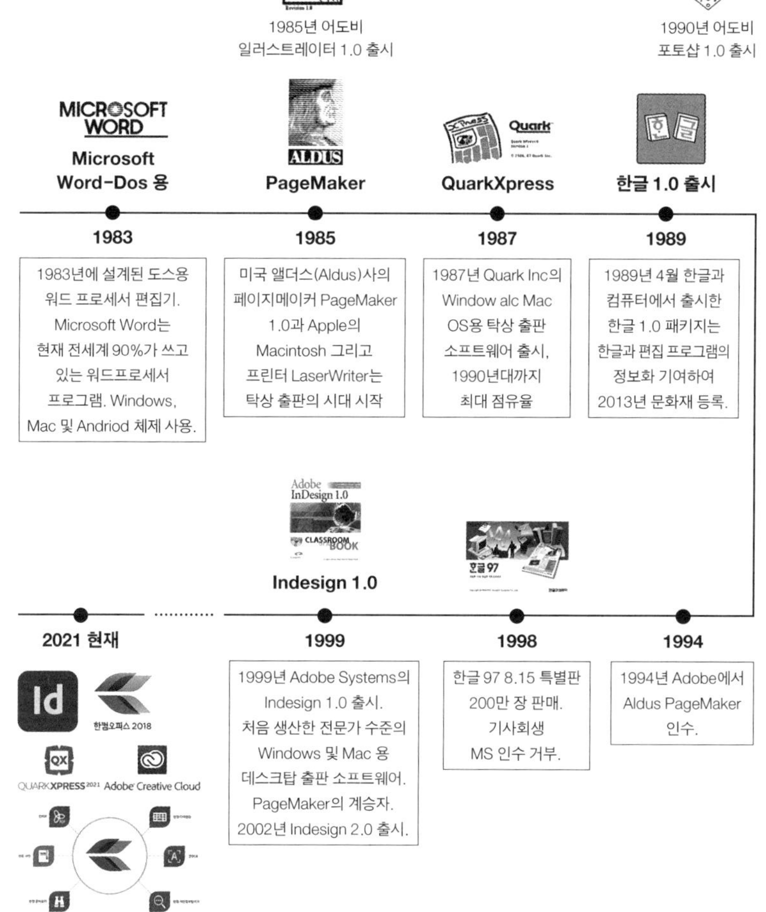

104 박찬수·최성구, 〈출판물(종이책) 제작데이터 운영 실태 연구-오프셋 인쇄를 중심으로〉,
한국출판인회의, 2021, 15쪽.

현재 인디자인은 전 세계 DTP 시장의 선두자리를 차지하고 있다. 국내에서는 현재 주로 인디자인을 포함한 Adobe CC과 함께 학술 분야 출판을 중심으로 한컴오피스 프로그램이 탁상출판 소프트웨어로 사용되고 있다.[105]

전자출판물의 역사는 1980년대 CD-ROM 기반의 전자책 콘텐츠의 출현으로 시작되었다고 할 수 있다. 국내에서는 1990년대에 바로북, 예인정보, 북토피아 등 전자책 전문 기업이 탄생했다.[106] 2000년대 들어 전자책 스타트업 기업들이 대량으로 탄생하였으나, 시장이 성숙되지 않아 고전을 면치 못하였다. 그중 북토피아, 바로북 등이 틈새시장을 공략하여 생존하였으며, 이후 모바일 시장의 성장과 함께 모바일북을 선보이며 시장에서 자리를 잡기 시작하였다. 2006년 아마존의 킨들과 애플의 아이패드 단말기 등장으로 전세계적으로 전자책 등 콘텐츠산업이 탄생하였고, 국내에서는 기존의 오프라인 유통사 교보문고가 전자책 사업에 뛰어들었다. 예스24, 인터파크도 이때 등장했다.

전자출판물 시장이 급격히 성장한 시점은 스마트폰의 대중화라고 할 수 있다. 2010년대에 태블릿PC, 스마트폰, 전자책 전용단말기(e잉크) 같은 휴대용 단말기가 광범위하게 보급되면서 전자책 콘텐츠사업이 급성장하고 특히 한국은 장르소설과 만화를 중심으로 성장하였다. 이 시기에 대기업, 포털, 통신사가 적극적으로 전자

---

105 조진환, 〈TEX과 타이포그래피에 관한 소고〉, 한국수학교육학회지, 2005, 823~837쪽.

106 (사)한국전자출판협회 홈페이지(www.kepa.or.kr), 한국출판문화산업진흥원(2021), 〈전자출판산업분석 및 활성화를 위한 조사연구〉, 글로벌알앤씨, 11~12쪽에서 추가 수정 재작성.

〈표 4-33〉 시대별 전자출판물의 트렌드 변화

구분	내용
1980년대~1990년대	▶ 1980년대 오버드라이브사가 CD-ROM 기반의 전자책 콘텐츠를 도서관 등에 판매하면서 전자책 산업이 시작 ▶ 1990년대 미국의 NuvoMedia(전자책 전용 단말기 발표), Softbook Press, 마이크로소프트사 전자책 표준안 제시 및 OEB표준안 추진위원회 결성 ▶ 1990년대 일본전자출판협회, 전자출판물 표준 교환 형식 PAX 1.0 발표 ▶ 1990년대 한국, 미국, 일본 등에서 전자출판 관련 단체 설립 ▶ 1990년대 한국에서는 예인정보, 바로북, 북토피아 등의 전자책 전문 기업 탄생
2000년~2005년	▶ 미국발 스티븐킹 작가의 전자책 〈총알을 타고〉 작품이 이틀 만에 40만부 다운로드 되면서 전 세계적으로 전자책 스타트업 기업이 대량으로 탄생 ▶ 마이크로소프트사와 어도비사의 전자책 표준화 전쟁 시작(XML과 PDF) ▶ 한국의 경우에도 이키온, 하이자바 등 30여 개 전자책 기반 벤처기업이 탄생되었으나 아직 성숙되지 않은 시장 규모로 인해 고전을 면치 못함. ▶ 북토피아는 도서관 시장을 기반으로 생존에 성공하고, 바로북은 장르소설 등 콘텐츠 B2C 시장을 기반으로 생존에 성공 ▶ 다른 한편으로 한국에서는 핸드폰 기반의 모바일북(소설, 만화, 사진앨범)이 서비스됨으로써 1천억 원 규모의 콘텐츠 시장을 확보하였고 이에 기반한 콘텐츠 공급 기업들은 생존에 성공
2006년~2009년	▶ 인터넷 서점 중에서 교보문고가 전자책 플랫폼 사업을 시작하고 뒤이어 예스24, 인터파크 등이 이러한 흐름에 가세함. ▶ 아마존의 킨들과 애플의 아이패드 단말기 등장으로 전 세계적으로 전자책 등 콘텐츠산업이 탄생하고 부흥하는 선순환 시대로 돌입
2010년~2015년	▶ 대기업(삼성전자/신세계아이엔씨), 포털(네이버/카카오), 이동통신사 (SKT, LG, KT) 등 다양한 그룹에서 전자책 플랫폼 사업에 뛰어들고, 글로벌에서는 아마존, 구글 등이 미국을 넘어 유럽과 아시아 시장에 본격 진출 (아시아에선 아마존은 일본, 구글은 한국 진출) ▶ 태블릿PC, 스마트폰, 전자책전용단말기(e잉크) 같은 휴대용 단말기가 광범위하게 보급되면서 전자책 콘텐츠산업이 급성장하고 특히 한국은 장르소설과 만화를 중심으로 성장
2016년~2020년	▶ 웹툰, 웹소설의 급성장: 디지털출판의 한 영역으로 웹툰과 웹소설이 자리를 잡고 있으며, 이들 콘텐츠는 영화, 드라마 등으로 확산되는 큰 흐름이 형성됨. ▶ W3C와 IDPF(IDPF International Digital Publishing Forum)이 웹을 중심으로 한 새로운 전자책 표준 발표: 인터넷 표준을 제정하는 비영리 기구 W3C와 전자책 표준 제정 기구 '국제디지털 출판포럼'은 미국 시카고에서 열린 전자책 박람회 '디지콘 엑스포 아메리카 2016'에서 차세대 전자책 표준의 개발을 위해 조직을 통합한다고 밝혔음. 이로써 멀티미디어 환경이 많은 전자출판 독자, 저자, 출판사에 제공될 수 있었음. W3C와 IDPF가 웹을 중심으로 한 새로운 전자책 표준을 개발함에 따라 특정 전자책 단말기, 서비스에 종속성이 줄어들고, 새로운 표준을 기준으로 재편됨. ▶ 통신 3사 통합 앱마켓 원스토어, 전자책 플랫폼 'ONE books' 런칭
2020년 이후	▶ 웹툰의 지속적인 성장: 해외로 IP판매 활성화 ▶ 오디오북 및 챗북 등 플랫폼의 시장 확대: 밀리의서재, 윌라, 스토리텔 등 시장확대

출판물 시장에 진입하였다. 현재 전자출판물 시장의 성장을 주도하고 있는 것은 웹툰과 웹소설로 영상화, 게임화 등 다양한 IP 성공 사례를 만들면서 전자출판물 시장의 성장을 이끌고 있다.

2) 디지털콘텐츠 진흥정책 분석

제1차 출판·인쇄문화산업진흥 발전계획(2003~2007년)에서 8대 정책 과제 중 '세계적 전자책 주도국 지위 확보'를 계획해 전자책ebook 진흥을 추진방향으로 설정했다. 전자출판물에 대한 납본시스템 구축, 전자출판물에 대한 부가가치세 면제 추진, 한국 전자책 문서표준(KSX 6100) 활성화 사업, 전자책용 한글 폰트 개발, 다양한 전자책 제작 지원 통한 디지털 북뱅크 구축, 부가기능이 추가된 차세대 전자출판 수익모델 구축 지원, 한국 전자책 산업전, 전자출판 교육사업, 이달의 우수 전자책 선정, 전자책 대중화 캠페인 및 제작 경진 대회, 전자출판물 유통 메타데이터 구축, 전자책 허브 사이트 구축, POD-전자출판 연계 서비스 사업 지원, 수출형 전자출판 콘텐츠 제작 지원, 전자출판물 해외 마케팅 지원 등을 제시했다.

제2차 출판·인쇄문화산업진흥 계획(2007~2011년)은 디지털출판 교육강화, 출판지식 아카이빙 구축, 공공DB 활용, 전자책 라이브러리 구축, 출판·독서 방송채널 운영, 전자출판물 인증 납본 제도 법제화, 신규 콘텐츠 및 창작자 발굴, 우수 전자책 제작 및 수출 지원 등 다양한 정책을 제시했다.

제3차 출판문화산업 진흥 5개년 계획(2012~2016년)은 출판사의 전자책 생산 참여 확대를 위해 전자책 제작 지원, 공유저작물 가상은행 구축 및 전자책 제작 활용 지원, 저비용 전자출판을 위한 제작

선진화 지원, 전자책 콘텐츠 공모전 실시를 통해 우수콘텐츠 발굴, 전자책 공동제작센터 활성화 및 산학연계 전문인력 양성 지원, 전자책 불법복제 추적 차단 및 정보통계시스템 구축, (가칭)한국디지털출판포럼KDPF 운영 및 연구개발, 전자출판물 적합성 및 품질 검증을 위한 테스트베드 운영, 독자(수요자)의 전자책 검색환경 및 접근성 강화, 주문형 출판POD: Print On Demand 확산, 전자책 홍보를 통한 국민 관심 제고, 소외계층 대상 전자책 지원, 전자출판을 포괄하도록 출판 개념 재정의 등 법령 개선, 전자출판물 공공 백업 시스템 구축, 전자출판물 식별체계 확립 등을 계획했다.

제4차 출판문화산업진흥 기본계획(2017~2021년)은 출판에 축적된 원천콘텐츠를 이용하여 이를 강연, 문구, 영화, 방송, 연극, 게임 등 2차 콘텐츠로 가공하여 가치를 극대화할 필요가 있으며, 전자책 제작 시 오디오북 연계, 성우 또는 전자음성 녹음 지원, 시각장애인을 위한 오디오북 대출환경 조성 등을 추진하고, OSMU 콘텐츠 개발 전문가 육성을 위한 교육 프로그램 지원, OSMU 콘텐츠 관리·기획 대행 에이전트 육성을 강조했다. AR, VR, 인공지능 등 첨단 정보기술을 활용한 출판 관련 시범사업 진행, 북테크 관련 교육 프로그램 및 개발을 계획했으며, 특히 UCC, MCN[107] 및 소셜미디어 채널을 연계, 청년층이 책 소개 콘텐츠 등을 쉽게 접할 수 있도록 지원방안을 제시했다.

제5차 출판문화산업진흥 기본계획(2022~2026년)은 한국출판문

---

[107] 1인 창작자들의 콘텐츠 유통 및 광고유치, 자금지원 등 매니지먼트와 마케팅을 대행하고, 콘텐츠로부터 발생하는 수익을 창작자와 분배하는 미디어 네트워크 사업을 말한다.

전략	중점 추진과제	세부 추진과제
제1차 출판·인쇄문화산업진흥 발전계획(2003~2007년) [발표일: 2003.5.21. / 비전: 지식문화 강국 실현]		
3. 전자출판 시장의 세계 주도국 지위 확보		▸ 전자출판 산업진흥을 위한 제도 정비 ▸ 전자출판 관련 기술개발 ▸ 전자책 수익모델 개발 여건 조성 ▸ 전자출판에 대한 인식제고 및 수요개발 ▸ 전자출판 유통기반 구축 ▸ 전자출판의 세계 주도국 지위 확보 ▸ 전자출판 시장 형성 및 활성화를 위한 자금 지원
제2차 출판·인쇄문화산업진흥 계획(2007~2011년) [별칭: 지식강국의 성장동력 출판지식산업 육성방안 / 발표일: 2007.4.4. / 비전: 책으로 만드는 글로벌 지식문화강국 – 국민이 참여하는 새로운 문예부흥의 시작]		
4. 디지털출판 활성화 기반 구축	4-1. 다매체 디지털출판 생산기반 구축	▸ '유비쿼터스 출판센터' 설치 검토 ▸ 출판사 등을 대상으로 한 디지털출판 원스톱 제작·유통교육 강화 ▸ 출판콘텐츠 검색·활용을 위한 '출판지식 종합 아카이브' 구축 ▸ 공공DB로 활용할 수 있는 출판지식문화의 디지털화 추진
	4-2. 우수 u-book 콘텐츠 제작·보급 지원	▸ 멀티미디어 기능 구현 u-book 및 오디오북 제작 지원 ▸ 글로벌 경쟁력 있는 우수 전자책 제작 및 수출 지원
	4-3. 공유저작물 (public domain)의 디지털출판 및 보급 지원	▸ 공공 전자책 라이브러리 구축 지원 (국립디지털도서관과 연계)
	4-4. 디지털 출판콘텐츠 저자 발굴	▸ 인터넷 공모전 등을 통하여 신규 콘텐츠 및 저자 발굴·양성
	4-5. 출판·독서 전문 인터넷 방송 운영 지원	▸ 출판 분야별 고전 낭독과 신간 등 다양한 분야의 도서를 청취할 수 있는 인터넷 기반의 출판·독서 전문방송 채널 운영 지원
	4-6. 전자출판물의 원스톱 인증·납본 시스템 등의 제도화	▸ 전자출판물 인증·납본 규정의 법제화 및 대행기관 지정 ▸ 전자출판 육성을 위한 법령 기반 강화 (도서관법과 연관 조정)
	4-7. 국제 전자출판 산업전 개최 지원	▸ 국내외 전자출판 업계의 콘텐츠 및 정보교류의 장으로 육성(매년)

제3차 출판문화산업 진흥 5개년 계획(2012~2016년)
[발표일: 2012.9.26. / 비전: 글로벌 출판문화 강국 도약]

2. 디지털 출판생태계 조성	3. 전자출판 및 신성장 동력 육성	▸ 양질의 전자책 콘텐츠 확보 ▸ 전자출판 시장 유통질서 확립 ▸ 독자 중심의 전자책 생태계 조성 및 수요 확대 ▸ 전자출판 관련 제도개선

제4차 출판문화산업진흥 기본계획 (2017~2021년)
[발표일: 2017.2.16. / 비전: 책으로 도약하는 문화강국 실현]

3. 출판콘텐츠 투자 활성화	3-2. 출판콘텐츠 다중활용 등 비즈니스 활성화	▸ 출판콘텐츠의 다중활용 (OSMU: One Source Multi Use) 활성화 ▸ 북테크 비즈니스 지원체계 수립 ▸ 원천콘텐츠로써 출판콘텐츠 제작 지원
4. 출판콘텐츠 수요 확대	4-2. 전자책, MCN 등 청년층 출판수요 확대	▸ '전자책 읽는 지하철 (eReading Subway)' 서비스 사업 추진 ▸ Book MCN (Multi Channel Network) 사업 추진

제5차 출판문화산업진흥 기본계획(2022~2026년)
[발표일: 2023.4.5. / 비전: 책으로 만드는 케이컬쳐, 출판으로 성장하는 문화매력국가]

3. 미래를 향한 책	3-1. 디지털 대응역량 강화	▸ 출판 IP 콘텐츠 확장 지원 ▸ 디지털 신유형 출판생태계 지원 강화 ▸ 디지털 역량 강화를 위한 기술개발 및 교육

화산업진흥원 내 출판 IP 종합지원센터를 신설하여 법률, 저작권, 관련 기술, 장르별 활용방안 등 전반에 대한 교육을 실시하고 출판과 IP 활용이 가능한 이종 산업 간의 교류의 장 마련하고, 출판 IP로 연계 콘텐츠 제작을 위한 투자 계약을 맺는 등 실질적 비즈 매칭이 이루어질 수 있도록 콘텐츠마켓, 라이선싱페어 등 유관산업 비즈니스 페어 참가를 지원하며, 전자책, 듣는 책, 웹소설 등 디지털 출판물의 이용 및 유통 실태에 대한 정기적인 조사를 통해 산업 현황 파악 및 정책 근거자료 확보하며, 출판 분야에 특화된 디지털 기술개발을 위한 제도적 지원 강화하고자 했다. 또한 데이터 분석 역량, 누리소통망SNS 활용 마케팅 등 최근 변화된 산업 환경에 대응할 수 있

는 새로운 유형의 역량 강화 교육을 추진하고자 했으며, 저작권 및 상표권 실무, 라이선싱 등 IP 비즈니스 실무, 콘텐츠별 팬덤 대상 마케팅 방안, 계약 등에 대한 신규 진입 인력 및 기존 종사자 대상 특화 교육을 추진하고자 했다.

한국출판문화산업진흥원에서 진행한 〈2023 출판산업 콘퍼런스-결산과 전망〉 자료에 따르면 전자책 유통사 매출액은 계속 증가하는 추세이며 2022년에 5,601억 원으로 전년 대비 2.2%p 증가했다. 전자책 출판사들은 '콘텐츠 품질향상'을 '많은 콘텐츠 확보'보다 우선적으로 인식하고 있다.

3) 오디오북 정책

전자출판 정책의 연장선에서 오디오북 출판정책은 디지털 독서환경의 다변화와 출판콘텐츠의 활용도 제고를 목표로 지속적으로 추진되고 있다. 한국출판문화산업진흥원은 오디오북을 '전자출판 핵심 분야'로 보고, 제작 인프라, 제작비, 인력양성, 연구까지 묶은 종합 정책으로 육성하고 있다. 기본적으로 '오디오북 제작 지원 사업', '오디오북 관련 교육 및 인프라', '오디오북 선정작 홍보 및 활용' 등이다.

오디오북은 전자책과 함께 디지털 출판콘텐츠의 핵심 영역으로 자리 잡았으며, 독서 방식의 변화와 독자층 확장이라는 측면에서 정책적 중요성이 점차 강화되고 있다. 이러한 흐름 속에서 오디오북 관련 정책은 크게 제작 지원, 콘텐츠 품질 고도화, 접근성 및 산업 생태계 확장이라는 세 가지 방향으로 정리할 수 있다.

첫째, 오디오북 제작 지원을 통한 디지털 출판콘텐츠 확충이다.

                                    출판에 대하여

오디오북 출판정책의 가장 기본적인 축은 오디오북 제작 지원 사업이다. 한국출판문화산업진흥원을 중심으로 추진되는 오디오북 제작 지원 사업은 출판사의 제작 비용 부담을 완화하고, 다양한 장르의 오디오북 콘텐츠를 안정적으로 공급하는 데 목적이 있다. 특히 문학, 인문·교양, 아동·청소년 분야 등 종이책 중심으로 형성된 출판콘텐츠를 오디오북으로 확장함으로써 디지털 독서콘텐츠의 저변을 넓히는 역할을 수행한다. 해당 사업의 지원 내역은 내레이터(성우)비, 스튜디오 대여비, 엔지니어 녹음, 마스터링 및 편집비, 검수비 등 오디오북 제작 전반에 소요되는 비용으로 구성되며, 1종당 최대 500만 원의 제작비가 지원된다. 출판사가 해당 사업에 지원하기 위해서는 2021년 4월 1일 이후 계약에 한해 〈오디오북 배타적 발행권 설정 표준계약서〉를 사용한 경우에만 지원이 가능하다. 선정 이후에는 표준계약서 적용 여부를 확인하며, 미적용된 경우에는 〈오디오북 배타적발행권 설정 표준계약서〉를 기준으로 재계약을 필수적으로 진행해야 한다. 오디오북 제작 지원 사업에 선정된 도서는 오디오북으로 출간된 이후 유통사와 연계한 홍보 및 광고를 통해 이용자 접근성을 확대하고 있다.

오디오북 제작은 전문 성우 섭외, 녹음 스튜디오 사용, 음향 편집 및 후반 작업 등으로 인해 일반 전자책보다 제작 단가가 높다는 특성이 있다. 이에 따라 정책적 지원은 단순한 형식적 변환을 넘어, 일정 수준 이상의 음질과 완성도를 확보한 콘텐츠 제작을 유도하는 방향으로 운영되고 있다. 이는 오디오북을 단순한 텍스트 낭독물이 아닌 하나의 독립적인 출판콘텐츠로 육성하려는 정책적 의지를 반영한 것으로 보인다. 또한 오디오북 제작 지원은 중소출판사 및 1

인 출판사 등의 디지털 전환을 촉진하는 수단으로 기능한다. 자체 제작 역량이나 자본력이 부족한 출판사도 공공 지원을 통해 오디오 북 시장에 진입할 수 있으며, 이는 결과적으로 오디오북 콘텐츠의 다양성과 장르적 확장을 가능하게 한다.

둘째, 콘텐츠 품질 향상과 오디오북 기획 역량 강화이다. 〈2024년 출판산업실태조사〉에 따르면 전자책 출판업과 유통업 모두 전자출판산업 발전의 최우선 과제로 '콘텐츠 품질 향상'을 꼽았으며, 이러한 인식은 오디오북 분야에도 동일하게 적용된다. 오디오북 시장의 지속적인 성장을 위해서는 단순한 제작 물량 확대보다 이용자 경험을 고려한 품질 중심의 정책이 요구된다.

최근 오디오북 정책은 기획 단계부터 오디오 특성을 반영한 제작 방식을 강조하고 있다. 이는 종이책 내용을 그대로 읽는 방식에서 벗어나, 대본 재구성, 화자 구분, 효과음 및 배경음악 활용 등 청각 중심의 연출을 통해 콘텐츠 몰입도를 높이려는 시도다. 이러한 제작 방식은 오디오북을 독립적인 문화콘텐츠로 인식하게 만들며, 이용자의 재이용과 구독 유지에도 긍정적인 영향을 미친다.

이와 함께 전문 인력 양성 역시 중요한 과제로 부각되고 있다. 오디오북 제작에는 편집자뿐 아니라 성우, 음향 감독, 기획자 등 복합적인 전문 인력이 요구되며, 정책은 이러한 인력 기반을 확충하기 위한 교육 및 컨설팅 지원으로 확장될 필요가 있다. 이는 오디오북 제작의 전문성과 산업적 완성도를 동시에 높이는 기반이 된다. 한국출판문화산업진흥원이 운영하는 디지털북센터는 오디오북 분야의 전문인력 양성을 목표로 연 2회 교육 프로그램을 운영하고 있다. 실무 중심의 교육 과정을 통해 현장 출판인의 디지털출판 전문

　　　　　　　　　　　　　　　　　　　　　　出판에 대하여

역량을 강화하는 데 목적이 있다. 주요 프로그램으로는 '오디오북 기획 및 제작 과정'이 있으며, 오디오북의 기획·제작·유통 전반을 체계적으로 다루고, 제작 실습 교육을 통해 실제 유통이 가능한 수준의 오디오북을 제작할 수 있도록 교육 서비스를 제공한다.

셋째, 접근성 강화와 출판 IP 확장을 통한 산업 생태계 조성이다. 오디오북은 시각장애인, 고령층, 독서취약계층 등 다양한 이용자를 포용할 수 있는 매체로, 출판의 공공성과 문화 접근성 측면에서 중요한 역할을 수행한다. 이에 따라 오디오북은 장애인 대체자료 제작, 독서복지 정책과 연계되어 정책적 지원의 필요성이 더욱 강조되고 있다.

전자책 접근성 강화 정책과 함께 오디오북이 병행 지원됨으로써, 텍스트 중심의 독서 환경에서 벗어나 청각 기반 독서 방식이 공존하는 포용적 독서 생태계가 형성된다. 이는 단순히 시장 확대를 넘어, 독서율 감소라는 구조적 문제에 대응하기 위한 정책적 전략으로도 해석할 수 있다.

아울러 오디오북은 출판 IP의 다각적 활용이라는 측면에서도 중요한 의미를 지닌다. 출판 원작을 기반으로 제작된 오디오북은 향후 드라마, 영화, 웹툰, 팟캐스트 등 다양한 이종 콘텐츠로 확장될 수 있는 가능성을 내포하고 있으며, 하나의 콘텐츠를 여러 플랫폼에서 활용하는 IP 확장 전략의 출발점이 된다. 이러한 흐름 속에서 오디오북 정책은 출판산업의 수익 구조 다변화와 디지털 전환을 촉진하는 핵심 정책 수단으로 기능을 한다.

오디오북 활성화를 위한 정책은 긍정적 효과를 내고 있으나, 그 운영 환경과 시장 구조를 보면 몇 가지 한계가 존재한다. 첫째, '지원 범위와 규모의 한계'이다. 지금까지 지원은 제작비 실비 중심이며, 오디오북의 기획, 마케팅, 유통 확장비용까지 포괄하지는 못한다. 이는 중소 출판사가 전문성을 갖춘 오디오북 IP를 개발하는 데 한계 요인으로 작용할 수 있다. 또한 지원 규모가 한정되어 있어, 모든 출판콘텐츠가 혜택을 받기 어려운데, 이는 콘텐츠 다양성 확대로 이어지기에는 부족할 수 있다. 둘째, '콘텐츠 품질 정책 미흡'이다. 음질, 연출 등 오디오북 자체의 콘텐츠 품질 관리는 심사 기준과 검수 조건이 존재하나, 오디오북만의 고유한 콘텐츠 디자인(사운드 연출·대본, 편집·몰입도 강화)을 체계적으로 지원하는 정책은 아직 미흡하다는 평가가 있다. 이는 단순 제작 지원을 넘어 콘텐츠 기획 역량 강화로 연결되어야 한다는 지적이 있다. 셋째, '유통·소비 체계 구조의 제약'이다. 오디오북은 플랫폼 의존도가 높으며, 유통망 확보가 경쟁력의 핵심으로 작용한다. 그러나 지원 정책은 제작 중심에 치중되어 있어, 오디오북의 유통 확대, 소비 촉진, 이용자 접근성 개선과 관련한 정책 체계는 아직 상대적으로 약한 부분이 있다. 마지막으로 '전문 인력 양성 및 생태계 구축이 필요'하다. 오디오북 제작·기획·유통에 필요한 전문 인력을 양성하기 위한 교육 프로그램 및 협업 네트워크 구축이 필요하다. 출판사, 교육기관, 공공기관이 함께 전문 생태계를 조성해야 한다는 점이 향후 정책 과제로 남아 있다.

앞으로 오디오북 산업은 콘텐츠의 질적 고도화, 유통 구조의 확장, 데이터 기반 정책 설계, 전문 인력 양성을 중심으로 한 종합적 정책 접근이 필요하다. 이를 통해 오디오북은 전자출판 산업 내 부가적 콘텐츠를 넘어, 독립적인 핵심 디지털 출판 분야로 성장할 수

　　　　　　　　　　출판에 대하여

있을 것이다.

4) 웹소설 정책

한국의 웹툰·웹소설은 〈나혼자만레벨업〉, 〈이상한 변호사 우영우〉 등의 사례처럼 그 자체로서 인기가 있을 뿐만 아니라 게임·애니메이션·드라마화되어 전 세계로 확산하고 있어 K-콘텐츠 산업의 차세대 주자로 주목받고 있다. 이러한 영향으로 한국출판문화산업진흥원의 〈웹소설 산업 현황 실태조사〉에 의하면 웹소설 시장은 2013년 100억 원 규모에서 2024년 1조 3,500억 원으로 추정[108], 빠르게 성장하고 있다.

이렇듯 국내의 웹소설 관련한 정책은 최근 몇 년 사이에 단순한 장르 문학에서 K-콘텐츠의 핵심 원천 지식재산권IP으로 위상이 올라가며 스토리 산업의 핵심 분야로 인식되어 많은 변화를 겪고 있다.

한국의 웹소설 정책은 '공정한 거래질서 확립 및 저작권 보호' 및 '출판으로서 스토리 산업을 진흥'하는 정책적 축을 중심으로 진행되고 있다고 할 수 있다.

최근의 주요 정책적 쟁점과 지원 체계를 살펴보면 다음과 같다.

첫째, 법적 체계의 독립과 제도에 관한 정책이다. 과거 웹소설은 기존 출판물의 범주 내에서 '전자출판물'의 일부로 취급되었다. 그러나 최근에는 웹툰과 함께 '웹콘텐츠'라는 독자적인 산업 영역으로 분리되는 추세이다. 이에 따라 먼저, 도서정가제 적용 제외 이슈가 있다. 기존의 도서 식별 체계인 ISBN 대신 웹툰과 웹소설에

---

108 한국출판문화산업진흥원. 〈2024 웹소설 산업 현황 실태조사〉, 2024, 38쪽.

특화된 콘텐츠 표준식별체계UCI, Universal Content Identifier 도입을 결정했다.[109] 그동안 연재형 성격을 지닌 웹소설에 대해 단일 출판물을 대상으로 발행하는 ISBN을 부여하는 것이 맞지 않다는 지적이 계속되어 2022년 1월 한국문헌번호위원회 회의 결과 연재형 웹콘텐츠는 ISBN 발급 대상에서 제외됨으로써 2026년부터 UCI만 발급이 가능하다.[110] 이와 함께 UCI를 발급한 웹소설은 도서정가제에서도 제외가 된다. 도서정가제에서 제외가 되면서 가격 책정의 자율성을 부여하여 가격을 활용한 프로모션으로 시장이 더욱 활성화될 가능성이 있다.

둘째, 창작자와 플랫폼/CPContentes Provider 간의 불공정 계약 문제가 정책적 과제로 떠오르면서 공정거래 질서 확립 및 창작자를 보호하기 위하여 문화체육관광부는 2025년 3월, '웹소설 분야 표준계약서'(3종)를 고시했다.[111] 표준계약서에는 계약 자동갱신 시 해지권, 휴재권, 매출 관련 정보제공, 계약 내용 설명의무 등 공정 계약 체결에 필요한 상호 권한과 의무 사항을 담았다.

또한 웹소설 콘텐츠의 선정성·혐오표현 등을 둘러싼 사회적 논쟁에 따라 한국인터넷자율정책기구KISO가 웹툰·웹소설을 대상으로 2025년 12월, '스토리형 콘텐츠 자율정책 가이드라인'을 마련했다. 기존 인터넷 게시물·검색어 등 이용자 생산 콘텐츠에 머물던 심

---

109 문화체육관광부 보도자료(2025.1.2.). '2025년부터 웹툰·웹소설 콘텐츠 표준식별체계 (UCI) 도입했다.

110 2025년 이내 유효한 ISBN을 발급받은 경우, 해당 ISBN은 계속 사용이 가능하다.

111 웹소설 분야 표준계약서 3종은 웹소설 출판권 설정계약서, 웹소설 전자출판 배타적발행 권 설정계약서, 웹소설 연재계약서. (문화체육관광부 표준계약서(2025.3.21.). [출판] 웹 소설 분야 표준계약서)

의 영역을 창작 표현물로 처음으로 확대한 것으로 네이버웹툰과 카카오엔터테인먼트에 우선 적용된다. 자율정책 가이드라인은 최근 몇 년간 콘텐츠 내 특정 장면이 사회적 논쟁으로 번지고, 정치권과 정부가 심의 강화 방침을 공론화하는 일이 반복되었기 때문에 국가의 직접 규제 대신 민간의 자율성을 존중하면서도 사회적 책임을 강화하기 위함이다.

셋째, 웹소설이 드라마, 영화, 게임으로 확장되는 OSMU의 핵심 동력으로 인식됨에 따라 해외 진출 지원 정책도 강화되고 있다. 지원 정책은 산업 성장에 필요한 인적 자원과 데이터를 뒷받침하는 정책 마련이 진행되고 있다. 2023년부터 한국출판문화산업진흥원에서는 예산 1억 원으로 웹소설 작가양성 교육지원을 시작했다. 이후, 2024년에는 제5차 출판문화산업 진흥계획에 의해 번역인력 양성(4억 원), 작가양성 교육지원(1억 원), 웹소설 번역비 지원(4억 원) 등으로 9억 원의 예산으로 운영했다. 2025년은 번역인력 양성이 2억원으로 감소했고, 작가양성 교육지원은 유지되었으며, 번역비 지원이 6억 원으로 증가하였으나 전체 지원은 2024년과 변함없었다.

이와 함께 2022년부터 '웹소설 실태조사'가 격년으로 정례화되어 웹소설 산업 규모, 종사자 현황, 이용 행태를 조사하여 데이터 기반 웹소설 관련 정책 수립을 위한 근거 마련이 진행되고 있다고 할 수 있다.

이러한 정책에도 한계는 존재한다. 표준계약서와 상생협약이 마련되었지만 실제로 개별 계약에서 어느 정도까지 채택되고 준수되고 있는지에 대한 모니터링이나 제재 등의 수단이 약하기 때문에 계약 관행을 구조적으로 바꾸기에는 한계가 있다는 비판도 있다.

또한, 웹소설을 드라마·웹툰·게임으로 확장되는 IP 수출의 핵심으로는 다루고 있지만 지원의 무게 중심이 번역·해외 마켓 등에 치우쳐 있거나, 수출·OSMU 가능성이 높은 소수 장르와 작품에 정책적 자원이 집중되면서 플랫폼 파워가 약한 작가층이나 비주류 장르는 상대적으로 소외될 수 있다는 것이 한계이다. 향후, 성장 위주의 콘텐츠 진흥이라는 측면과 함께 웹소설의 질적 향상 및 지속가능성 측면에서 정책적인 지원을 고민할 필요가 있을 것이다.

5) 디지털콘텐츠 진흥정책 방향

웹콘텐츠의 급속한 성장과 함께 디지털콘텐츠에 대한 이용량이 증가하면서 산업은 지속적으로 성장하고 있다. 하지만 아직까지 디지털 읽기의 속도가 느린 편이며, 디지털 읽기는 다양한 디지털콘텐츠가 뒷받침될 필요가 있다. 특히 비독자를 대상으로 독서에 대한 관심과 흥미를 높이기 위한 방안을 통해 독서 진흥을 유도하고 있다. 구체적으로 그림책, 짧은 글, 오디오북, 첨단기술(VR, AR 등) 활용 전자책 등 '긴글(text) 읽기'를 보완·대체하는 콘텐츠가 포함된 책의 지원을 통해 독서 접근성 및 지속성을 제고하고 있다.[112] 이를테면 전자책을 넘어 챗북, 도슨트북, 요약서비스, 오브제북 등 다양한 디지털콘텐츠 개발이 요구되고 있다. 궁극적으로 전자책 및 전자책 단말기 사업과 더불어 콘텐츠 지식재산권인 IP를 통한 웹소설·웹툰, 영상, OST 등 콘텐츠 밸류체인을 구축하며 글로벌 경쟁력 강화에 주력하고 있다.

디지털콘텐츠 소비가 증가함에 따라 불법적인 유통 경로를 통한 이용 사례 또한 확대되고 있다. 이러한 상황에서 창작자와 콘텐

출판에 대하여

츠 운영자의 권익을 보호하기 위해서는 저작권에 대한 사회적 인식 제고를 위한 교육이 필수적이다. 아울러 저작권 보호를 위한 기술적 보호 조치와 더불어, 변화하는 디지털 환경에 대응할 수 있는 제도적 개선이 병행되어야 할 필요성이 커지고 있다. 또한 종이책과 전자책 그리고 오디오북을 동시에 출간하는 방안에 대한 고민이 필요하다. 정부에서도 디지털콘텐츠 확장을 위해 종이책과 전자책을 동시에 출간하는 출판사에 정책지원을 확대하는 방안 모색해야 한다. 즉 저작자에게 적극적인 창작 지원을 통해 디지털 맞춤형 콘텐츠를 만들 수 있는 환경을 조성할 필요가 있으며, 창작 지원을 위해 투고 플랫폼 제작 지원 등 셀프퍼블리싱의 활용 가치를 고민해볼 필요가 있다.

좀더 구체적으로 제언하자면[113] 첫째, 디지털 독서환경 강화 전략으로 디지털콘텐츠 활성화를 위한 킬러콘텐츠 발굴 지원과 디지털콘텐츠 개발 사례 발굴 및 안내로 주제를 제안했으며, 관련 내용으로는 디지털콘텐츠에 대한 이용량이 증가하고 있어, 디지털콘텐츠를 확산하기 위한 스토리 공모전 등을 활용하여 새로운 킬러콘텐츠 발굴해 확산시키는 것이며, 종이책의 전자화가 아닌 디지털콘텐츠만의 오리지널 콘텐츠를 생성할 필요가 있다. 또한 국내외 디지털콘텐츠 개발 사례를 살펴보고, 디지털콘텐츠 시장을 선도할 수 있는 방안 모색, 국내외 사례를 출판진흥원 홈페이지, 소셜미디어 등을 통해 안내하고, 디지털콘텐츠를 새롭게 경험할 수 있는 아이

---

112 PwC. 〈Global Entertainment & Media Outlook 2021~2025〉, 2021.
113 이은호·김동혁·이수원, 〈전자책 시장 현황 분석 및 활성화 방안 연구〉, 한국출판문화산업진흥원, 2023, 84~91쪽 요약 정리.

디어 지원사업 진행이 필요하다. 사용자와 콘텐츠가 상호작용할 수 있는 인터랙티브 콘텐츠 등 새로운 형태의 콘텐츠 개발은 독자들에게 새로운 경험을 제공할 수 있기 때문이다.

둘째, 시장 융합·확산 전략으로 디지털콘텐츠 연계 방안 및 구독서비스 모델 다양화이다. MZ 세대는 일상생활에서뿐만 아니라 전자책, 오디오북 같은 디지털콘텐츠를 소비할 때 다양한 경험이 가능한 구독모델을 선호하고 있다. 디지털콘텐츠 구독서비스 모델을 다양화하여 독자들에게 읽기 경험 제공하는 것이며, 디지털콘텐츠 시장 확대를 위해 웹소설, 웹툰, 영상 등 확장이 가능하도록 지원할 필요가 있다. 현재 K-book 콘텐츠 다중활용 지원사업은 종이책 위주로 진행되고 있는데 디지털콘텐츠를 활용한 다중활용 지원도 확대해야 한다. 또한 디지털콘텐츠 해외수출을 위한 플랫폼 개발로는 디지털콘텐츠 특성상 플랫폼 기반의 해외 유통이 가능하기 때문에 국내외 비즈니스 사업자가 적극적으로 참여할 수 있는 플랫폼 개발이 절실하다. 현재 일반 출판 중심으로 운영 중인 '출판 수출 통합 플랫폼'의 운영 방식을 개선하여 전자책이나 오디오북과 같은 디지털콘텐츠까지 통합적으로 사업자가 적극적으로 수출에 나설 수 있도록 플랫폼을 개선할 필요가 있다. 일본의 경우 영상산업진흥기구와 일본 서적출판협회가 공동 운영하는 JBB(Japan Book Bank)를 통해 일본 출판콘텐츠 검색과 더불어 출판물을 원천콘텐츠로서 다양한 미디어로 연결하는 기본적인 정보를 제공하고 있다.

셋째, 법·제도 개선 전략으로 디지털콘텐츠 저작권 인식 강화이다. 디지털콘텐츠에 대한 저작권 인식을 강화할 수 있도록 주기적인 저작권 교육이 필요하며, 창작자와 콘텐츠 운영자에게 맞춤형 교육을 진행하여 디지털콘텐츠 불법유통 및 피해사례가 없도록 인식시키는 것이 중요하다.

넷째, 콘텐츠 창작·제작 지원으로 하나는 새로운 디지털콘텐츠 경험에 대한 아이디어를 위한 공모전 및 콘테스트 등 개최를 지원하여 우수 작품을 발굴하고 창작 활동을 장려하며 작가들과 작품을 발굴하여 문화적으로 다양성과 포용성을 내포한 콘텐츠 제공이 가능하다. 그리고 종이책과 전자책을 동시에 출간하는 출판사에 정책 지원 확대이다. 디지털콘텐츠 제작 활성화를 위해 종이책과 전자책을 동시에 출간하는 출판사에 우선 지원 혜택 제공. 이때 동시 출간의 범위를 1개월 이내로 하는 것도 고려(종이책 출간 1개월 후 디지털콘텐츠 출간)할 필요가 있다. 마지막으로 디지털콘텐츠 집필 저작자를 위한 적극적인 창작 지원이다. 웹을 통한 창작과 유통은 시간적, 공간적 한계를 넘어 누구나 자유롭게 글을 쓸 수가 있다. 또한 최근 셀프퍼블리싱 플랫폼을 통해 누구나 디지털콘텐츠를 만들 수 있어 관련해서 투고 플랫폼 제작 지원 등의 시도를 통해 새롭고 참신한 콘텐츠 발굴을 유도할 수 있다. 셀프퍼블리싱 관련 교육 프로그램, 멘토링 서비스 등을 제공하여 창작자들의 역량 강화 및 창의적인 저작물들이 활발하게 생산되고 유통될 수 있는 환경 조성을 제공해야 한다.

1) 출판 저작권 수출의 역사

한국 출판 역사에서 도서 수출은 1970년대에 들어와서 활기를 띠기 시작했다. 이전까지는 도서 중개상을 통해 외국에서의 주문받아 소량 납품하는 정도[114]였고, 일본으로 도서판매로 1959년 도쿄에 개설한 고려서림의 한국학 관련서 판매가 이채를 띠는 정도였으며, 이후 1974년 1월에 삼중당이 도쿄지사 형태로 한국서적센터를 1979년까지 운영했던 것이 순수민간자본으로 해외진출 초기 사례이다. 1971년에 삼성출판사가 일본 고단샤講談社와 《조선총독부》(전3권)를 일본에서 공동출판했으며, 탐구당은 한국학 도서와 영인본을 일본 마루젠丸善 서점에 상설 전시 판매했다.[115] 동화출판공사의 일어판 《한국미술전집》(전15권)이 1974년까지 일본에서 2,000셋트 판매되며 27만 달러의 판매 실적[116]으로 올리는 성과를 거두었다. 구미 지역으로의 도서 수출은 범문사가 미국 의회도서관과 하버드대 등 주요 해외 대학에 한국학 연구서와 고전 영인본, 정기간행물을 납품했다. 1976년에 설립된 대한출판해외판매는 미국 로스앤젤레스에 지사를 설립하고 미국, 캐나다, 브라질 등의 공공도서관과 연구자, 연구소, 한국 교포들을 상대로 사업을 펼쳤다.

국내 처음으로 저작권 수출 사례는 1988년 11월 금성출판사가 대형 전집물 저작권을 유럽에 수출한 사례가 꼽힌다. 금성출판사는 《애니메이션 세계명작》(전60권)의 저작권 수출 계약을 벨기에 출판사 웨스맬사와 체결하여 프랑스어, 스페인어, 이탈리아어, 네덜란드어 등으로 제작 판매하였다. 이어서 웅진출판, 한국프뢰벨, 웅진미디어, 동아출판사, 시사영어사, 두산동아 등이 세계 각국에 저작권을 판매하거나 현지어로 출판한 도서 완제품을 수출하였다. 1990년대에 들어 저작권 수출 사례가 증가하기 시작하였으나 그에 대한 구체적인 집계는 없으나, 1992년에 대한출판문화협회가 조사한 자료에 따르면, 해외에서 번역 출판된 우리나라 도서는 총 245종으로 영어, 일본어, 프랑스어, 독일어, 중국어 등으로 출간되었다. 1996년 한국문화예술진흥원 조사에서는 우리나라 문학작품 438종이 27개국에서 16개 언어로 출판된 것으로 나타났다. 영역본 123종, 일본어 83종, 프랑스어 70종, 독일어 41종 순이었다.[117]

2000년 초반에는 드라마를 시작으로 한 '한류'의 유행과 함께 2003년에 MBC 창사기념 특별기획드라마 〈대장금〉을 원작으로 한 소설 《대장금》이 드라마 인기에 힘입어 대만, 일본, 중국, 태국 등지로 수출되면서 한국어 저작물도 세계적으로 한류열풍에 동참했다. 이후 한국어 저작물의 수출은 중화권을 넘어 태국, 베트남, 인도네시아 등의 동남아시아 지역으로 확대되었으며, 특히 유아교육교재들은 워크북 형태의 교재가 전무했던 중국시장에 한국식 교육 열풍을 가져오기도 했다. 이후로도 각종 어린이 전집들이 선풍적인 인기를 끌었다.

영미·유럽권에 한국문학 수출은 2009년을 전후로 시작했다. 특히, 신경숙 작가의 《엄마를 부탁해》는 국내에서만 170만 부 가까이

---

114 대한출판문화협회, 《대한출판문화협회 50년사 - 1947~1997》, 1998, 146쪽.
115 위의 책, 146쪽.
116 위의 책, 147쪽.
117 위의 책, 184-185쪽.

판매된 데 이어 미국 랜덤하우스의 문학 전문 임프린트 Knopf과 계약해 출판 몇 년 만에 초판 10만 부를 판매하고 2쇄까지 들어갔다.[118] 황선미 작가의《마당을 나온 암탉》은 2013년 영국에서 번역 출간을 시작으로, 2023년 31개국에 번역 판권이 판매되었다.[119]

중국 시장을 비롯한 아시아 지역은 초기부터 한국 저작 수출의 가장 높은 비중을 차지하고 있었으며, 2013년에서 2015년까지 아시아 지역에 이루어진 도서 저작권 수출은 5,402건으로 전체 6,298건 중 85.8%에 해당하는 수치이다.[120]

2) 출판수출 정책의 변화

한국 최초의 국제도서전 참가는 1954년 8월 미국 워싱턴에서 열린 세계아동도서전시회에 아동도서 10종을 출품하면서 시작되었다. 이어서 1958년 제1회 동경국제도서전시회 때부터 본격적인 해외 도서전 참가가 이루어졌다.[121]

1959년 6월에 개최되는 제2회 도쿄국제도서전시회에 참석하려 했으나 일본 재일교포 북송문제로 한·일관계가 악화되고 일본의 비인도적 처사를 이유로 참가계획을 철회하고, 외무부의 협조를 얻어 도쿄국제도서전시회 출품 예정도서를 8·15 광복 기념으로 대만국립도서관에서 개최하는 '한국전시회'에 출품했다.

정부조직법의 개정으로 공보부가 문화공보부로 확대 개편되었으며 이에 따라 종전의 문교부 편수국 발행과에서 다루던 저작권과 부정기간행물 및 출판사 업무는 문공부로 이관되었다.

문화공보부(문공부)에서 1970년에 '출판진흥의 해'를 지정하여 시행한 시책 중에는 이미 글로벌 환경을 의식한 관련 정책도 포함

출판에 대하여

되어 있었다.[122] '해외 선전용 영문판 선정도서목록 제작 배포' 사업은 국내 도서 중 한국학을 다룬 책을 분야별 선정위원회를 통해 선정하고 해제 목록을 영문으로 옮겨 발간했는데, 이때 문화공보부는 제작비 100만 원을 대한출판문화협회에 보조금으로 지급했다. '해외에 국내 도서 판매센터 설치' 사업은 한국 도서의 해외수출을 촉진시키고 우리 문화를 홍보하기 위해 한국도서 판매점을 개설하는 내용이다. 그 결과 1970년에 미국, 독일, 베트남 등 한국인이 많이 진출한 지역의 현지 서점에 한국 도서 코너를 설치했으나 견본 도서를 발송[123]하는 정도에 그쳐 지속적인 판매로까지 연결되지는 못했다.

정부수립 이후 도서산업정책은 거의 소극적이고 미온적이었던 정부가 1972년 이후 급격히 늘어난 도서발행을 균형 있게 발전시키기 위해서 여러 가지 시책을 펼치기 시작했는데, 이 무렵 정부의 출판문화진흥정책은 양서출판의 지원과 국민독서추진운동이라는 목표 아래 8개 항목의 사업을 확정했다. 출판진흥 사업 중 하나로 '국제도서박람회 참가 지원'을 제시하고, 국제도서전 참가비로 연

---

118 신서희, '한국어 저작물 수출의 시작과 성장', 출판N, 2021.2.18. (https://nzine.kpipa.or.kr/sub/inside.php?code=inside&idx=354&page=%24page&ptype=view&utm_source)

119 이성민. 'K-Book 해외 진출의 어제와 오늘', 한국출판문화산업진흥원, 《KPIPA리포트》, Vol.12. 2023, 9~10쪽.

120 신서희, 위의 글.

121 대한출판문화협회, 앞의 책, 119쪽.

122 대한출판문화협회, 앞의 책, 137쪽.

123 대한출판문화협회, 앞의 책, 138쪽.

간 300만 원을 지원하였다.[124] 1973년에는 해외여행자들에게 필수적으로 우리 문화를 소개한 해외 홍보용 영문 도서를 반드시 가지고 출국하도록 의무화하여 영문 도서 출판을 권장했으나 실효를 거두지 못하고 폐지되었다. 출판수출과 관련된 정부 차원의 지원정책이 종합적으로 강구되어 시행된 것은 2000년 이후 〈출판문화산업진흥법〉의 제정(2002년)에 따른 5년 단위의 기본계획이 수립·시행되면서부터라고 볼 수 있다. 현재까지 모두 5차까지 수립된 이 계획에는 국내외 국제도서전의 개최·참가 지원과 도서의 저작권 수출지원에 이르기까지 다양한 사업 영역이 포함되어 있으며, 글로벌 출판시장에서 한국 출판의 위상이 높아지면서 점차 확대되는 추세를 보여주고 있다.

세계에는 5,000종이 넘는 언어가 있는데, 이 가운데 20여 개의 언어를 세계 인구의 70~80%가 사용하고 있으며, 이 중 한국어는 남북한을 합쳐서 약 6,700만 명, 중국 약 200만 명, 미국 약 180만 명, 일본 약 70만 명, 구소련 지역 50만 명, 중남미 9만 명, 캐나다 7만 명, 기타 지역 13만 명 등 호주, 유럽 등지에 있는 동포들까지 합치면 한국어 사용 인구가 7,200만 명이 넘는다. 이처럼 한국어는 세계 곳곳에서 사용하고 있으며 한국어를 모어 혹은 공용어로 사용하는 인구수도 세계 13위 정도 된다.[125] 또한 2007년도 UN의 세계 주요 언어 분포 및 응용력 조사 결과 한국어가 세계 9위였다. UN 전문기구인 세계지식재산권기구WIPO는 국제특허협력조약PCT에서 한국어를 아홉 번째 국제 공개어로 채택하기도 했다.[126]

세계화 시대를 맞아 점점 더 많은 외국인들이 한국을 방문하고 있으며, 우리 역시 여러 이유로 외국을 방문하는 경우가 많아지고

 출판에 대하여

있다. 이에 따라 한국어를 배우고 활용하려는 외국인도 점점 증가하고 있다. 따라서 이들이 ‘외국어로서의 한국어’ 출판콘텐츠를 활용할 수 있도록 지원을 강화해야 한다. 이제 “한국어는 더 이상 우리만의 언어가 아니라 세계인이 배우고 싶어 하는 언어라는 점을 인식해야 한다”[127]는 것이다. 즉 세계화 시대를 맞아 출판콘텐츠가 각각의 국가적·문화적 경계를 넘어 세계화·지구촌 시대로 요약되는 새로운 시대에서 제 역할을 해야 한다는 것이다.

〈출판문화산업진흥법〉은 국제교류 활성화를 위한 지원 지역 및 대상에 대해 구체적으로 제시하지 않고 “지원 대상, 방법, 절차 등은 대통령령에 의해 정한다”고 되어 있다. 이는 국제교류 활성화를 위한 지원정책이 구체적인 목표 없이 만들어진 제도라는 것을 의미한다. 〈출판문화산업진흥법 시행령〉 제4조(국제교류의 지원 등)를 보면, 국내외 출판과 관련된 국제전시회 개최 및 참가, 출판과 관련된 국제회의 또는 행사, 간행물의 해외 마케팅, 그밖에 출판문화 국제교류 증진을 국제교류 활성화의 지원대상으로 표기하고 있다(대통령령 제25853호, 2014.12.16. 개정).

국내 출판산업이 국내 시장 의존에서 벗어나 본격적으로 해외 시장에 출판콘텐츠를 수출하기 시작한 것은 정부가 1987년 10월 1일 세계저작권협약Universal Copyright Convention(이하 UCC)에 가입하

---

124 대한출판문화협회, 앞의 책, 139~140쪽.

125 국립국어원,《외국인을 위한 한국어 문법 1》, 커뮤니케이션북스, 2005, 23~24쪽.

126 권재욱,〈한국어 국외 보급정책의 통합방안 연구〉, 동국대학교 대학원, 석사학위논문, 2010, 2쪽.

127 윤석민,〈한국어의 세계화를 통한 인문학 진흥 방안〉,「겨레어문학」제51집, 겨레어문학회, 2013, 94~95쪽.

면서부터이다. 그 이전에는 정부든 개인이든 모든 사람은 해외의 수많은 지적재산을 자유롭게 번역·출판·배포하였을 뿐만 아니라 복제하여 사용했으며, 방송·공연 등에 이르기까지 다양한 형태로 해외 저작물을 무단으로 사용했다. 그러나 1995년 UCC보다 더 강도 높은 세계무역기구WTO에 가입한 데 이어, 1996년 8월 21일 '베른협약'에 가입하면서 해외 저작물 보호가 아주 엄격해졌다. 그 결과 저작물 수출입을 담당하는 전문 에이전시가 대거 등장했으나, 1990년대 후반의 저작권 계약은 주로 해외 저작물의 수입, 그 중에서도 영미 유럽권의 도서수입이 압도적 비중을 차지했다.

이러한 분위기에 반전을 가져오기 시작한 건 2001년, 정부차원에서 한국의 문학과 문화를 세계와 공유하기 위해 '한국문학번역금고(1996년 설립)'를 모체로 한 한국문학번역원을 출범시켰고, 비교적 언어장벽이 낮은 대만과 중국 등 중화권 지역을 대상으로 한국어 저작물 수출이 이루어지기 시작했다.

국내 출판산업의 상황과는 별개로 출판콘텐츠 세계화를 위해 한국문학번역원과 대산문화재단이 한국문학의 번역과 지원사업을 지속적으로 지원해 온 결과, 현지 언어로 출간된 한국 관련 도서들이 대거 늘어났다. 한국문화재재단(현, 국가유산진흥원), 한식진흥원, 국립국어원, 세종학당재단, 한국국제교류재단 등 정부 부처 또는 산하기관에서 자체적으로 기관과 연관된 콘텐츠를 현지 언어로 출판하거나 저작권 수출 또는 판매하는 경향이 많아지고 있는 것도 과거와 다른 점이다.

문화가 국가의 주요 산업이 된 것은 1990년대부터라고 할 수 있다. 이는 세계무역 체제의 변화와 맞물려 있다. 1987년 시장화를 의미하는 민주화에 따라 고도의 소비자본주의 사회로 진입하게 되었으며, 문화는 자본주의 축적 전략에 중요한 역할을 하게 되었다. 1994년 세계무역기구WTO가 설립되면서 "문화는 다른 공산품처럼 교역 품목에 포함되었다."[128] 한국 역시 문화가 결정적으로 변화를 맞게 된 것은 1997년 외환위기 무렵이다. 군사정권과 달리 문화적 색채를 강조한 김영삼 정부(1993~1998)는 취임 이듬해인 1994년 문화체육부 산하에 '문화산업국'을 설치했다. 김대중 정부(1998~2002)는 1998년 취임사에서 문화산업이 "21세기 기간산업", "무한한 시장이 기다리고 있는 부富의 보고"라며 국가기간산업으로 육성하기 위해 역대 문화정책 사상 가장 많은 예산을 편성했다.[129] 노무현 정부(2003~2008) 역시 김대중 정부의 문화산업 육성 정책을 이어받아 문화콘텐츠 산업을 '국가적 미래 전략 사업'으로 주목하고 2001년 한국콘텐츠진흥원을 설립, 차세대 성장동력 산업으로 지정하였다. 이명박 정부는 출판물 수출을 적극적인 문화·경제 홍보 수단으로 활용하고 다국어 출판 및 만화판 제작 등 확산전략에 주력했다. 그 중 2008년 이후 국제도서전 참가를 공식지원하며 한국관 운영을 통해 국내 출판사의 해외진출을 촉진했다. 또한 2012년 한국출판문화산업진흥원 설립으로 국내외 우수저작물의 번역 지원, 국제교류·협력 및 수출시장 확대의 지원 등을 법에 명시하였고, 기관 역시 출판문화산업의 국외진출 지원을 직무로 포함해

---

128 서진교 외,《WTO, 체제의 개혁 방향과 한국의 대응》, 대외경제정책연구원, 2008, 65쪽.
129 권창규,〈'문화'에서 '콘텐츠'로 – 한국 문화의 산업화와 한류화를 중심으로〉,《대중서사연구》, 제20권 3호, 대중서사학회, 2014, 228쪽.

운영하고 있다. 박근혜 정부(2013~2017)는 출판산업과 관련된 정책은 부진한 정부였다. 출판산업보다는 한류와 공공·문화 외교 속에서 교류용 콘텐츠 지원 등에 초점이 맞춰진 시기였다. 다음으로는 문재인 정부(2016~2022)는 '신남방·신북방 정책'의 일환으로 콘텐츠 산업 전반, 출판물 해외 진출 전략이 강화되었다. 윤석열 정부(2022~2024)에서는 지금까지의 한류와 문화 수출 정책의 새로운 확장보다는 유지가 기반으로 보였다. 문화 관련 전반적인 예산이 축소되었으며, 특히 출판생태계 관련 예산은 많은 부분에서 삭감되어 유지보다는 후퇴한 정책 기조를 보였다고 평가할 수 있다.

3) 출판수출 진흥계획 흐름

정부의 문화외교와 문화교류 정책과 전 지구적·지역적 문명의 맥락이 반영되고 소통되면서 한류 붐이 일어났다. 한류 현상은 국가의 문화정책 및 콘텐츠 창출에 영향을 미쳤는데, 이러한 맥락에서 문화적 가치를 보유하기 위해 그동안 정부가 K-book 콘텐츠 수출지원을 위해 어떤 출판정책을 실행했는지 출판문화산업 진흥계획을 중심으로 살펴보고자 한다.

제1차 출판·인쇄문화산업 진흥발전계획(2003~2007년)에서의 출판은 지식문화산업의 핵심 콘텐츠로, 이 시기에는 책 중심의 지식문화 사회 구현을 표방하고, 출판·인쇄산업의 중장기 진흥 시책 수립 및 추진을 강조한 것으로 국내 출판산업 활성화에 중점을 두었다.(〈표 4-35〉 참조). 정부는 국제경쟁력 강화계획의 일환으로 추진한 2005년 프랑크푸르트도서전 주빈국으로서의 참가를 위해 한국문학번역원의 협조로 '한국의 아름다운 책 100권'을 선정했다.

〈표 4-35〉 제1차 출판·인쇄문화산업 진흥발전계획(2003~2007)

정책과제	추진과제	중점 과제
출판산업의 국제경쟁력 강화	국제도서전 개최 및 참가를 통한 국제교류 활성화	▸ 서울국제도서전을 아시아 중심 국제도서전으로 육성 ▸ 서울세계북아트전(SWBAF) 개최 ▸ 국제도서전 한국관 운영 및 참가 지원 ▸ 국제도서전 인쇄문화전시 참가 지원
	독일프랑크푸르트도서전	–
	한국 주제 국가 개최 추진(2005)	▸ 문학 위주의 번역지원사업을 다양한 출판콘텐츠로 확대
	국제출판협회(IPA) 2008 서울총회 개최 지원	–
	국제출판협회(IPA) 2008 서울총회 개최 지원	▸ 우수도서 번역출판 지원 ▸ 도서정보의 해외발신 기능 강화 (영문 웹사이트 구축 운영) ▸ 외국어 초록사업 지원
	'동아시아 출판문화포럼' 개최 지원	–
	출판산업 해외진출 지원	▸ 국제출판계 주요인사, 해외 저명 출판인 및 편집자 등을 초청, 한국의 문화와 출판물을 홍보하여 우리 출판물 및 저작권의 수출기반을 강화

교양 15종, 문학 37종, 예술 16종, 인문·학술 17종, 전통문화 15종이 한국을 대표하는 도서로 선정되었다. 그러나 다수가 영어로 번역되고, 다음으로 독일어, 프랑스어 등으로 번역된 후 전시하는 정도에 그쳤다. 당시 '한국의 아름다운 책 100권'의 번역과 해외 출판이 시간에 쫓기지 않고 좀 더 체계적으로 준비했더라면 더 알차고, 더 유력한 출판사에서 출간될 수 있었다는 지적도 있다. 당시 함께 했던 국내 출판 에이전트는 인터뷰에서 "솔직히 말해 '한국의 아름다운 책 100권' 중 자신 있게 해외시장에 소개할 만한 것은 없다"며

"이왕 할 것이면 세계시장에 내놓을 만한 것을 선정 번역·출간해야
했다"고 지적했다.[130]

"가장 한국적인 것이 세계적인 것이다"라는 구호가 매력을 잃
어가는[131] 시점이었음에도 불구하고 출판계는 문화산업의 국제교
류와 문화 현상으로서 해외진출을 위한 세밀하고 깊이 있는 분석을
제대로 하지 못했다. 그러나 물리적 한계에도 불구하고, 한국문학
과 문화에 대한 인지도가 급상승한 덕분에 해외의 메이저급 출판사
들이 한국 관련 K-book 콘텐츠에 관심을 보이고, 도서 수출 계약
도 과거에 비해 많아진 것으로 파악되었다.

독일 프랑크푸르트도서전 주빈국 행사 이후 국내 출판계는
2007년 프랑스국제도서전의 주빈국으로 초대받았으며, 2008년
'출판계의 올림픽'으로 불리는 국제출판협회IPA 총회를 한국에서
개최하였다. 또한 2008년 이탈리아 볼로냐국제아동도서전 주빈국
으로 행사에 참여하는 등 연달아 국제행사에 참석하거나 개최하였
다. 실제로 서울국제도서전과 독일 프랑크푸르트도서전 등 가시적
인 효과가 있었으나, '출판문화국제교류센터(가칭)' 설립 운영 추
진, 현지어 버전 제작 지원으로 글로벌 마케팅 강화, 출판산업 해외
진출 지원 등 일부 정책은 아예 실행조차 하지 못함으로써 해외 이
용자들에게 K-book 콘텐츠를 알리는 첫 단추조차 제대로 꿰지 못
했다.

제2차 출판·인쇄문화산업 진흥계획(2007~2011년)은 지식강국
의 성장 동력과 출판지식산업 육성 방안을 표방했지만 1차 5개년
계획보다 훨씬 미흡한 문화정책으로 인해 한류지속을 위한 출판콘
텐츠 확장성에 대한 비전이 보이지 않았다. 또한 정책과제로서 '출

 출판에 대하여

판지식 글로벌 경쟁력 강화'를 강조하고, 추진과제로서 한국 출판 정보의 해외 홍보 강화, 외국어 번역출판 활성화, 출판·인쇄 분야 국제교류 및 협력 증진, 출판물 해외진출을 위한 국제출판진흥센터 (가칭)설치 운영 계획 등을 세웠지만 실제로 추진된 것은 없다.

2008년 제28차 국제출판협회[IPA] 서울총회 개막식 축사에서 이명박 대통령은 "우수·우량도서의 출판을 지원하고 도서 물류 체계를 현대화해 유통구조를 개선할 것"이며, 특히 "출판지식 콘텐츠의 글로벌 경쟁력을 강화하겠다"며 "디지털 출판과 우리 책의 해외 번역출판을 확대하고 출판·인쇄 분야의 국제교류를 강화해 나갈 것"이라고 강조했다.[132]

하지만 국내 시장은 인터넷 서점의 시장 확대로 오프라인서점이 기하급수적으로 줄어들면서 출판계 경기불황의 고착화와 심화가 더해갔다.[133] 그러나 2011년《완득이》,《도가니》,《뿌리 깊은 나무》등이 원작에 기반을 둔 영화, 드라마, 애니메이션 등으로 큰 인기를 끌면서 각광을 받았다.

이 시기는 출판의 인기가 높아진 시기로, 출판콘텐츠가 창출할 수 있는 부가가치의 규모가 커지면서 해외 이용자들에게도 긍정적인 영향을 미칠 것으로 예측했으나, 한국의 출판콘텐츠의 해외 홍

---

130 신동섭, 〈한국 출판, 세계화의 길은 있다〉, 「출판저널」, 2005, 51쪽.
131 주성혜, 〈한류, 우리 문화는 세계를 어떻게 만나야 할까?〉, 「철학과 현실」, 철학문화연구소, 통권 제110호, 2016,, 116쪽.
132 심재현, 〈李 대통령 "출판정책 '규제'서 '진흥'으로"〉, 「머니투데이」, 2008.5.12일자.
133 1990년대 4,600여 개였던 서점이 2011년에는 1,750여 개로 줄어들었고, 부산의 경우 영광도서, 한림서원, 동보서적, 문우당, 광복서점, 청하서림, 면학도서 등 대표서점들이 있었으나, 현재는 영광도서와 문우당을 제외하고 모두 사라졌다. 또한 중대형 도매서점인 평화당, KG북플러스, 샘터사 등이 문을 닫았다.

〈표 4-36〉 제2차 출판·인쇄문화산업 진흥계획(2007~2011)

추진전략	추진과제	중점 과제
출판지식의 글로벌 경쟁력 강화	한국 출판정보의 해외 홍보 강화	▸ 한국출판 관련 인터넷 포털사이트 운영(영어 및 주요 외국어로 출판 동향, 화제도서 정보, 저작권정보를 제공하는 '한국출판 외국어 정보 포털' 운영) ▸ 외국어 정기간행물 〈Korean Books Magazine〉(가칭) 발행·보급
	외국어 번역출판 활성화	▸ 문학 위주의 번역지원사업을 다양한 출판콘텐츠로 확대
	출판·인쇄분야 국제교류 및 협력 증진	▸ 영향력 있는 해외 편집자 및 에이전시 초청 펠로십 프로그램 활성화 ▸ 해외 출판 마케팅 활성화(국내외 각종 도서전을 활용, 국제 네트워크 구축 및 저작권 수출 확대, 한국도서 번역 외국출판사 및 한국도서 판매 외국서점 등에 인센티브 제공, 한국 도서의 해외 출간을 계기로 언론 인터뷰, 사인회 등 이벤트 지원) ▸ 해외 진출 유망 문화콘텐츠의 통합형 마케팅 실시 (문화산업 장르별 연계와 통합 패키지 상품의 공동기획, 마케팅 전개) ▸ '한민족 출판 네트워크' 구축 지원(해외 거주 출판관련 교민 네트워크화, 해외진출 기반으로 활용, 한국 관련 도서의 현지어 저작·번역·출판·판매 지원
	서울국제도서전을 아시아의 허브 도서전으로 육성	▸ 상설 조직위원회 운영 및 주빈국 초청제도 시행 ▸ 아시아 출판교류 확대와 공동 발전을 위한 '아시아의 책' 시상제도(Asian Book Award) 및 '아시아 출판펀드' 운영 검토 ▸ 국내 출판계의 참가 확대 추진 및 저작권 수출증대 기회로 활용
	국제 이벤트 개최 지원	▸ 2005 프랑크푸르트 도서전 주빈국 행사의 성공적 개최에 이어 추진하는 2008 IPA(국제출판협회) 서울총회의 성공적 개최 지원 ▸ 출판 및 인쇄 관련 국제행사 개최 및 참가 지원 (〈2009 볼로냐 아동도서전〉 주빈국 행사의 개최 지원, 2009 유네스코 지정 〈세계 책의 수도〉 서울 유치 추진 등)
	파주출판단지를 국제적인 출판 컨벤션 도시로 육성	▸ 세계 유일의 출판 클러스터를 글로벌 출판 비즈니스 중심지(혁신클러스터)로 육성 ▸ '파주국제북디자인 비엔날레' 및 특화된 국제전문도서전 개최 추진 ▸ 국가별 종합도서전과 대비되는 특화된 국제전문도서전의 개최 검토
	출판물 해외 진출을 위한 국제출판진흥센터(가칭) 설치 운영	▸ 출판수출 전략 수립, 해외시장 조사, 유통망 개척 및 국제 마케팅 지원 ▸ 해외문화원 등 재외공관과 적극 연계 도모

출판에 대하여

보를 강화한 효과는 보이지 않았다. 다만 한국문학번역원 자료를 보면 한국 관련 출판콘텐츠의 외국어 번역출판이 활성화되어 이전 보다 늘어났고, 2009년부터 본격적으로 아동도서를 지원하기 시작 했다.

또한 출판·인쇄 분야 국제교류 및 협력 증진을 비롯해 서울국제 도서전을 아시아의 허브 도서전으로 육성, 국제 이벤트 개최 지원, 파주출판단지의 '국제출판컨벤션도시' 육성, 국제출판진흥센터(가 칭) 설치 운영 등은 정상적으로 실행되지 못했다. 특히 출판콘텐츠 해외진출 지원업무와 직결되는 국제출판진흥센터(가칭)는 1차년도 사업계획에 들어 있던 출판문화국제교류센터(가칭) 설립 운영 추진 내용과 운영 취지가 유사한 정책으로 거의 10년 동안 구호만 있었 지 세부 계획안과 실행 방안은 마련하지 못했다.

제3차 출판문화산업 진흥계획(2012~2016년)부터는 인쇄산업과 구분해서 출판문화산업을 중심으로 진흥계획을 발표했다. 이 시기 부터 'K-book 콘텐츠 한류'에 대해 언급하고 있다. 3차 진흥계획 에서는 '해외진출 활성화' 전략을 중심으로 '글로벌 '출판 한류' 확 산'이라는 정책과제를 내세웠다. 다양한 중점과제를 제시하고 있는 데, 이시기에는 번역지원이나 해외교류, 홍보마케팅 등의 실질적인 지원에 중점을 두었다. 특히, 1차의 '출판문화국제교류센터(가칭)', 2차의 '국제출판진흥센터(가칭)', 그리고 3차 '출판수출 지원센터' 설립계획까지 중점과제로서 제시되면서 지속적으로 수출관련 센 터의 설립을 지속적으로 시도, 또는 필요성을 가지고 있었다.

그러나 제3차 출판문화산업 진흥계획 역시 K-book 콘텐츠 해 외수출을 위한 일관된 출판문화정책이 보이지 않는다. 대외적으

<표 4-37> 제3차 출판문화산업 진흥계획(2012~2016)

정책과제	추진과제	중점 과제
글로벌 '출판한류' 확산	〈출판수출지원센터〉 설립·운영 및 저작권 수출 지원	▶ 해외시장 정보제공 ▶ 저작권 담당자 수출실무능력 강화 ▶ 중소출판사의 수출실무 지원 ▶ 출판 한류 수출 성공 비즈니스 모델 및 사례 개발
	번역 지원 강화	▶ 번역 지원방식 개선 및 지원규모 확대 ▶ 번역 환경개선 ▶ 번역가 양성교육 전문성 강화 시스템 구축 (번역아카데미 번역가 교육과정 중 원어민 번역가 참가 유도 및 원어민 학생의 국내 체류 지원 등)
	해외교류 활성화	▶ 서울국제도서전을 아시아 출판교류 허브로 육성 ▶ 해외 도서전을 통한 수출 네트워크 강화 ※ '11년 8개 국제도서전에 한국관 참가 → '15년 15개 규모로 확대 ▶ 비즈니스 중심의 글로벌 협력 포럼 운영 ▶ 한국문학의 세계문학 중심부와의 교류 확대 ▶ 지역별 특성을 고려한 해외 진출 (영미권, 아시아권, 신흥시장, 저개발국)
	해외 홍보 및 마케팅 강화	▶ 해외 홍보 총괄 플랫폼 마련 ▶ 한국출판의 글로벌 홍보 강화(한국출판 소개 포털사이트 및 외국어 계간지, 뉴스레터 등 정보 제공 강화, 해외 전문가 대상 정보 제공 및 해외 언론을 통한 지속적 노출 강화, 시장·장르별 현지 소비자 타깃 마케팅 추진, 해외 현지 서점에서의 '한국번역서 북페어(전시판매행사)' 지원, 해외 독자 대상 한국문학 독후감대회 개최로 한국문학 독자층 저변 확대) ▶ 출판 한류 조성을 위한 홍보체계 마련 ▶ 번역도서 유통현황 DB 구축으로 해외유통판매 정보관리 ▶ 해외 출간도서 활용으로 홍보효과 극대화 ▶ 한국도서(한국어판)의 해외 보급 지원 확대 추진

로는 'K-book 콘텐츠 한류'를 강조했지만, '출판수출지원센터'에서 대표적으로 운영하고 있는 것은 수출 상담, 초록·샘플 번역지원, 포트폴리오 제작 지원, 찾아가는 도서전, 출판수출 네트워크 정도에 불과했다. 수출 상담의 경우 국내 도서의 해외수출 활성화를 돕기 위해 도서 저작권 및 완제품 관련 실무, 법무, 세무, 전자책 분야

출판에 대하여

전문 자문단을 운영해 무료 상담을 해주고 있다. 초록·샘플 번역지원의 경우 해외 도서전 등 참여 시 목록 제작에 다른 언어로 번역해 참가할 것을 유도하고 있고, 찾아가는 도서전이 가장 왕성하게 운영되고 있는 프로그램이다. 출판수출네트워크는 미국, 일본, 영국, 독일, 프랑스, 중국의 출판 동향에 대한 정보를 제공하는 중요한 역할을 하고 있다.

제4차 출판문화산업 진흥계획(2017~2021년)에서 수출관련 추진과제는 '출판유통선진화' 정책과제에 포함되었다. '출판유통선진화'에서는 '출판유통 선진화체계 구축', '지역서점 상생발전체계 구축', '글로벌 수출 지원 체계 구축', '수출콘텐츠 개발 및 현지화 지원'으로 수출관련 과제가 정책과제에 보이지 않았다. 3차 진흥계획보다는 수출관련 전략이 축소되어 있는 것처럼 보이기도 한다. 그럼에도 불구하고 '수출관련 인프라 강화'를 위한 노력이 돋보인다.

좀 더 구체적으로 살펴보면 글로벌 출판정보 서비스 제고를 위해 국내 출판관계자를 위한 〈해외출판동향〉 사이트 강화 및 세미나 개최, 해외 출판관계자를 위한 〈K-Book Live!〉 영문 포털사이트 구축, 맞춤형 국제교류 추진을 위한 국제교류 행사의 체계적 추진, K-book 콘텐츠 한류 연차보고서 작성, 세부 영역별(권역, 출판 분야, 이슈) 현황과 정책 대응 방안 제시, 해외 저작권 수출 지원을 위한 주요 국가의 저작권 수출입 시장 조사·연구, K-book 콘텐츠 홍보 및 출판저작권 수출 지원 사무소(K-Book Office) 운영, 주요 언어권 및 지역별 출판저작권 수출 로드랩 마련, 글로벌 비즈니스협력 추진, 거점 지역 수출 전문가 양성 및 네트워크 구축 실현을 핵심 과제로 제시하고 있다.

〈표 4-38〉 제4차 출판문화산업 진흥계획(2017~2021)

전략	추진과제	중점 과제
출판유통 선진화	글로벌 수출 지원체계 구축	▸ 주요 거점별 해외수출사무소(K-Book Office) 운영 ▸ 최대 수출시장인 중국 한한령 대응 등 진출 강화 ▸ 수출정보 플랫폼 등 인프라 강화 ▸ 글로벌 비즈니스 협력 및 교류 ▸ k-book 커뮤니티 개설
	수출 콘텐츠 개발 및 현지화 지원	▸ 시장 맞춤형 수출콘텐츠 발굴(지역·장르별 다양한 킬러콘텐츠 발굴, 해외시장 접근성 강화) ▸ 수출 콘텐츠의 시장 친화적 번역 지원(수출 홍보용 포트폴리오·카탈로그 제작 및 서지정보, 작가·작품소개, 본문 발췌를 수록한 초록·샘플번역 등 수출 섭외용 자료 번역) ▸ 국내 발행 도서(한글, 번역서)의 해외 진출 지원

제4차 출판문화산업 진흥계획에서 수출관련 분야의 한계로는 지금까지 공급 중심의 정책이었다는 점이다. '시장 맞춤형 수출콘텐츠 발굴'이라는 세부과제를 제시했지만 해외시장에 따른 맞춤 콘텐츠를 제대로 발굴하지 못했다는 한계도 있다. 이러한 상황에서 공급중심 정책에서 해외시장에 대한 맞춤형 출판수요 진흥정책 추진으로 해외 소비층 확대 필요성을 제시했다.

한류콘텐츠에 대한 세계의 관심이 증대되면서 '팬덤 셀러' 사례가 축적되는 등 K-Book의 한류 동반성장과 한국 도서의 해외 수상사례 증가, 영화·드라마·웹툰 등의 원천콘텐츠로서 출판이 해외 경쟁력 제고 및 수출기회 확대 추세인 환경을 반영해야 하는 시기이기도 하다. 따라서 제5차 출판문화산업 진흥계획(2022~2026년)에서는 해외시장에서 K-콘텐츠(영상, 웹툰 등)의 인기에 힘입어 IP 중심 생태계에서 원천콘텐츠인 출판의 가치가 증가할 것으로 예상하면서 글로벌 수요 창출에서도 타 분야와의 연계·협력에 대한 중

출판에 대하여

요성이 부각되었다.

4개의 전략 중 '모두를 위한 책'에 '글로벌 수요 창출'을 세부과제로서 제시했다. 제5차의 수출관련 과제에서 돋보이는 것은 타 콘텐츠와 연계 진출 지원으로 재외 한국문화원과 한국콘텐츠진흥원 해외사무소 등과의 협력강화를 추진내용으로 한 것이다. 진흥계획 실행기간 중인 2024년에는 한강 작가의 노벨문학상 수상 등,

〈표 4-39〉 제5차 출판문화산업 진흥계획(2022~2026)

추진과제	세부과제	중점 과제
글로벌 수요 창출	타 콘텐츠 장르와의 연계 진출 강화	▸ 영화, 영상, 웹툰 등 타 콘텐츠 분야 박람회 참가 지원 및 유관기관과의 협력 확대를 통한 수출 매력도 제고 ▸ 한국콘텐츠진흥원과 협력하여 해외사무소에 한국도서 저작권 수출 상담 지원, 연관 장르와 비즈매칭 기회 마련 등 출판 관련 업무 역량 강화
	글로벌 출판 교류 강화	▸ 출판수출 환경변화에 대응한 권역별 진출전략 수립 및 단계적 진출 확대 ▸ 국가별 특성과 관심 분야를 고려한 전략적 해외 진출과 온·오프라인 비즈매칭 수출 서비스 강화로 수출 판로 확대 (기업 매칭, 도서 피칭, 디렉토리북 제작, 온라인전시관 및 세미나 운영 등 수출상담 지원) ▸ 한국 출판콘텐츠의 강점을 활용한 시장 진출 및 국제교류 확대 (출판 원작 부가판권 및 다양한 출판 포맷 수출로 K-Book 해외 상품화 지원, 'K-에듀' 시장별 진출 확대 및 교육 서비스 동반 수출 활성화 지원, 한중일 간 동반성장을 위한 '출판교류 특별전', 수출 경쟁력이 높은 아동도서를 활용한 '국제아동도서전' 또는 그림책 시상제도 마련) ▸ 재외 한국문화원, 세종학당 등 핵심 거점 중심으로 현지 수요 맞춤형 K-Book 해외교류를 확대하고 해외 유관기관과의 협력 강화 ▸ 서울국제도서전의 B2B 기능을 강화하고 국내외 작가·번역가·출판사·대행사 간 유기적 교류 및 유관기관 협업으로 세계 출판교역의 중심 역할 ＊ 한국문학번역원(작가·번역가 참여 확대), 한국콘텐츠진흥원(IP거래) 협력 등
	통합적 출판 수출 지원체계 구축	▸ 중소출판사 수출지원을 위해 번역지원, 수출정보 지원, 네트워크 형성 등 컨설팅 제공, 수출의 징검다리 역할을 하는 에이전시 육성 지원 ▸ 적절한 정보의 적시 업데이트를 통해 이용자 접근성을 강화하고, 저작권 화상상담 등에 필요한 플랫폼 기능 개선

K-book의 가치가 해외로 더욱 알려지는 계기가 되었다. 현재는
계획 중에 있었던 국제아동도서전의 개최도 실행되었으며 출판산
업에서 해외 유관기관과의 협력이 강화되고 있는 것으로 보인다.

9   저자와 저작권 정책

1) 저자 지원 정책

한국 정부와 관련 기관들은 문학 및 출판 작가를 대상으로 다양
한 창작 지원 정책을 운영하고 있으며, 창작지원금부터 공간 및 매
체 운영 지원까지 포괄적인 지원을 제공하고 있으나, 예산 삭감으
로 일부 지원 정책에 변화가 존재한다.

정부의 저자 및 작가 지원 정책은 주로 문학 작가들의 창작 환
경을 개선하고 창작활동을 촉진하는 데 초점을 맞추고 있다. 대표
적으로 한국문화예술위원회에서는 활발하게 활동 중인 작가를 대
상으로 창작지원금(약 2천만 원)과 강연, 출판, 행사, 홍보 등 후속 활
동에 대한 지원을 제공한다. 지원 대상은 시, 소설, 동시, 동화, 수
필, 평론, 희곡 등 다양한 문학 분야 작가이며, 최근 10년 이내에 작
품집 발간, 주요 문학상 수상, 또는 단행본 출간 실적 등이 주요 선
정 기준이다. 또한, 문학 창작주체 단체를 위한 중장기 프로젝트 지
원과 문예지 발간, 창작공간 운영 경비 지원도 이루어지고 있다. 단
체 지원은 문학 분야 활동 경력과 공공 지원 수혜 이력 등을 기준으
로 선정되며, 매체 발간 지원은 호당 최대 400만 원, 창작공간은 최
대 1억 원까지 지원한다.

                    출판에 대하여

한국예술인복지재단에서는 신진 작가(등단 10년 이하, 미등단 포함)를 대상으로 대산창작기금을 통해 1천만 원의 창작 지원금을 지급하는 사업도 운영되고 있다. 아울러 신진 작가들을 위한 한국문화예술위원회의 별도 지원사업도 있으며, 예를 들어 등단 5년 미만 신진 작가에게 시·소설·동화 분야별로 120만~240만 원을 지원한다.

한국출판문화산업진흥원의 저자 지원정책은 주로 출판콘텐츠

〈표 4-40〉 저자 지원정책 현황

구분	세부 내용
전자책 제작 지원 사업	- 저자와 출판사를 대상으로 전자출판물(전자책) 제작을 지원하는 사업 - 전자책 제작 지원은 텍스트형 전자책 (PDF, EPUB2.0, EPUB3.0 등) 기준으로 지원
출판콘텐츠 기술개발 지원 사업	- 출판기술 분야 혁신과 출판산업 발전을 목표로 중소·중견 출판기업이나 단체가 참여 가능 - 신규과제: AI, 디지털, 오디오·전자책 등 혁신 기술개발 과제 발굴 (과제별 최대 2억 원) - 후속과제: 이전 연도 선정 과제의 고도화(과제별 최대 1억 원)
수출 지원 및 코디네이터 사업	- 국내 저자와 출판사의 해외 진출을 돕기 위해 수출 코디네이터를 모집해 현지 시장 정보 수집과 홍보활동을 지원하는 사업
대한민국 전자출판 대상	- 전자출판물 품질 향상 및 저자·출판사 격려를 위한 시상 사업으로, 출판물 선정을 통해 상금과 홍보 지원을 제공
중소출판사 도약부문 제작지원 사업	- 기획안 지원: 미완성 창작 기획안(한글, 미발간 종이책) 심사를 통해 선정, 기획장려금 지급 - 원고 지원: 90% 이상 완성된 미발간 창작 원고 심사·선정, 종이책 제작 지원금 지급.
세종도서 및 문학나눔 도서보급 사업	- 우수도서 선정 후 공급 지원
출판사 마케팅 자율 지원 사업	- 선정 출판사의 자율적 마케팅 활동에 대한 지원
우수출판콘텐츠 제작 지원	- 미발간 창작 원고 선정(140편), 편당 최대 900만 원

제작 및 기술개발을 중심으로 이루어지고 있다.

2) 저작권 정책

출판산업에서 저작권 정책은 저작물의 보호와 공정한 이용, 그리고 산업 발전을 균형 있게 추구하는 방향으로 진행되며, 디지털·글로벌 환경 변화에 맞춰 지속적으로 보완되고 있다. 〈저작권법〉 제1조를 보면 "이 법은 저작자의 권리와 이에 인접하는 권리를 보호하고 저작물의 공정한 이용을 도모함으로써 문화 및 관련 산업의 향상발전에 이바지함을 목적으로 한다."고 되어 있다. 〈저작권법〉의 핵심 목적은 저작자의 권리, 저작물의 공정 이용, 문화 및 산업 발전으로 볼 수 있다.

출판산업에서 〈저작권법〉의 핵심 목적을 살펴보면 첫째, 출판산업의 본질과 연계되어 있다. 출판산업은 저작물을 인쇄물, 문서 또는 도화의 형태로 복제·배포하는 것을 주요 활동으로 한다. 이에 따라 저작권법은 원저작자의 권리를 보호하는 동시에, 출판사가 저작물을 합리적으로 이용할 수 있는 범위를 제도적으로 규정함으로써 출판산업이 저작물을 안정적으로 활용할 수 있는 법적 토대를 마련한다. 여기서 얘기하는 출판사의 합리적 이용은 출판권 설정, 배타적발행권 설정 등으로 창작자와 출판사를 연결하는 중요한 출판계약이다. 현행 〈저작권법〉에서 말하는 출판권出版權이란 "저작물을 인쇄 그 밖의 이와 유사한 방법으로 문서 또는 도화로 발행할 수 있는 권리"라고 할 수 있다. 저작권법 제63조는 '출판권의 설정'에 관한 규정인데, 제1항에서 "저작물을 복제·배포할 권리를 가진 자는 그 저작물을 인쇄 그 밖에 이와 유사한 방법으로 문서 또는 도화

 출판에 대하여

개정 및 시행일	주요 내용
2019년 11월 26일 개정 (시행 2020. 5. 27. 법률 제16600호)	**1. AR/VR 등 신기술 관련 부수적 복제 합리화** 촬영, 녹음, 녹화 등에서 주된 대상에 부수적으로 저작물이 포함된 경우(예: 가상·증강현실 콘텐츠) 복제·배포·전시 등이 가능하도록 명문화(저작권 침해 면책 근거 마련). **2. 공공문화시설의 저작자불명저작물 활용 확대** 국가 및 지자체가 운영하는 문화시설이, 저작자 등을 알 수 없는 저작물을 조사 후 복제·배포·공연·공중송신할 수 있게 허용. **3. 외국인 저작물의 보상금 지급 사용 확대** 이전엔 국내 저작물만 대상이었으나, 외국인 저작물도 한국저작권위원회에 보상금 지급 후 이용 가능토록 변경
2020년 2월 4일 개정 (시행 2020. 8. 5. 법률 제16933호)	**1. 교과서 내 저작물의 온라인 활용 확대** 교과용 도서를 발행한 자가 교과서 목적 내에서 저작물을 복제·배포·공중송신할 수 있도록 규정(원격교육 등 대응). **2. 복제 제한 기기 확대** "공중 사용 복사기기"에서 "복사기기, 스캐너, 사진기 등"으로 사적복제 금지 기기 범위 확대. **3. 시험 목적 저작물 이용의 공중송신 허용** 학교, 각종 시험에서 복제·배포 뿐만 아니라 공중송신(온라인 시험 등)도 가능하도록 개정. **4. 저작권 분쟁 직권조정제 도입** 일정 조건에서 분쟁조정위원회가 당사자 거부에도 직권으로 조정 결정을 할 수 있도록 규정함
2023년~2024년	**1. 권리자 불명 저작물 신속 이용 강화** 권리자·거소 확인기간 1개월→20일 단축, 이용 편의성 제고 **2. 징벌적 손해배상 등 처벌 강화** 5년 이하 징역, 5천만 원 이하 벌금 등 형사처벌 규정 강화 **3. 공공저작물 자유이용 세부지침 강화** 공공기관 저작권 관리 절차 실무화
2025년 (시행 2025. 9. 26.)	**1. AI 창작물 및 학습데이터 대응 제도 도입** 인공지능(AI) 시대에 맞춰 저작권법이 개정되어, AI 학습 및 활용 데이터에 대한 목록공개 의무 등이 신설. AI 산출물 '표시의무'와 텍스트·데이터 마이닝(TDM) 면책 규정 등도 새롭게 추진되어, AI 시대의 저작권 체계가 크게 개편. 퍼블리시티권(초상·성명 등 인격 권리) 관련 별도 법률 제정도 논의 중이며, AI 기술로 인한 권리침해에 대한 대응 강화 **2. 미분배 보상금 공익사용 기준 5년 → 10년 연장** 기존에는 보상금 분배 공고 후 5년이 경과하면 사용하지 못한(미분배) 보상금을 공익목적으로 전환해 사용할 수 있었으나, 2025년 개정으로 10년 간 권리자에게 지급노력을 한 뒤에만 공익사용이 허용됨. 이는 저작자 권리자에 대한 보상금 분배 노력을 강화해 권리보호를 중시한 조치임.

로 발행하고자 하는 자에 대하여 이를 출판할 권리를 설정할 수 있다."고 규정하고 있으며, 제2항에서는 "제1항의 규정에 따라 출판권을 설정받은 자는 그 설정행위에서 정하는 바에 따라 그 출판권의 목적인 저작물을 원작 그대로 출판할 권리를 가진다."고 명시하고 있다. 둘째, 창작자의 권리와 의무의 균형이다. 출판사는 저작권자(저자)와의 계약을 통해 출판권이나 이용 허락을 확보하고, 저작물의 합법적 출판과 유통을 담당한다. 하지만 〈저작권법〉은 저작자의 권리만 일방적으로 보호하지 않고, 공정이용Fair use을 도모하여 출판사와 독자의 권익도 함께 고려한다. 셋째, 문화·산업의 발전 추구이다. 출판산업은 지식과 정보, 문화를 사회에 전파하는 역할을 하기 때문에 저작권법의 목적과 직접적으로 연결된다. 또한 출판사가 창작물을 자유롭고 정당하게 이용할 수 있도록 하여 문화산업의 성장을 촉진하게 된다.

〈저작권법〉은 생성형 인공지능AI, AR/VR, 팬데믹으로 인한 온라인 교육, 공공문화시설 활용, 저작자 불명 저작물 이용, 분쟁 조정 등 디지털 환경 및 사회적 요구에 맞춘 제도 개선이 지속되어 왔다. 특히 온라인 및 비대면 시대에 적합한 저작물 이용의 합리성 확대와 저작권자의 권익 보호를 균형 있게 반영하는 방향으로 개정이 이루어졌다.

최근에는 디지털·AI 기술 변화에 대응하는 방식으로 저작권 정책이 움직이고 있다. 생성형 AI 등 신기술에 맞는 저작권 제도 개선을 추진하고, AI 학습데이터 이용, AI 산출물의 저작권 판단 기준 마련 등 기존 저작권 제도의 보완 논의가 활발하게 진행되고 있다.

생성형 AI의 도입은 출판콘텐츠 제작 방식 전반에 구조적인 변

    출판에 대하여

화를 가져오고 있다. 기획 단계에서는 독자 데이터 분석과 콘텐츠 자동 생성이 활용되고, 집필 및 편집 과정에서는 초안 작성, 번역, 교정, 요약 등 다양한 작업에 AI가 관여하고 있다. 그러나 현행 저작권법은 인간 창작자를 중심으로 설계된 제도로, 이러한 제작 환경의 변화에 충분히 대응하지 못하고 있는 한계를 드러내고 있다. 특히 생성형 AI가 생성한 결과물의 법적 성격, 인간의 창작적 기여가 어느 수준에서 인정되는지에 대한 기준이 명확하지 않아 출판 현장에서는 법적 불확실성이 있는 상황이다. 출판 분야에서 생성형 AI와 저작권을 둘러싼 정책 쟁점은 크게 세 가지로 정리할 수 있다. 첫째, AI 창작물의 법적 지위와 저작권 귀속 문제이다. 둘째, 출판물이 생성형 AI 학습데이터로 활용될 경우 이에 대한 보상과 권리 보호 방식이다. 셋째, 생성형 AI 활용 과정에서 발생할 수 있는 저작권 침해에 대한 대응 체계 마련이다. 이러한 쟁점들은 출판산업의 지속가능성과 직결되는 사안으로, 정책적 논의가 빠르게 진행되고 있다.

앞으로 저작권 정책은 생성형 AI 및 디지털 환경에 최적화된 보호체계 구축을 중심으로 전개될 것으로 보인다. 구체적으로는 공공저작물과 교육저작물의 개방 확대, 자유이용 활성화 정책을 통한 이용자 접근성 제고, 저작자 권익 강화를 위한 보상 구조 개선, 분쟁 해결 및 신속 조정 제도의 정비, 피해구제 지원 강화 등이 주요 정책 방향으로 제시되고 있다. 이를 위해 정부와 출판업계는 제도 개선과 함께 협상력 강화, 창작자 보호를 위한 공동 대응 논의를 본격화하고 있으며, 국내외 판례와 정책 동향 역시 이러한 변화에 발맞추어 지속적으로 진화하고 있다.

(1) 생성형 인공지능과 저작권

AI·디지털 콘텐츠 관련 정책 개선은 최근 출판산업에서 가장 중요한 핵심 이슈로 부상하고 있다. 특히 생성형 AI의 활용 확산은 출판콘텐츠의 기획, 제작, 유통 전반에 걸쳐 근본적인 변화를 가져오며 산업 구조와 정책 환경에 중대한 영향을 미치고 있다. AI 기술 발전은 전통적인 출판프로세스인 기획, 편집, 디자인, 마케팅, 영업 등 여러 단계에서 효율성을 증가시키고 있다. 또한 생성형 AI는 콘텐츠 창작의 패러다임까지 바꾸고 있다. 기존에는 저자, 편집자, 독자가 각각의 역할을 맡았지만, 이제 AI가 이 과정에 적극적으로 개입하면서 창작 주체의 의미도 점점 확장되고 있다.

출판산업에서 AI 활용의 장점은 명확하다. 생성형 AI 활용을 통해 출판사는 비용을 줄이고, 생산성을 높일 수 있으며, 더 많은 사람들이 쉽게 창작에 참여할 수 있게 되었다. 특히 주문형 출판이나 자비 출판에는 생성형AI를 활용해 더 쉽고 더 빠르게 표지, 본문 등을 작업할 수 있게 되었다. 최소 비용으로 빠르게 다양한 도서를 제작할 수 있고, 제작비 절감 효과가 확인되는 것이다. 빠른 콘텐츠 기획 및 창작, 향상된 편집 프로세스 진행, 시장 예측과 분석을 통한 마케팅 방향 등 출판산업에서 AI 활용은 점점 가속화되고 있다.

하지만 이와 동시에, 출판산업에서 AI의 활용이 가져오는 문제점도 함께 고민해야 한다. 생성형 AI 활용에 있어 법적·윤리적 문제와 산업 보호를 중심으로 정책과 제도를 정비해야 하는 필요성이 요구된다. 출판산업에서는 AI 활용의 투명성, 저작권 보호, 윤리적 기준 마련을 위해 적극적으로 대응해야 하며, 정부 역시 관련 법·제도 정비와 이용자 보호 가이드라인 마련을 위한 노력이 필요하다.

<table>
<tr><td colspan="2" align="center">프레임워크</td><td></td><td align="center">핵심과제</td></tr>
<tr><td rowspan="2">콘텐츠·저작권</td><td>인공지능(AI) 시대 대응</td><td rowspan="4">➡</td><td rowspan="4">① AI 기술 대응 문화예술·콘텐츠산업 혁신
② AI 시대 저작권 체계 전면 개편
③ 문화예술·스포츠·관광 AX 지원
④ 공공 데이터 구축·활용·개방 체계 마련</td></tr>
<tr><td>제도 선진화</td></tr>
<tr><td>문화·예술</td><td rowspan="2">서비스 전환(AX)
데이터 활용 체계 구축</td></tr>
<tr><td>관광·스포츠</td></tr>
</table>

〈표 4-42〉 AI 저작권 체계 개편 핵심과제

출처: 문화강국 2035

AI 시대에 대응한 저작권정책 기본계획으로, 학습데이터의 적법한 활용, AI 산출물의 저작권 등록 및 보호 기준 마련, 거래 활성화, 창작자 권익 보호 등 다각도의 제도 개선을 추진하고 있다. 현재까지 저작권법 개정은 AI 결과물의 표시 의무, 학습 데이터 활용 규정, 저작권 등록 기준 등 실질적 쟁점에 대한 의견 수렴과 논의가 활발히 진행 중이며, 관련 안내서와 구체적 법안 내용을 진행 중에 있다.

대한민국의 향후 10년(2025~2035년) 문화정책 중장기 비전인 '문화한국 2035'에서는 인공지능AI 시대와 사회·경제적 변화에 대응하며, 한국을 세계 문화 중추 국가로 도약시키기 위한 전략과 실행 과제를 담고 있다. '문화 분야 인공지능 대전환'을 주요 과제로 설정해 AI 기술이 가져올 문화·예술·콘텐츠 산업의 변화에 대비한 혁신 정책을 추진한다. 6대 핵심과제 중 '문화 분야 인공지능 대전환AX: AI Transformation'에서는 AI 기반 창작유통 체계 구축, AI 저작권 체계 전면 개편, 디지털 문화자원 민간 공유 등의 내용을 담고 있다.

우선 저작권 보호와 창작자의 권리를 보장하는 방향으로 저작권 관련 법·제도를 개편한다. AI가 만든 저작물의 등록·활용·보호

기준 신설, 텍스트 및 데이터 마이닝TDM 면책 규정, AI 산출물 표시 의무, 학습데이터 공개 의무 등 저작권법 개정 추진, 창작자 권리 보호와 AI 산업 발전의 균형을 위한 제도 개선 등의 내용을 담고 있다. 구체적으로 'AI 저작물 등록 기준 개편'과 'AI 저작물 활용 방안 마련', 'AI 저작물 보호 기준 정립' 등을 추진한다. 또한 AI가 학습하는 데이터의 출처를 명확히 해 저작권 충돌을 사전에 방지하고, 원저작자에게 적절한 보상이 이뤄지도록 저작권 환경을 개선할 계획이다.

생성형 AI의 확산에 따라 관련 법·제도 및 가이드라인 마련이 신속하게 추진되고 있다. 특히 AI가 생성한 콘텐츠의 저작권 귀속 문제, 책임 소재, 공정 이용 범위 등을 중심으로 법률 개정과 정책 가이드라인 제정이 속도감 있게 진행되고 있다.

이러한 흐름 속에서 국회는 2024년 12월 〈인공지능 발전과 신뢰 기반 조성 등에 관한 기본법〉(이하 'AI 기본법')을 본회의에서 통과시켰다. AI 기본법은 AI 서비스 전반에 대한 책임 체계와 고위험 AI에 대한 통제 원칙을 명문화한 최초의 포괄적 기본법으로, 2026년 1월 22일부터 시행되어 향후 AI 산업 전반의 윤리성과 공정성을 담보하는 핵심 제도로 평가된다.

아울러 정부는 'AI 저작권 가이드라인'과 '생성형 인공지능 서비스 이용자 보호 가이드라인'을 잇달아 발표하며, 생성형 AI의 학습 과정과 산출물에 대한 저작권 해석 기준을 제시하고 서비스 이용 과정에서 발생할 수 있는 위험을 예방하고자 했다. 해당 가이드라인은 AI가 생성한 결과물이 저작물로 인정되기 위해서는 인간의 실질적인 창작 개입이 필요하다는 점을 명확히 하며, 무단 학습에 따른 보상 문제와 이용자 권익 보호 역시 함께 고려되어야 함을 강조하고 있다.

〈AI 기본법〉의 주요 내용을 살펴보면, 첫째, 규제대상으로 고영향 인공지능과 생성형 인공지능을 별도로 정의하고, 이를 개발하거나 이용하는 모든 인공지능사업자에게 공통적인 의무를 부과하는 방식으로 규제 대상을 설정하고 있다. 둘째, 규제범위로 오직 '국방 또는 국가안보 목적으로만 개발·이용되는 인공지능'에 대해서만 적용이 제외된다고 규정(제4조 제2항)하며 그 외 영역에서는 법이 적용되는 비교적 좁은 예외 범위를 갖고 있다. 셋째, 제재 방식으로 인공지능사업자가 법을 위반할 경우 최대 3,000만 원의 과태료를 부과하는 제재 규정을 두고 있으며, 기업의 규모나 위반의 정도에 따른 차등 부과 기준은 별도로 마련되어 있지 않고 있다. 그 외 제6조(인공지능 기본계획의 수립) 제2항제6호 인공지능기술의 발전 방향 및 그에 따른 교육·노동·경제·문화 등 사회 각 영역의 변화와 대응에 관한 사항이 있으며, 제7조(국가인공지능위원회) 구성, 제11조(인공지능정책센터) 지정, 제12조(인공지능안전연구소) 운영, 제14조(인공지능기술의 표준화) ① 정부는 인공지능기술, 제15조제1항에 따른 학습용데이터, 인공지능의 안전성·신뢰성 등과 관련된 표준화를 위하여 다음 각 호의 사업을 추진할 수 있다. 제26조에 근거하여(한국인공지능진흥협회의 설립)이 가능하다.

한편 2025년 2월 방송미디어통신위원회에서는 기존 콘텐츠를 활용해 유사 콘텐츠를 새로 만들어내는 '생성형 인공지능AI 서비스 이용자 보호 가이드 라인'을 발표했다. 이 가이드 라인은 생성형 인공지능 서비스 이용 과정에서 발생할 수 있는 피해 및 잠재적 위험들을 사전에 방지하여 안전하고 신뢰할 수 있는 생성형 인공지능 서비스 이용 환경을 마련함으로써 이용자의 권익을 보장하고, 생성형 인공지능의 올바른 사용으로 얻을 수 있는 혜택을 모든 사회구성원이 고루 누릴 수 있도록 하는 것을 목적으로 한다. 이때 생성형 인공지능 생태계 구성원의 책임감을 바탕으로 자율적인 참여를 통한 효과적인 이용자 보호 체계를 구축하는 것을 목적으로 하고 있다. 생성형 인공지능 기술의 급격한 발전이 일상생활에 혁신적 변화를 가져오고 있지만, 사회적으로 물의가 되는 첨단조작기술영상(딥페이크) 성범죄물, 차별·편향 등 부작용도 심각하게 대두되고 있어 이용자 안전 및 권리를 보호할 제도적 기반 마련 필요성이 지속적으로 제기된 것에 따른 것이다.

이 가이드라인은 텍스트, 오디오, 이미지 등 다양한 생성형 AI 서비스 이용 과정에서 발생할 수 있는 이용자 피해를 예방하기 위한 실천 방안을 제시한다. 주요 내용으로는 ▲인간 중심 ▲설명 가능성 확보 ▲안전한 작동 ▲공정성 등 4대 기본원칙, ▲이용자 인격권 보호 ▲AI 산출물임의 고지 ▲입력데이터 관리 ▲문제 해결 책임 등 6가지 실행방식을 제시하고 있다.

AI는 비용 절감과 생산성 향상, 창작 과정의 민주화 등 국내 출판산업에 다양한 긍정적 효과를 가져오고 있다. 그러나 이러한 변화와 함께 해결해야 할 과제 역시 분명하게 드러나고 있다. 대표적으로는 AI가 생성한 콘텐츠의 저작권 귀속 문제, 콘텐츠 품질 저하에 대한 우려, 오류나 왜곡된 정보에 대한 윤리적 책임 소재 등이 주요 쟁점으로 지적된다.

이러한 문제들은 향후 법적·제도적 논의를 통해 체계적으로 정

〈표 4-43〉 생성형 인공지능 서비스 이용자 보호 가이드라인 6가지 실행 방식

실행방식	내용
이용자 인격권 보호	인격권 침해 요소 발견·통제 알고리즘 구축 노력, 산출물 관리 책임 인지, 내부 점검(모니터링) 체계 및 이용자 신고 절차 방안 마련 등
결정 과정을 알리려는 노력	산출물이 인공지능으로 생성되었음을 고지, 생성형 인공지능의 결정 과정에 대한 정보 제공 등
다양성 존중 노력	차별·편향적 사용을 방지하기 위한 걸러내기(필터링) 등 기능적 장치 마련, 편향적 정보 생성 등 위험성에 대한 신고 절차 마련 등
입력데이터 수집·활용 과정에서의 관리	이용자의 입력데이터를 수집하고 학습에 활용하는 것에 대한 사전 동의 절차 마련, 기업 내 관련 책임자를 선정해 관리 등
문제 해결을 위한 책임과 참여	문제 해결을 위한 책임과 참여
건전한 유통·배포를 위한 노력	부적절한 콘텐츠를 생성하거나 공유하지 않도록 안내, 이용자의 입력과 산출물이 도덕적·윤리적 기준을 준수하는지 검토·관리 등

비될 필요가 있으며, 출판업계 차원의 실질적인 가이드라인 마련 역시 시급한 과제로 보인다. 특히 생성형 AI 활용이 확대될수록 책임 주체의 명확화와 신뢰성 확보를 위한 기준 설정이 중요해지고 있다.

한편 AI 관련 법제화는 과거에 비해 훨씬 빠른 속도로 진행되고 있으며, 향후 저작권, 개인정보 보호, 공정성 등 다양한 영역에서 후속 논의가 지속적으로 이어질 것으로 전망된다. 이러한 흐름 속에서 중요한 것은 생성형 AI를 인간의 창의성을 대체하는 존재가 아니라, 이를 보완하고 확장하는 협력자로 자리매김하도록 하는 정책적·산업적 방향 설정이다.

따라서 향후 출판산업은 인간과 AI의 역할을 명확히 구분하고 상호 조율하는 구조를 중심으로 발전해 나가야 할 것이다. 생성형 AI는 단순한 '편리한 도구'를 넘어 출판의 방식과 사고, 산업 생태계 전반을 근본적으로 변화시키는 새로운 패러다임이다. 이러한 변화에 출판계가 어떻게 대비하고 대응하느냐가 향후 산업 경쟁력을 좌우하는 핵심 요인이 될 것이다.

(2) 출판 분야 표준계약서

국내 출판산업에서 저작권과 관련하여 제기되는 주요 이슈는 '출판물 불법복제', '출판분야 표준계약서', '사적복제보상금 제도 도입', '공공대출권 제도 도입 및 대여권 확대' 등으로 살펴볼 수 있다. 이중 출판 분야 표준계약서를 살펴보면 다음과 같다.

출판산업은 불공정 계약 관행 해소와 창작자 권익 보호를 위해 지속적으로 표준계약서를 제·개정하고 있다. 그동안 출판산업에서 출판사와 저자의 계약 관행은 자체적으로 만든 계약서를 바탕으로 계약을 진행해왔다. 2013년 박근혜 대통령이 창조경제와 문화 융성의 대표적인 성공사례로 백희나 작가의 〈구름빵〉이 언급되었고, 이후 백희나 작가의 계약 사례는 '구름빵 사건'으로 창작자와 출판사 간의 저작권 계약, 권리 귀속, 수익 배분 문제를 사회적으로 공론화시킨 계기가 되었다. 주요 핵심 쟁점은 저작재산권 양도의 정당성, 공정한 수익 배분, 출판사 우위 계약 관행, 계약 시 인식 부족 등으로 살펴볼 수 있다. 이 사건으로 출판업계 전반에 표준계약서 도입, 저작권 인식 개선, 공정한 계약 문화 형성 등 제도적 변화를 유도하게 되었다.

이른바 '구름빵 사건' 이후, 문화체육관광부는 2014년 6월 12일 출판 분야의 공정한 계약 관행 정착을 목적으로 출판 분야 표준계약서 7종을 제정·발표하였다. 이후 출판 환경의 변화와 제도 보완

　　　　　　　　　　　　　　　　　　출판에 대하여

필요성이 제기됨에 따라, 2018년 7월 30일 일부 개정을 추진하였다.

개정된 표준계약서를 '문화체육관광부 분야별 표준계약서'에 포함하여 고시하는 방안이 검토되었으나, 출판계 전반에서 제기된 강한 반대 의견으로 인해 2018년 9월 18일 고시에서는 출판 분야 표준계약서가 제외되는 결과를 낳았다.

이후 전자출판, 오디오북 등 디지털 출판 분야의 확대와 시장 환경 변화가 본격화됨에 따라, 문화체육관광부는 이러한 현실을 반영하여 2021년 출판 분야 표준계약서를 제·개정하였다. 이는 기존의 종이책 중심 계약 구조를 넘어, 디지털콘텐츠의 유통과 활용을 포괄하려는 제도적 보완이라는 점에서 의미를 가진다.

문화체육관광부의 출판 분야 표준계약서 제·개정 및 고시 추진과 관련한 주요 경과는 다음과 같다.

출판 분야 표준계약서는 출판문화산업의 공정한 거래 질서 확립과 창작자 권익 보호를 목적으로 도입되어, 산업 환경 변화에 따라 지속적으로 개정·보완되어 왔다. 특히 디지털 기술의 발전과 콘텐츠 유통 구조의 변화는 기존 계약 체계의 한계를 드러내며, 표준계약서의 재개정을 요구하는 주요 요인으로 작용해 왔다.

2014년 제정된 출판 분야 표준계약서는 문화체육관광부가 출판 관련 주요 단체들과 협의하여 마련한 것으로, 총 7종의 표준계약서로 구성되었다. 이는 작가와 출판사 간의 계약 관계를 보다 명확히 하고, 관행적으로 이루어지던 불공정 계약을 개선하기 위한 제도적 장치였다. 계약 유형을 세분화함으로써 계약 당사자의 선택권을 강화하고, 저작권의 이전 범위와 이용 기간을 명확히 규정하여 매절계약의 폐해를 완화하는 데 중점을 두었다. 이러한 2014년

<표 4-44> 문체부 출판 표준계약서의 제·개정과 고시 제정 관련 주요 경과[134]

일시	구분	세부 내용
2014.6.12.	출판 분야 표준계약서 제정	문체부, 출판 분야 표준계약서 7종을 제정, 발표함. ① 출판권설정계약서 ② 단순출판허락계약서 ③ 독점출판허락계약서 ④ 배타적발행권 설정 계약서 ⑤ 출판권 및 배타적발행권 설정계약서 ⑥ 저작재산권 양도계약서 ⑦ 저작물 이용허락계약서(해외용)
2018.7.23.	표준계약서 고시 제정안 행정예고	문체부, 출판 분야 7종을 포함하여 표준계약서 고시 제정안을 행정예고. [내용은 2018.7.30.에 개정한 것과 동일함]
2018.7.30.	출판 분야 표준계약서 개정 발표	문체부, '문화예술계 성희롱·성폭력 특별조사단' 운영 결과를 반영하여 2014년에 제정한 출판 분야 표준계약서 7종 중 5종을 개정함. – 개정 계약서(5종): 출판권설정계약서, 단순출판허락계약서, 　독점출판허락계약서, 배타적발행권 설정계약서, 출판권 및 배타적 　발행권 설정계약서 – 개정 내용: 성범죄 발생 시 그 상대방에게 계약해지 권리를 부여. 　계약서의 갑·을 표현 삭제, 계약당사자의 주민등록번호를 　생년월일로 변경
2018.8.10.	대한출판문화협회, 표준계약서 고시 제정 관련 반대 의사 표명	〈반대 이유〉 ① 사적자치의 원칙, 계약 자유의 원칙이 기본 ② 30년 이상의 역사를 지닌 표준 출판계약서가 이미 존재 ③ 문체부 표준계약서의 이용률이 상대적으로 낮음 ④ 내용과 표현의 오류가 있음 ⑤ 제정 과정에서 연구와 공론화 과정 미흡 ⑥ 부차권 등 출판계가 원하는 조항의 부재(不在) ⑦ 불완전하고 문제 있는 문체부 표준계약서가 강제로 요구되는 　부작용 등
2018.9.18.	표준 계약서 고시에서 제외	행정예고한 고시 제정안에 대하여 출판단체가 반대의견을 제시함에 따라, 문체부에서는 일단 표준계약서 고시에서 제외함.
2021.2.22.	출판 분야 표준계약서 제·개정안 고시	문체부, 출판 분야 표준계약서 10종을 제개정, 발표함. ① 출판권 설정계약서 ② 전자출판 배타적발행권 설정계약서 ③ 전자출판 배타적발행권 및 출판권 설정계약서 ④ 저작재산권 양도계약서 ⑤ 저작물 이용계약서(국내용) ⑥ 저작물 이용계약서(해외용) ⑦ 오디오북 배타적발행권 설정계약서 ⑧ 오디오북 유통 계약서 ⑨ 오디오북 제작 계약서 ⑩ 오디오북 저작인접권 이용허락 계약서
2025.3.20.	웹소설 분야 표준계약서 고시	① 웹소설 출판권 설정계약서 ② 웹소설 전자출판 배타적발행권 설정계약서 ③ 웹소설 연재 계약서

[134] 한국출판문화산업진흥원, 〈디지털 시대의 출판 저작권 보호를 위한 법제 개선방안 연구〉,
2019. 한국출판문화산업진흥원, 〈출판 분야 표준계약서 개선안 연구〉, 2020.

　　　　　　　　　　　　　　　　　　　　　　　출판에 대하여

표준계약서는 종이책 중심의 출판 환경에서 최소한의 공정 기준을 제시했다는 점에서 중요한 출발점으로 평가된다.

그러나 이후 출판산업은 전자책, 오디오북, 웹콘텐츠 등 디지털 기반 콘텐츠의 확산과 함께 급격한 변화를 겪었고, 기존 표준계약서 체계만으로는 새로운 계약 관계를 충분히 반영하기 어렵다는 한계가 제기되었다. 특히 디지털콘텐츠의 경우 이용 방식이 복합적이고, 2차적 및 파생적 활용 가능성이 높아지면서 권리 귀속과 이용 범위를 둘러싼 분쟁이 빈번하게 발생했다. 이러한 변화는 표준계약서의 전면적인 재검토와 제·개정을 요구하는 배경이 되었다.

이에 따라 2021년 출판 분야 표준계약서는 개정을 거쳐 기존 7종에서 10종으로 확대되었다. 새롭게 제정된 표준계약서는 오디오북 배타적발행권 설정계약서, 오디오북 유통 계약서, 오디오북 제작 계약서, 오디오북 저작인접권 이용허락 계약서 등이다. 오디오북 관련 표준계약서는 디지털 출판 환경에 대응한 핵심 제도 중 하나로 평가된다. 해당 표준계약서는 오디오북의 발행권 설정 범위, 기간, 대가 지급 방식 등을 구체적으로 명시함으로써, 오디오북을 독립적인 출판콘텐츠로 제도화하는 역할을 수행한다. 이는 단순히 새로운 계약서를 추가한 차원을 넘어, 오디오북을 전자출판 산업의 핵심 영역으로 인정하고 안정적인 산업 생태계를 구축하기 위한 제도적 장치로 이해할 수 있다.

이번 제·개정된 출판 분야 표준계약서는 변화하는 시장 환경에 대응하고, 창작자와 출판사 간 권익의 균형을 보다 정교하게 조정하는 데 목표를 두었다. 전자출판, 디지털콘텐츠 유통 등 새로운 계약 유형을 포괄함으로써, 기존 종이책 중심 계약 체계를 디지털 출판 전반으로 확장하였다는 점에서 의의가 크다. 또한 출판산업의 실제 요구와 법·제도 변화, 현장에서 발생한 분쟁 사례를 반영하여 계약 조항의 현실성과 실효성을 높였다.

특히 주목할 부분은 그동안 출판계에서 지속적으로 논란이 되어 왔던 '2차적 저작물'에 대한 규정이 보다 구체화되었다는 점이다. 2차적 저작물 작성권의 귀속 주체, 양수 방식, 이용 범위 등을 명시함으로써, 계약 당사자 간 해석 차이로 인한 분쟁 가능성을 줄이고자 했다. 이는 콘텐츠의 다중 활용이 일반화된 환경에서 권리 관계를 사전에 명확히 설정하려는 제도적 노력으로 볼 수 있다.

출판 분야 표준계약서 제·개정은 단순한 계약서 수의 확대나 조항 수정에 그치지 않는다. 이는 출판산업이 종이책 중심의 단일 매체 산업에서, 다양한 형태의 콘텐츠가 유기적으로 결합되는 복합 콘텐츠 산업으로 전환되고 있음을 제도적으로 반영한 결과라 할 수 있다. 표준계약서는 이러한 변화 속에서 최소한의 공정 기준을 제시하고, 계약 당사자 간 힘의 불균형을 완화하며, 산업 전반의 신뢰를 구축하는 핵심 장치로 기능한다.

종합하면, 출판 분야 표준계약서의 재개정은 급변하는 콘텐츠 시장 환경에 대응하여 계약 질서를 재정립하려는 정책적 시도로 이해할 수 있다. 향후에도 출판산업과 콘텐츠 산업 전반이 변화가 지속되는 만큼, 표준계약서 역시 고정된 제도가 아니라 산업 현실을 반영해 지속적으로 점검·개선되어야 할 필요성이 있다. 이는 공정한 출판 생태계 조성과 지속 가능한 산업 발전을 위한 필수적인 제도적 기반이라 할 것이다.

   출판에 대하여

1) 독서정책 개념

디지털화와 융·복합화로 대변되는 미디어 환경의 변화는 다양한 미디어 소비생태의 변화를 초래하고 있다. 독서를 정책의 목적과 내용으로 하면서 독서활동을 정책수단으로 삼고 있는 것은 국민독서진흥정책이다.

우리나라는 그동안 일부 독서관련 기관·단체와 지자체 등이 독서운동을 주도적으로 추진해 오면서 부분적으로는 다양한 성과를 거두고 있으나, 독서에 대한 지자체별 관심과 재정 형편의 차이, 독서운동을 주도하는 민간단체의 재정적·행정적 역량의 한계 등으로 인해 사회 전체적으로는 바람직한 성과를 만들어 내지 못하고 있다.[135]

독서진흥정책을 다루고 있는 정부 부처 중에서 문화체육관광부는 독서문화진흥정책과 도서관 정책을 주관하였고, 교육부는 학교도서관 정책과 독서교육·동아리 중심의 정책을 주관하고 있다. 국가 차원의 독서진흥정책 마련 필요성에 따라 2007년 4월 〈독서문화진흥법〉 제정·시행(1994년 3월 제정한 〈도서관 및 독서진흥법〉에서 분법화 시행)되었다.

또한 학교도서관의 중요성을 인식하여 교육과학기술부가 2003년부터 추진한 학교도서관 활성화 종합방안(① 학교도서관 기본시설

---

135 김주환·이순영, 〈학교 독서정책의 핵심 쟁점과 과제〉, 「독서연구」 제31호, 한국독서학회, 2014, 46쪽.

〈표 4-45〉 독서정책 관련 기본계획

연도	독서정책 기본계획	비전	전략 및 중점과제
2009 ~ 2013	독서문화진흥 기본계획(1차)	독서의 생활화로 국민 행복지수 제고 및 국가 지식경쟁력 강화	▸ 독서환경 조성 ▸ 독서의 생활화를 위한 사업 추진 ▸ 독서운동 전개 ▸ 소외계층 독서활동 지원
	도서관발전 종합계획(1차)	선진 일류국가를 선도하는 도서관	▸ 도서관 서비스의 선진화로 국민의 삶의 질 향상 ▸ 도서관·정보 인프라의 고도화로 국가 지식경쟁력 강화 ▸ 유비쿼터스 환경에 따른 미래형 도서관 구현
2014 ~ 2018	독서문화진흥 기본계획(2차)	책으로 여는 행복한 대한민국	▸ 사회적 독서 진흥기반 조성 ▸ 생활 속 독서문화 정착 ▸ 책 읽는 즐거움의 확산 ▸ 함께하는 독서복지 구현
	도서관발전 종합계획(2차)	행복한 삶과 미래를 창조하는 도서관	▸ 보편적 도서관서비스 ▸ 전문 지식정보서비스 ▸ 미래형 도서관 인프라
2019 ~ 2023	독서문화진흥 기본계획(3차)	사람과 사회의 변화를 이끄는 독서	▸ 사회적 독서 활성화 ▸ 독서의 가치 공유 확산 ▸ 포용적 독서복지 실현 ▸ 미래 독서생태계 조성
	도서관발전 종합계획(3차)	우리 삶을 바꾸는 도서관	▸ 개인의 가능성을 발견하는 도서관 ▸ 공동체의 역량을 키우는 도서관 ▸ 사회적 포용을 실천하는 도서관 ▸ 미래를 여는 도서관 혁신
	학교도서관 진흥 기본계획(3차)	모두가 참여하고 소통하는 포용의 공간 학교도서관	▸ 학교도서관의 질적 변화를 통한 교육과정 지원 ▸ 학습 지원 및 공유를 위한 학교도서관 범위 혁신 ▸ 양질의 독서교육서비스 제공을 위한 학교도서관 인프라 확충 ▸ 학교도서관 진흥을 위한 지원체계 개선
2024 ~ 2028	독서문화진흥 기본계획(4차)	독서의 저변 확대	▸ 독서 가치 공유 및 독자 확대 ▸ 독서습관 형성 지원 ▸ 독서문화 환경개선 ▸ 독서문화 진흥 기반 고도화
	도서관발전 종합계획(4차)	모두가 행복한 도서관	▸ 누구나 자유로운 이용, 모두의 도서관 ▸ 공동체 협력, 연대·협력 플랫폼 ▸ 국가 경쟁력 강화, K-지식자원 보고 ▸ 미래를 위한 준비, 도서관 혁신
	학교도서관 진흥 기본계획(4차)	활기찬 학교도서관, 함께 성장하는 학교	▸ 교수·학습 혁신을 지원하는 학교도서관 ▸ 학생의 배움과 성장을 지원하는 독서교육 ▸ 질적 도약을 위한 정책 기반 강화

및 장서 확충 ② 도서관 활용 프로그램 강화 ③ 전담 관리인력배치 및 전문성 제고 ④ 학교도서관 지원 민간협력체제 구축)은 학교도서관을 양적으로 발전시키는데 공헌한다. 사업의 추진과 더불어 학교도서관을 지식 기반사회에 적합한 창의적이고 자율적인 인재양성을 위한 자기주도적 핵심시설로 발전시키기 위한 행정적 재정적 지원체계를 마련하고자 2004년에 학교도서관진흥법안이 제안되고 2007년에 〈학교도서관진흥법〉이 제정되었다.

2) 독서육성 정책

〈표 4-46〉에서 보는 바와 같이 제1차 출판·인쇄문화산업 진흥 발전계획(2003~2007년)의 8대 주요 정책과제로 출판산업 인프라 구축, 양서출판 기반 조성 및 전문인력 양성 지원, 전자출판 시장의 세계 주도국 지위 확보, 인쇄문화산업 진흥, 출판유통현대화 기반 조성과 유통질서 확립, 출판산업의 국제경쟁력 강화, 지방 출판문화 육성, 남북출판교류 활성화였다. 파주출판문화산업단지 조성과 출판아카데미 운영, 인쇄역사문화관 조성, 출판문화국제교류센터(가칭) 설립, 지역출판 산업 육성과 서점의 현대화, 남북출판교류 활성화를 강조했다. 즉 독서정책에 관한 내용은 전혀 없었던 기간이다.

제2차 출판·인쇄문화산업진흥 계획의 중점 추진과제는 출판지식 국가경쟁력의 체계적 관리, 출판지식 생산력 강화, 출판지식 유통구조 혁신, 디지털출판 활성화 기반 구축, 국민의 '독서권' 보장과 독서환경 조성, 출판지식의 글로벌 경쟁력 강화, 출판지식 전문인력 양성, 출판문화 균형발전, 출판지식산업 진흥기구 설립, 출판진흥 관련 법령 및 제도 정비를 10대 과제로 제시했다. 출판지식 생

〈표 4-46〉 제1~5차 출판문화산업진흥 계획 중 독서 육성 관련 추진과제

전략	중점 추진과제	세부 추진과제
제1차 출판·인쇄문화산업진흥 발전계획(2003~2007년) [발표일: 2003.5.21. / 비전: 지식문화 강국 실현]		
제2차 출판·인쇄문화산업진흥 계획(2007~2011년) [별칭: 지식강국의 성장동력 출판지식산업 육성방안 / 발표일: 2007.4.4. / 비전: 책으로 만드는 글로벌 지식문화강국 – 국민이 참여하는 새로운 문예부흥의 시작]		
1. 출판지식 국가경쟁력의 체계적 관리	1-1. 대국민 원스톱 독서 정보시스템 구축	▶ 각종 추천도서 목록, 독자 대상별·상황별 독서정보, 문학상 및 출판관련 수상도서 목록, 베스트셀러 정보, 서 평 DB 등 구축
2. 출판지식 생산력 강화	2-1. 책 쓰기 운동 전개	▶ 국민의 기초 지력 증진과 저작 저변 확충을 위한 각계 각층의 책 쓰기 캠페인 전개 ▶ 각 분야에서 10년 이상 근무한 직무전문가와 퇴직자, 고령자 등 사회인 대상의 1인 1책 쓰기 운동 전개 및 지원(고령화 사회 대응)
5. 국민의 '독서권' 보장과 독서환경 조성	5-1. 국민 '독서권' 개념 도입과 독서문화진흥 정책체계 확립	▶ 지식기반사회, 평생학습사회, 문화복지사회에서 국민이 향유해야 할 새로운 권리 개념 도입 검토 ▶ '독서문화진흥법' 시행('07.4월)에 따른 독서진흥정책 추진체계 구축
	5-2. 책 읽는 사회 조성	▶ '책 읽는 정부' 및 지방자치단체의 독서 지원사업 활성화 ▶ 학교의 독서·토론교육 강화(교육부 협조) 및 직장의 독서진흥 유도
	5-3. 국민 독서진흥 프로그램 개발·운영	▶ 독서문화 진흥을 위한 브랜드 개발 및 독서 캠페인 전개 ▶ 독서활동 활성화를 위한 다양한 프로그램 개발 및 운영 지원 ▶ 독서 아카데미 운영을 통한 독서 및 독서교육 방법론 개발 보급
	5-4. 방송매체의 독서진흥 역할 강화 검토	▶ 방송의 책·도서관·독서 프로그램 편성 비율 확대 (방송법 개정)
제3차 출판문화산업 진흥 5개년 계획(2012~2016년) [발표일: 2012.9.26. / 비전: 글로벌 출판문화 강국 도약]		
1. 출판수요 창출 및 유통 선진화	1-1. 국민의 도서 수요 증대 지원	▶ 도서구입비에 대한 세제 혜택 추진 ▶ 청소년 대상 '북토큰' 제도 신설 추진
	1-3. 대중매체의 책 정보 제공 확대	▶ 다양한 TV 책읽기 프로그램 제작·지원 ▶ 책 정보 제공 우수 매체 선정·표창 ▶ 방송을 통한 독서프로그램 확대 추진

출판에 대하여

<table>
<tr><td colspan="3">제4차 출판문화산업진흥 기본계획(2017~2021년)
[발표일: 2017.2.16. / 비전: 책으로 도약하는 문화강국 실현]</td></tr>
<tr><td>3.
출판콘텐츠
수요창출</td><td>3-5. 독서 인프라 구축과
독서문화 확산</td><td>▸ 독서 포털사이트 활성화
▸ 방송 등 대중매체 책정보 프로그램 편성 의무화 추진
▸ Book MCN(Book Multi Channel Network) 사업을 통한 독서인구 확대
▸ 독서 공익광고의 방송 제작·시행
▸ 소셜미디어 독서 캠페인 공모전 시행
▸ '전자책 읽는 지하철 (eReading Subway)' 서비스 사업</td></tr>
<tr><td colspan="3">제5차 출판문화산업진흥 기본계획(2022~2026년)
[발표일: 2023.4.5. / 비전: 책으로 만드는 케이컬쳐, 출판으로 성장하는 문화매력국가]</td></tr>
<tr><td rowspan="2">1.
모두를 위한 책</td><td>1-1. 다양한
수요에 대한 대응</td><td>▸ 다양성 도서 출간 지원
▸ 북큐레이션 활성화
▸ 주문형 출판시장(POD) 육성</td></tr>
<tr><td>1-2. 공공수요 확대</td><td>▸ 미래 세대를 위한 수요 개발
▸ 지역 생활권 내 도서구입 확대</td></tr>
</table>

산력 강화에서 '책 쓰기 운동 전개'로 각 분야에서 10년 이상 근무한 직무전문가와 퇴직자, 고령자 등 사회인 대상의 1인 1책 쓰기 운동 전개 및 지원을 제시했다. 아울러 학계, 교육계 등 전문분야 저작자를 위한 제도 개선으로 지식생산 장려 차원에서 학교·기업·공공기관 종사자의 관련 분야 저술에 고과평점 가산을 부여하는 안을 제안했다. 디지털출판 활성화 기반 구축 과제에서 '출판·독서 전문 인터넷 방송 운영 지원'으로 출판 분야별 고전 명작과 신간 등 다양한 분야의 도서를 청취할 수 있는 인터넷 기반의 출판·독서 전문방송 채널 운영 지원하고자 했다. 가장 핵심은 국민의 '독서권' 보장과 독서환경 조성 과제로 "국민 '독서권' 개념 도입과 독서문화진흥 정책체계 확립"을 위해 지식기반사회, 평생학습사회, 문화복지사회에서 국민이 향유해야 할 새로운 권리 개념 도입 검토와 교육·출판·언론 등 독서진흥 관련 전문가가 참여하는 '독서진흥위원회' 등

정책네트워크 구축을 제시했으며, 교육부 협조를 통해 '책 읽는 사회 조성'으로 '책 읽는 정부' 및 지방자치단체의 독서 지원사업 활성화와 학교의 독서·토론 교육 강화 및 직장의 독서진흥 유도하고자 했다. '국민 독서진흥 프로그램 개발·운영'으로 독서문화 진흥을 위한 브랜드 개발 및 독서 캠페인 전개와 독서활동 활성화를 위한 다양한 프로그램 개발 및 운영 지원, 독서 아카데미 운영을 통한 독서 및 독서교육 방법론 개발 보급을 제안했다. 마지막으로 '방송매체의 독서진흥 역할 강화 검토'로 〈방송법〉 개정을 통해서라도 방송의 책·도서관·독서 프로그램 편성 비율 확대를 제시했다.

제3차 출판문화산업 진흥계획의 중점 추진과제는 출판수요 창출 및 유통 선진화, 우수 출판콘텐츠 제작 활성화, 전자출판 및 신성장 동력 육성, 글로벌 '출판한류' 확산, 출판문화산업 지속성장 인프라 구축을 내세웠다. 독서라고 직접적으로 표현하기는 그렇지만 '대중매체의 책 정보 제공 확대' 과제는 국민의 일상생활과 인식에 큰 영향력을 끼치는 대중매체에서 다양한 책 정보가 활발히 소개되도록 함으로써 국민의 독서 생활화 및 출판시장 확대에 기여할 수 있다고 판단, 연예인 등 유명인사 출연 프로그램, 전 가족 참여 '책 퀴즈 프로그램', 대학생 독서토론회 등 제작지원, 방송(텔레비전·라디오·인터넷), 신문(무가지·인터넷 포함), 잡지 등 대중매체 대상으로 책 소개 우수 매체를 '책의 날'에 표창, 지상파 방송 등에 일정비율 이상의 독서관련 프로그램 반영 추진 및 인터넷 방송 등의 출판(독서)관련 프로그램 영상 DB화 등 보존·활용 지원하고자 했다.

제4차 출판문화산업 진흥계획의 중점 추진과제는 지속성장 기반마련, 출판유통선진화, 출판콘텐츠 투자 활성화, 출판콘텐츠 수요확대를 내세웠으며, 독서관련 정책으로는 '전자책, MCN 등을 활용한 청년층 출판수요 확대'로 '전자책 읽는 지하철eReading Subway' 서비스 사업 추진'을 제안했다. 서울시 및 수도권 지하철을 대상으로 QR코드, 근거리통신기술NF/Beacon 이용 지하철 모바일 전자책 서비스 실시 및 무료 전자책 및 체험판(미리보기) 전자책 제공 및 대출 서비스를 제시했다. '독서 활성화 사이트 및 플랫폼 운영' 확대로 '독서인' 사이트(http://read-kpipa.or.kr)의 기능 확대 개편, '서점에서 만나는 작가' 플랫폼 운영, 출판정보 플랫폼 구축을 통한 콘텐츠 마케팅 지원을 다루었으며, 첫째, 독서분야 휴먼 큐레이션Human Curation 활성화 지원은 출판콘텐츠 전문가들의 경험과 통찰을 바탕으로 독자가 희망하는 도서를 추천하는 '휴먼 큐레이션'의 활성화 지원과 기존의 '알고리즘'에 따라 기계적으로 도서를 추천하는 방식은 수요자 개개인의 특성을 반영하기 어려워 추천 결과의 만족도에 한계를 보완한다. 둘째는 국민 참여형 북콘서트 개최로 청소년 대상 북콘서트 개최를 통해 청소년의 출판문화 향유 기회 마련을 통해 미래 출판수요 창출하고 도서관열차 북콘서트 개최를 통해 경의중앙선(문산역-용문역)에 상시 운행 중인 '독서바람열차'에 '북콘서트', '책과 음악이 흐르는 열차' 등의 출판수요 창출 독서 프로그램 운영이다.

마지막으로 독서문화진흥 기본계획에 따른 독서진흥운동 추진으로 첫째, 지역 독서공동체 조성으로 공공도서관 및 작은도서관의 지속적 확충, 지역 특성에 맞는 독서공간 및 도서대출 시설 등의 확대, 둘째, 인문독서예술캠프 운영으로 각 지역을 기반으로 하는 지역 기획자, 독서·인문 활동가 등 다양한 지역 구성원 참여, 지역별 공간 및 문화적 특성을 살린 프로그램 기획, 셋째, 소외계층 독서활동 지원 및 병영독서 활성화 지원으로 전국교정시설 및 소년보호시설 대상 독서(치료)전문가 등 전문강사를 파견하여 재소자 및 보호소년 대상의 독서프로그램 제공, 넷째, 독서경영 우수 직장인증제 실시는 기존 사업으로 직장 내 독서활동의 적극 장려 및 지속적인 독서경영 유도하는 것이다.

제5차 출판문화산업 진흥계획 중점 추진과제는 모두를 위한 책, 어디에나 있는 책, 미래를 향한 책, 책을 위한 정책 거버넌스이다. 첫째, 다양성 도서 출간 지원으로 큰글씨 사용, 고령층 주요 관심사 반영 등 고령층 수요 맞춤형 도서의 발간 및 보급 확대를 위한 민간 시장 활성화 지원과 다문화 가정의 독서 사각지대 해소를 위해 다문화 주요 국가와 쌍방향 언어 번역 출간 협약 추진 및 다문화 가정지원센터와 협력하여 다문화 가정 특수성을 고려한 독서프로그램 운영 지원, 저렴하고 휴대하기 편한 문고본 활성화를 위해 접근성 높은 시설에 문고본을 비치, 손쉽게 읽을 수 있도록 하는 등 일상 속 발견성 제고를 강조했으며, 텀블러 사용하기, 조깅을 하며 쓰레기를 줍는 '플로깅plogging' 등 환경보호를 실천하려는 인식이 높아지는 가운데 재활용 용지, 친환경 인쇄, 날개 없는 표지 등 특징을 갖는 ESG 가치 실현 도서 확산 지원을 제시했다. 둘째, 북큐레이션 활성화로 다양한 독자 취향에 부응하는 도서 추천 기능 강화를 위해 '독서 IN'을 대표 독서 플랫폼으로 개편하고, 이를 지역서점 플랫폼인 '서점ON'과 연계하여 지역서점 구매 독려와 개별 독자의 요청에 맞추어 도서를 추천해주는 '북 큐레이터' 양성이 필요하며, 셋째, 주문형 출판시장POD 육성으로 절판본의 구매 수요 보전,

　　　　　　　　　　　　　　　　　　　출판에 대하여

독자의 다양한 수요 맞춤형 소량출판 활성화를 위한 주문형 출판 POD: Print on Demand 시스템 구축을 통해 반품 부담 해소, 재고 보관 비용 최소화 등 생산 효율화 추구하고자 했다. 넷째, 미래 세대를 위한 수요 개발로 책을 읽고 생각을 나누는 '한 학기 한 권 읽기,' '독서캠프' 등 학생들의 능동적인 독서 참여 프로그램 기획 지원 등 교육부와 협력 강화와 청소년 도서교환권 '북토큰'의 정책 대상을 단계적으로 확대하여 전체 학생을 위한 보편적 독서 활성화 사업으로 방향 전환 검토가 필요하며, 다섯째, 지역 생활권 내 도서구입 확대로 독서활동 참여를 희망하는 기관(사기업, 공공기관 등)과 생활권 내 인근 문화활동이 활발한 지역서점 매칭 지원을 통해 지역 생활권내 기관 간 상호 협력 기반의 독서활동 활성화를 강조했다.

마치며

　새로운 미래 출판정책은 "사람 중심 책 생태계의 혁신과 확장"이다. 디지털 경제가 확대되는 오늘날 출판산업의 지속가능성은 여러 측면에서 위협받고 있다. 지금 가장 필요한 것은 책 생태계 이해관계자들이 미래 환경 변화 속에서 지속가능한 성장을 이룰 수 있도록 건강한 산업 생태계를 조성하도록 노력해야 한다.

　미래 출판정책은 책 생태계의 육성을 위한 정부의 역할에 비중을 둘 필요가 있다. 출판 기업은 책을 통해 지식문화의 생산과 유통에 기여한다. 책을 중심으로 구성된 지식문화 생태계의 활력은 바로 책의 생산과 유통에 기여하는 주체들의 지속가능한 활동에 달려 있다. 이를 위해 필요한 것은 책 생태계의 혁신과 확장이다. 출판산업의 혁신을 저해하던 관행 및 인프라 부족 등의 문제를 해결하고, 새로운 혁신적 시도들을 후원하며, 이를 통해 출판의 영역을 확장해나가야 한다. 출판 기업이 변화한 디지털 환경에서도 출판콘텐츠라는 원천을 토대로 다양한 방식의 사회적 기회를 발견하고, 성장을 이어 갈 수 있어야 할 것이다. 정부의 역할은 바로 이러한 기회가 이어질 수 있는 토대를 만드는 일이 되어야 한다.

　이러한 혁신과 확장을 위해서는 무엇보다 책 생태계에 참여하는 사람이 중요하다. 미래산업을 이끌어 갈 우수한 인재들이 지속적으로 유입되고, 이들이 일하기 좋은 환경이 구축되어야 한다. 또한 인간의 창의성과 문화적 역량이 중요해지는 미래사회에서 책을 통해 지식과 역량을 습득하는 사람들이 늘어날 수 있도록 노력을

　　　　　　　　　　　　　　　출판에 대하여

기울여야 한다.

출판의 경계 확장과 사람 중심 출판문화 진흥, 출판유통의 혁신을 통한 새로운 가치 창출, 독자 개발을 위한 책문화 확산을 중심 방향으로 잡아야 한다. 특히 독서 인구 감소에 대응하고, 디지털 전환을 촉진하며, K-book 해외시장 진출을 확대해야 한다.

첫째, 규제기능의 최소화이다. 대표적으로 불안정하게 운영되고 있는 '도서정가제'는 완전도서정가제 체계로의 정비를 검토할 필요가 있으며, 낙후된 출판유통 공급망과 관련해 업계의 전사적 인식 전환이 시급하다. 아울러 〈도서관법〉에 들어있는 ISBN제도 운영 관련 협의를 통해 출판물 발행에 대한 메타데이터 구축과 활용에 대해 적극적으로 임해야 한다. 또한 〈출판문화산업진흥법〉 개정을 통해 제도적으로 미흡한 규제들에 대해 시급한 개선이 필요하다.

둘째, 조성기능의 활성화로 출판수요 확대 및 독서문화진흥이다. 지역서점과 지역출판의 활성화를 통해 다양한 장르의 출판을 지원하고, 특정 세대의 독서 흥미를 유발할 수 있는 정책이 이루어질 수 있도록 해야 하며, K-book 해외 시장 개척과 지속적인 국제교류 강화가 필요하다. 한강 작가의 노벨문학상 수상은 매우 상징적이고 활용가치가 높다. 특정 국가별 맞춤형 수출 전략을 수립하고, 해외 도서전 등 지원에 있어 통합지원 시스템을 구축하고 번역 및 해외 마케팅 지원도 체계적으로 지원해야 한다. 특히 해외 출판사와 국내 에이전시, 출판사 등 장기적인 협업관계를 구축해야 한다.

셋째, 조정기능의 일상화로 책 생태계 단체장들의 정기적인 협의체가 구성되어야 한다. 여기에 정책 수립과 실행 과정에서 정부와 출판단체가 공동 참여하는 구조(정책협의체 구성 등)가 필요하다.

출판계, 서점계, 도서관계, 창작자, 독서계 등이 정책 이슈 및 산업 발전 방향에 대해 의견을 취합하고 이를 기반으로 제도개선 및 정책에 반영될 수 있도록 다수의 의견을 집약해서 제안해야 한다. 또한 공식적인 단체는 아니더라도 책 생태계 구성원으로 활동하고 있는 단체 또는 모임의 의견 수렴을 위한 다양한 채널이 마련되어야 한다. 여기에 출판진흥원 사무처장을 포함해 각 단체의 사무국장 등 협의체를 구성해 정기적으로 간담회를 개최해야 한다.

넷째, 참여기능의 다양화로는 출판산업 혁신과 디지털 전환 촉진이다. 출판프로세스 전 과정에서 AI기술 도입을 위한 가이드를 마련하고 관련 기술 활용을 지원하며 출판산업 경쟁력을 강화해야 한다. 특히 출판 지식재산권의 영화, 웹툰, 드라마 등 타 콘텐츠 분야로 확장을 지원해야 한다. 아울러 온라인 유통 채널의 성장에 맞게 유통 시스템 개선을 추진하고, 독립출판 등 다양한 출판 활동이 만들어질 수 있도록 환경을 조성해야 한다.

이러한 기능이 정상적으로 작동되기 위해서는 한국 출판정책이 기본에 충실해야 한다. 양질의 출판콘텐츠를 생산하는 것이고 독자발견과 도서발견에 집중해야 한다. 그리고 생산자 중심의 정책이 아니라 이용자 중심의 정책으로 탈바꿈해야 한다.

출판정책의 핵심은 국민들이 책 읽기를 즐기는 문화를 만들어 내는 것이 무엇보다 중요하다. 어쩌면 이러한 문제는 출판산업계 스스로 정체성을 만들어 내지 못하고 있을지도 모른다. 책 생태계는 저자, 출판사, 서점, 도서관, 독자 등 상호 유기적으로 소통하고 연대하면서 성장한다.

출판산업은 이용자 중심의 책 생태계가 아니라 여전히 생산자 중심으로 머물러 있어 보인다. 한국의 출판정책에서 무엇보다 시급한 것은 출판정책에 대한 재구조화를 위한 검토이다. 정부 역시 책 생태계 건전성과 책 읽는 문화와 K-book 세계화를 위한 정책 로드맵을 재설계해야 한다.

출판산업 예산 편성과 5개년 계획을 비교해 보면 예산과 출판정책은 연계되지 않고 별개로 움직이고 있는 것 같다. 물론 책 생태계 구성원 모두가 만족할 수 있도록 지원할 수는 없을 것이다. 출판사는 15만 개가 넘어가고 있고, 서점은 2,300개 정도이고, 공공도서관은 1,300여 개라고 한다. 1년 발행되는 종수는 6만 5천여 종이다. 독서인구는 줄어들고 있고, 고령화, 학령인구 감소는 지속되고 있다. 이러한 현실 속에서 책 생태계의 구성원들과 정부의 역할을 다시 점검하고 각자가 할 수 있는 일을 찾아야 한다. 책 생태계 구성원은 출판계를 위해 한목소리를 내야 할 곳에서는 힘을 합치고, 논의를 해야할 곳에서는 치열하게 논쟁을 해 나가야 할 것이다. 정부는 출판문화산업 활성화를 위해 역할을 다시 점검하고 그에 맞는 정책 수립으로 책임을 다해야 할 시점이다.

대표 저자 박찬수

부록

출판 관련 단체

	단체명	허가일	주소
1	(사)한국도서관협회	1945	https://www.kla.kr
2	(사)대한인쇄문화협회	1948	https://www.kpipa.or.kr
3	한국서점조합연합회	1949	http://www.kfoba.or.kr
4	(사)대한출판문화협회	1952	https://www.kpa21.or.kr
5	한국제지연합회	1952	http://www.paper.or.kr
6	(사)한국문인협회	1961	https://www.ikwa.org/
7	(사)한국잡지협회	1962	http://www.kmpa.or.kr
8	(사)한국출판협동조합	1962	https://www.koreabook.or.kr
9	(사)한국출판학회	1969	http://www.kpss.or.kr
10	(사)한국대학출판협회	1971	http://akup.co.kr
11	한국문화예술위원회	1973	https://www.arko.or.kr
12	한국과학기술출판협회	1988	https://www.kstpa.or.kr
13	(사)KTA한국교과서협회	1982	https://www.ktbook.com
14	한국기독교출판협회	2003	http://kcpa.or.kr
15	(사)어린이도서연구회	1980	https://www.childbook.org
16	(재)한국출판문화진흥재단	1985	http://www.tkpf.or.kr
17	(재)한국출판연구소	1986	https://www.kpri.or.kr
18	한국저작권위원회	1987	https://www.copyright.or.kr
19	한국출판영업인협의회	1987	http://www.kpmac.net
20	(사)출판도시입주기업협의회	2007	https://www.bookcity.or.kr
21	(사)한우리독서문화운동본부	1989	https://www.hanuribook.or.kr
22	(사)한국전자출판협회	1992	http://www.kepa.or.kr
23	한국학술출판협회	1992	http://www.kspas.or.kr/
24	(사)한국학술출판협회	1992	http://www.kspas.or.kr
25	(재)한국작은도서관협회	2008	https://www.reading.or.kr
26	한국문학번역원	1996	https://www.ltikorea.or.kr
27	한국문예학술저작권협회	1988	https://www.kolaa.kr
28	(사)한국출판인회의	1998	https://www.kopus.org
29	책읽는사회문화재단	2003	http://www.bookreader.or.kr
30	(사)인문콘텐츠학회	2002	https://humancontents.or.kr
31	국립중앙도서관	1945	https://www.nl.go.kr
32	(사)출판유통진흥원	2003	www.booktrade.or.kr
33	(재)도서문화재단 씨앗	2007	http://see-art.org
34	(재)한국도서관문화진흥원	2006	http://www.klib.or.kr
35	국제아동청소년도서협의회 한국지부(KBBY)	1995	https://kbby.org
36	(특법)한국출판문화산업진흥원	2012	https://www.kpipa.or.kr
37	(재)출판도시문화재단	2003	http://www.pajubookcity.org
38	그림책협회	2023	http://picturebook.or.kr/

1. 출판권설정계약서
2. 전자출판 배타적발행권 설정계약서
3. 전자출판 배타적발행권 및 출판권 설정계약서
4. 저작재산권 양도계약서
5. 저작물 이용계약서(국내용)
6. 저작물 이용계약서(해외용)
7. 오디오북 배타적발행권 설정계약서
8. 오디오북 제작 계약서
9. 오디오북 저작인접권 이용허락 계약서
10. 오디오북 유통 계약서
11. 웹소설 분야 표준계약서
    – 출판권설정계약서
    – 전자출판 배타적발행권 설정계약서
    – 웹소설 연재 계약서

1. 출판권 및 배타적발행권 설정계약서
2. 저작재산권 양도계약서

■ 출판문화산업진흥법 시행규칙 [별지 제1호서식] 〈개정 2019. 6. 25.〉

출판사   [ ] 신고서
[ ] 변경 신고서

접수번호		접수일	발급일	처리기간	3일

사업체	명칭		전화번호	
	소제지			

대표자	성명		생년월일	
	주소			

신고사항	신고번호		신고일	
				년 월 일

변경사항	변경전
	변경후

「출판문화산업진흥법」 제9조제1항 및 같은 법 시행규칙 제2조·제3조에 따라 위와 같이 신고합니다.

년   월   일

신고인   (서명 또는 인)

특별자치시장·특별자치도지사·시장·군수·구청장   귀하

첨부서류	변경신고를 할 경우: 출판사 신고확인증	수수료 특별자치시·특별자치도·시·군·구 조례에 따라 ( ) 원

유의사항

1. 신고한 사항을 변경할 때에는 신고 사항이 변경된 날부터 20일 이내에 변경신고서를 제출해야 합니다.
2. 신고를 하지 않고 출판사의 영업행위를 한 사람은 100만 원 이하의 과태료를 부과 받게 됩니다.

처리절차

신 고 → 검 수 → 검 토 → 신고확인증 발급 또는 반납

신고인   처리기관: 특별자치시·특별자치도·시·군·구
(신고 담당부서)

■ 출판문화산업진흥법 시행규칙 [별지 제2호서식] 〈개정 2019. 6. 25.〉

부록	출판사 신고확인증		259

접수번호		
명칭 및 소재지	명칭	
	소재지	
대표자	성명	
	주소	
신고 연 월 일		

「출판문화산업진흥법」 제9조제4항 및 같은 법 시행규칙 제4조제1항에 따라 위와 같이 출판사 신고를 마쳤음을 증명합니다.

년   월   일

특별자치시장·특별자치도지사
시장·군수·구청장

직인

■ 출판문화산업진흥법 시행규칙 [별지 제3호서식] 〈개정 2019. 6. 25.〉

행 정 기 관 명

수신

(경유)

제목 출판사의 신고 및 폐업 상황 보고서 (분기)

「출판문화산업진흥법」 제9조제5항, 제11조제2항 및 같은 법 시행규칙 제5조제1항에 따라 출판사 관련 사항을 다음과 같이 보고합니다.

일련번호	구분	신고번호 신고일	신고 출판사 명칭	소재지	우편번호 전화번호	전화번호	대표자	변경신고(변경 전) 사항(변경 후)

* 작성 시 유의사항

1. 구분란에는 신규신고, 변경신고, 폐업, 직권말소 등으로 구분하여 적습니다.

2. 폐업 또는 전입된 경우에는 변경신고일란에 그 날짜를 적습니다.

행 정 기 관 장   직인

기안자 직위(직급) 서명	검토자 직위(직급) 서명	결재권자 직위(직급) 서명
협조자		
시행 처리과명-연도별 일련번호(시행일)	접수 처리과명-연도별 일련번호(접수일)	
시행		
우 도로명주소	/ 홈페이지 주소	
전화번호( ) 팩스번호( )	/ 공무원의 전자우편주소	/ 공개구분

■ 출판문화산업진흥법 시행규칙 [별지 제3호의2서식] 〈신설 2019. 6. 25.〉

출판사 폐업신고서

※ 색상이 어두운 칸은 신청인이 작성하지 않습니다.

접수번호		접수일	발급일	처리기간	즉시

신고인	성명		

상호(법인명)		신고번호	

사업장 소재지	(전화번호)

폐업 사유	

폐업 연월일	

「출판문화산업진흥법」 제11조제1항 및 같은 법 시행규칙 제6조제1항에 따라 위와 같이 폐업을 신고합니다.

년   월   일

신고인   (서명 또는 인)

특별자치시장·특별자치도지사·시장·군수·구청장   귀하

신고인 제출서류	출판사 신고확인증 1부	수수료 특별자치시·특별자치도·시·군·구 조례에 따라 ( ) 원

처리절차

신고서 작성	→	접 수	→	검 토	→	결 재
신고인		처리기관: 특별자치시·특별자치도·시·군·구 (신고 담당부서)				

참고 문헌

단행본

1. 이동성, 〈한국 출판정책〉, 중앙출판문화원 편, 《현대출판론》, 세계사, 1997.

2. 문화체육부, 〈21세기 한국 출판산업의 전망과 진흥방향〉, 1996.

3. 신태섭, 〈출판정책의 이해〉, 《현대출판의 이해》, 나남, 1997.

4. 백운관·부길만, 《한국출판문화변천사》, 타래, 1997.

5. 이두영, 〈세계의 출판산업〉, 《세계의 출판》, 한국언론연구원, 1991.

6. 〈대선 주자들의 출판문화정책〉, 범우사, 1997.

7. 이강수, 〈출판정책론〉, 《출판학원론》, 범우사, 1997.

8. 부길만, 《한국 출판의 흐름과 과제》, 한국학술정보, 2007.

9. (사)한국출판학회 엮음, 〈한국출판산업사〉, 한울엠플러스, 2012.

10. 부길만, 《한국 출판의 흐름과 과제2》, 시간의물레, 2014.

11. 윌버 슈람, 김규환 옮김, 《매스커뮤니케이션》, 서울대출판부, 1997.

12. 방정배, 《한국언론개혁론》, 나남, 1991.

13. 대한출판문화협회, 《한국출판문화 1,300년》, 1987.

14. 안춘근, 《한국출판문화사대요》, 청림출판, 1987.

15. 부길만, 《한국출판역사》, 커뮤니케이션북스, 2013.

16. 이임자, 《한국 출판과 베스트셀러》, 경인문화사, 1992.

17. 이두영 외, 《우리 출판 100》, 현암사, 2001.

18. 안춘근, 《現代韓國出版史略》3, 〈圖書〉 제8호, 을유문화사, 1965.

19. 최민지 외, 《言論關係法規》2부, 〈일제하 민족언론사론〉, 일월서각, 1987.

20. 이종국, 《대한교과서사》, 대한교과서주식회사, 1998.

21. 김왕성·임동욱 외, 《한국언론의 정치경제학》, 아침, 1990.

22. 중앙출판문화원 엮음, 《현대출판론》, 세계사, 1997.

23. 서진교 외, 《WTO, 체제의 개혁 방향과 한국의 대응》, 대외경제정책연구원, 2008.

24. 쟈네트 월프, 이성훈·이현석 옮김, 《예술의 사회적 생산》, 한마당, 1988.

25. 조선출판문화협회, 《출판대감》, 보성사, 1985.

26. 이근미,《우리 시대의 스테디셀러》이다, 2018.

27. 한만수,《잠시 검열이 있겠습니다》, 개마고원, 2012.

28. 한국간행물윤리위원회 편,《간행물윤리 30년》, 2000.

29. 국립국어원,《외국인을 위한 한국어 문법 1》, 커뮤니케이션북스, 2005.

30. Álvaro Garzón,《National Book Policy: A Guide for Users in the Field》, UNESCO Publishing, 1997.

논문

1. 김진홍,〈도서출판과 국가발전〉, 대한출판문화협회,〈출판문화〉, 1983년 8월호.

2. 이용결,〈우리나라 출판문화행정의 역사적 고찰〉, 서울대 행정대학원 석사학위논문, 1987.

3. 김재윤,〈출판문화정책과 출협의 역할에 관한 연구〉, 중앙대 신방대학원 석사학위, 1994.

4. 이종국,〈정부의 정책과 출판의 관계에 관한 연구 – 한국의 교과서 출판정책을 중심으로〉,「한국출판학연구」, 한국출판학회, 1997.

5. 부길만,〈한국 출판정책의 현황과 개선방안〉,「출판잡지연구」(제13호), 출판문화학회, 2005.

6. 김성재,〈출판행정의 문제점과 출판진흥정책방안〉. 출판연구. 1991.

7. 노병성,〈출판산업의 위상변화에 따른 정부정책의 근거 및 방향에 관한 연구〉, 「출판학연구」, 1999.

8. 이두영,「출판정책의 이념과 출판산업 비전: 참여정부의 출판진흥계획을 중심으로」「한국출판학연구」통권 제46호, 한국출판학회, 2004.

9. 이용준,〈한국 출판정책에 대한 분석적 고찰―제1기(2003-2007) 출판 인쇄문화산업 진흥발전계획을 중심으로〉,「한국출판학연구」통권 50호, 한국출판학회, 2006.

10. 부길만,〈출판문화산업 진흥을 위한 도서정가제의 법제화와 과제〉, 「한국출판학연구」, 통권 64호, 한국출판학회, 2006.

11. 한주리·김동혁,〈지역서점 활성화와 지역출판의 연계 가능성에 관한 연구〉, 「한국출판학연구」, 통권 제76호, 한국출판학회, 2016.

12. 윤세민, 〈한국 출판산업 진흥을 위한 출판정책 연구〉,「98출판학연구」,
한국출판학회, 1998.

13. 윤세민, 〈출판산업과 문화콘텐츠산업의 동반 발전을 위한 연구〉,
「한국출판학연구」, 통권 제63호, 한국출판학회, 2012.

14. 김정숙, 〈한국 독서정책의 현황과 방향〉,「한국출판학연구」, 통권 제69호,
한국출판학회, 2015.

15. 최낙진, 〈지역 출판산업의 현황과 활성화 방안 연구〉,「한국출판학연구」,
통권 제71호, 한국출판학회, 2015.

16. 장용호·공병훈, 〈디지털 출판 생태계와 출판사의 적응 전략 연구〉,
「한국출판학연구」, 통권 제65호, 한국출판학회, 2013.

17. 김기태, 〈출판산업 진흥을 위한 법제 개선방안 연구: 출판의 재개념화를
중심으로〉,「한국출판학연구」, 통권 제80호, 한국출판학회, 2017.

18. 한주리, 〈출판정책 평가와 발전 방향 연구: 출판문화산업진흥 5개년 계획
(2012~2016)과 한국출판문화산업진흥원(2012.7. 출범~2014.12.)의
사업에 대한 출판사 종사자의 인식 연구〉,「한국출판학연구」, 통권 제72호,
한국출판학회, 2017.

19. 한주리, 〈한국의 도서출판 저작권 수출 활성화 방안 연구〉,「한국출판학연구」,
통권 제92호, 한국출판학회, 2020.

20. 신종락, 〈지역 소형서점 유통의 문제점과 개선 방안 연구〉,「한국출판학연구」,
통권 제96호, 한국출판학회, 2020.

21. 김정명, 〈읽기문화 증진을 위한 독서활성화 연구: 일본의 사례를 중심으로〉,
「한국출판학연구」, 통권 제71호, 한국출판학회, 2015.

22. 이문학, 〈우리나라 출판통계 시스템 구축 방향 연구〉,「한국출판학연구」,
통권 제63호, 한국출판학회, 2012.

23. 이건웅·우현옥, 〈1인 출판사 정책 지원을 위한 실태조사 연구〉,
「한국출판학연구」, 통권 제70호, 한국출판학회, 2015.

24. 김정명, 〈지역출판 관련 조례 연구〉,「한국출판학연구」, 통권 제98호,
한국출판학회, 2021.

25. 서보윤·김정명, 〈AHP를 이용한 지역출판산업 육성정책의 우선순위 분석〉,
「한국출판학연구」, 통권 제88호, 한국출판학회, 2019.

                                          출판에 대하여

26. 박찬수·최성구, 〈출판유통 어음거래 실태 및 개선 방안 연구〉,
「한국출판학연구」, 통권 제89호, 한국출판학회, 2019.

27. 김정명·박찬수, 〈K-Book 콘텐츠의 해외시장 확대를 위한 지원방안 연구:
국내 출판관계자들의 IPA 분석을 중심으로〉,「한국출판학연구」, 통권 제97호,
한국출판학회, 2020.

28. 서보윤, 〈지역분권 관점에서 지역출판 정책 추진방안에 관한 연구:
프랑스 사례를 중심으로〉,「한국출판학연구」, 통권 제91호, 한국출판학회, 2019.

29. 전성원, 〈제5공화국의 출판통제정책과 출판문화운동〉, 성공회대학교
문화대학원 석사학위논문, 2014.

30. 박찬수, 〈출판콘텐츠 해외진출을 위한 지원정책 연구〉, 한국외국어대학교
대학원 박사학위논문, 2017.

31. 이동기, 〈시스템다이내믹스를 활용한 독서문화진흥정책의 인과지도 분석에
관한 연구〉,「한국출판학연구」, 통권 제107호, 한국출판학회, 2022.

32. 김재윤, 〈한국 출판연구단체의 현황과 과제〉,「99출판학연구」,
한국출판학회, 1999.

33. 이종국, 〈정부의 정책과 출판의 관계에 관한 연구-한국의 교과서 출판정책을
중심으로〉,「97출판학연구」, 한국출판학회, 1997.

34. 남석순, 〈출판정책과정의 이론모형 개발 연구〉,「한국출판학연구」, 통권 제52호,
한국출판학회, 2007.

35. 노병성, 〈출판산업의 위상변화에 따른 정부정책의 근거 및 방향에 관한 연구〉,
「99출판학연구」, 한국출판학회, 1999.

36. 장우권·박주현, 〈학교도서관진흥법의 문제점과 개선방안〉,
「한국도서관·정보학회지」, 제44권 제3호, 한국도서관·정보학회, 2013.

37. 변영희, 〈한국의 출판정책〉,「출판학연구」, 한국출판학회, 제33호, 1991.

38. 민병덕, 〈한국에서의 커뮤니케이션 정책과 출판개발〉,「출판학연구」,
한국출판학회, 1989.

39. 권창규, 〈'문화'에서 '콘텐츠'로〉,「대중서사 연구」 제20권 3호, 대중서사학회, 2014.

40. 植村八潮, 〈출판의 국제화를 배경으로 한 산업 육성책의 상황과 검토〉,
「한국출판학연구」 제41권, 2015.

41. 윤형두, 〈출판기획 소고〉,「출판학연구」, 1988.

42. 조진환, 〈TEX과 타이포그래피에 관한 소고〉, 한국수학교육학회지, 2005.

43. 권재욱, 〈한국어 국외 보급정책의 통합방안 연구〉, 동국대학교 대학원,
    석사학위논문, 2010.

44. 윤석민, 〈한국어의 세계화를 통한 인문학 진흥 방안〉, 「겨레어문학」 제51집,
    겨레어문학회, 2013.

45. 서진교 외, 《WTO, 체제의 개혁 방향과 한국의 대응》, 대외경제정책연구원, 2008.

46. 권창규, 〈'문화'에서 '콘텐츠'로 – 한국 문화의 산업화와 한류화를 중심으로〉,
    《대중서사연구》, 제20권 3호, 대중서사학회, 2014.

47. 주성혜, 〈한류, 우리 문화는 세계를 어떻게 만나야 할까?〉, 「철학과 현실」, 2016.

48. 김주환·이순영, 〈학교 독서정책의 핵심 쟁점과 과제〉, 「독서연구」 제31호,
    한국독서학회, 2014.

49. 金貞明, 〈韓國における 出版研究の傾向に關する研究 –
    學位論文と韓國出版學會の學術論文を中心として〉, 日本 出版研究, 54, 2023.

보고서

1. 유창준 외, 출판·인쇄문화산업 발전방향에 관한 제안서, 2000.

2. 교육부, 〈제4차 학교도서관 진흥 기본계획(2024~2028)〉, 2024.

3. 교육부, 〈제3차 학교도서관 진흥 기본계획(2019~2023)〉, 2019.

4. 문화체육관광부, 〈제1차 독서문화진흥 기본계획(2009~2013)〉, 2008.

5. 대통령 소속 도서관정보정책위원회, 〈도서관발전종합계획(2009~2013)〉, 2008.

6. 대통령 소속 도서관정보정책위원회, 〈제2차 도서관발전종합계획
    (2014~2018)〉, 2014.

7. 대통령 소속 도서관정보정책위원회, 〈제3차 도서관발전종합계획
    (2019~2023)〉, 2019.

8. 대통령 소속 도서관정보정책위원회, 〈제4차 도서관발전종합계
    (2024~2028)〉, 2023.

9. 문화체육관광부, 〈제4차 독서문화진흥 기본계획(2024~2028)〉, 2024.

10. 문화체육관광부, 〈제3차 독서문화진흥 기본계획(2019~2023)〉, 2019.

11. 문화체육관광부, 〈제2차 독서문화진흥 기본계획(2014~2018)〉, 2013.

12. 한국출판학회, 〈지역출판문화산업 육성 및 진흥 방안 연구〉,

    한국출판문화산업진흥원, 2018.

13. 한국문화관광연구원, 〈출판진흥기구 설립에 관한 공청회〉, 문화체육관광부, 2009.

14. 출판진흥기구 출판계 추진위원회, 〈출판진흥기구 설립을 촉구하는 범출판계 제안〉,

    2009.(대한출판문화협회, 한국출판인회의, 출판유통진흥원, 학습자료협회,

    한국과학기술출판협회, 한국기독교출판협회, 한국서점조합연합회,

    한국전자출판협회, 한국출판경영자협회, 한국출판문화진흥재단, 한국출판연구소,

    한국출판협동조합, 한국학술출판협회)

15. 문화체육관광부, 〈제1차 출판·인쇄문화산업 진흥발전계획(2003~2007)〉, 2003.

16. 문화체육관광부, 〈제2차 출판·인쇄문화산업 진흥발전계획(2007~2011)〉, 2007.

17. 문화체육관광부, 〈제3차 출판문화산업 진흥계획(2012~2016)〉, 2012.

18. 문화체육관광부, 〈제4차 출판문화산업 진흥계획(2017~2021)〉, 2017.

19. 문화체육관광부, 〈제5차 출판문화산업 진흥계획(2022~2026)〉, 2022.

20. 블랙리스트 재발방지 제도개선 이행협치추진단, 〈블랙리스트 재발방지

    제도개선 이행협치추진단 백서〉, 문화체육관광부, 2022.

21. 김정명·김동혁·윤용근·한주리, 〈출판사 및 인쇄사 신고 업무 개선 연구〉,

    한국출판문화산업진흥원, 2023.

22. 출판유통진흥원, 〈국제표준자료번호와 납본업무 연계 및 효과성 조사 연구〉,

    국립중앙도서관, 2021.

23. 출판유통진흥원, 〈국내 출판물 식별체계 제도 개선 및 국가센터 운영 방안 연구〉,

    국립중앙도서관, 2020.

24. 한국서점조합연합회, 〈지역서점 현황조사 및 진흥정책 연구〉,

    한국출판문화산업진흥원, 2019.

25. 출판유통진흥원, 〈지역서점의 공공도서관 납품 서비스 개선방안 연구〉,

    한국출판문화산업진흥원, 2023.

26. 글로벌알앤씨, 〈2024 지역서점 실태조사〉, 한국출판문화산업진흥원, 2025.

27. 최낙진·김정명·서보윤, 〈지역출판 균형발전 진흥 방안 연구〉,

    한국출판문화산업진흥원, 2018.

28. 박찬수·최성구, 〈출판물(종이책) 제작데이터 운영 실태 연구-

    오프셋 인쇄를 중심으로〉, 한국출판인회의, 2021.

29. 한국출판문화산업진흥, 〈2024 웹소설 산업 현황 실태조사〉, 2025.

30. 이은호·김동혁·이수원 외, 〈전자책 시장 현황 분석 및 활성화 방안 연구〉,
    한국출판문화산업진흥원, 2023.

31. 서일대 산학렵력단, 〈디지털 시대의 출판 저작권 보호를 위한
    법제 개선방안 연구〉, 한국출판문화산업진흥원, 2019.

32. 세명대 산학협력단, 〈출판 분야 표준계약서 개선안 연구〉,
    한국출판문화산업진흥원, 2020.

33. 글로벌알앤씨, 〈전자출판산업분석 및 활성화를 위한 조사연구〉,
    한국출판문화산업진흥원, 2021.

기타

1. 오지철, 〈출판계 위기 극복을 위한 출판진흥정책〉 대한출판문화협회 편,
    〈출판문화〉 1998년 5월호

2. 이동성, 〈문화정책으로서의 출판의 위상〉, 대한출판문화협회 편,
    〈출판문화〉 1998년 5월호

3. 이두영, 〈출판단체의 역할과 기능〉, 중앙대 신문방송대학원,
    〈출판사 창업과정〉, 1993.

4. 한국민족문화대백과사전, https://encykorea.aks.ac.kr

5. 한국저작권위원회 홈페이지, https://www.copyright.or.kr/business/
    uci/index.do

6. 한국출판문화산업진흥원 홈페이지, https://www.kpipa.or.kr/p/
    content/m7_1_2

7. 서점온 누리집, booktown.or.kr

8. 국가법령정보센터, www.law.go.kr

9. 출판유통통합전산망 누리집, https://bnk.kpipa.or.kr/

10. (사)한국전자출판협회 홈페이지, www.kepa.or.kr

집필진 소개

김동혁

현재 서일대학교 미디어출판학과에서 학생들을 가르치며, 출판 생태계를 아우르는 다양한 연구와 프로젝트를 수행하고 있다. 최근에는 데이터 기반 분석을 통해 변화하는 출판 환경에 대응할 수 있는 대안과 정책을 제시하는 데 주력하고 있다. 저서로는 『도서관의 진화』(2023)가 있으며, 주요 논문으로는 「복합문화공간으로서의 서점에 대한 소비자의 중요도와 만족도 분석」(2016), 「독서치료를 통해 본 시니어 독서 활성화 방안 연구」(2019), 「소셜미디어 경쟁을 통해 본 도서 메타데이터 인지에 관한 연구」(2020), 「디지털 환경에서 전자책 서비스 품질 분석에 관한 연구」(2024), 「연재형 웹콘텐츠 표준식별체계(UCI) 활성화 방안 연구」(2025) 등이 있다. 2018년에는 「도서 발견과 소셜미디어 이용에 관한 연구」로 한국출판연구소 한국출판학술상과 한국출판학회 우수 논문상을 받았다.

김정명

한국영상대학교 웹툰웹소설융복합계열 조교수. 마케팅 박사. 일본 주오(中央)대학교 대학원에서 마케팅을 전공했으며, 저서로는 『지역출판과 독서문화』(2020), 『지역과 문화를 살리는 지역서점의 미래』(2024, 공저), 『K 출판의 글로벌 수출 전략』(공저, 2025)가 있다. 주요 논문으로는 「지역커뮤니티와 책문화생태계 연구」(2018), 「'책'을 중심으로 한 지역재생 연구」(2019), 「책생태계 지속가능성을 위한 북메타데이터 구축에 관한 연구」(2023), 「K-퍼블리싱의 글로벌 출판시장 분석과 정책적 시사점」(2025) 등이 있으며, 최근에는 「도서정가제 적용에 대한 독자 의견 분석」(2024), 「출판콘텐츠 기술개발 지원 사업 성과조사」(2024), 「해외출판시장 규모 및 진출전략 연구」(2024) 등의 연구에 참여했다. 향후, 책생태계 및 웹툰산업에 대해서도 관심을 갖고 꾸준히 연구를 하고 있다.

박찬수

협성대학교 미디어영상광고학과 객원교수, 책문화콘텐츠연구소 대표, 한국출판문화산업진흥원 사무처장 역임, 문화콘텐츠학 박사

서일대학교, 세명대학교, 한국외국어대학교, 한국출판인회의 등에서 강의했으며, 한국출판학회, 글로벌문화콘텐츠학회, 인문콘텐츠학회 등에서 활동하고 있다. 주요 저서로는 『반만한 출판제작』(2014), 『출판편집 강의』(2014, 공저), 『출판경영(원가계산·손익분기·원가절감)』(2017), 『한국 출판산업의 이해)』(2021, 공저) 등이 있다. 주요 논문으로는 「한·일 출판유통 시스템이 지역서점 활성화에 미치는 영향」(2018), 「지역서점 활성화를 위한 지원정책 개선 방안 연구」(2022), 「K-퍼블리싱의 글로벌 출판시장 분석과 정책적 시사점」(2024) 등이 있다. 책 생태계 전반에 관심을 갖고 있다. 연구보고서로는 〈국립생태원 출판콘텐츠 중장기 계획 수립〉, 〈국립중앙박물관 출판사업 정책 컨설팅〉, 〈웹소설 표준식별체계 도입 및 활용방안 연구〉, 〈국내 출판물 식별체계 제도 개선 및 국가센터 운영방안 연구〉 등이 있다.

배진석

출판과 독서문화진흥을 위해 설립된 한국출판문화산업진흥원에서 1995년부터 근무 중. 서울특별시 지역서점위원회 위원, 한국편집학회 이사 등을 역임. 성균관대학교 정치학 석사.

한국간행물윤리위원회의 30년 역사를 정리한 『刊行物倫理 30年』(2000) 발간 및 집필에 참여하고, 출판문화산업 진흥을 위한 5개년 계획 수립, 출판기금 조성 방안, 출판산업 실태조사, 『OECD 회원국 도서정가제 입법 현황』(2013) 등 다수의 정책 자료집과 입법을 위한 조사연구 보고서를 기획, 운영하였음. 현재는 디지털출판 교육과 오디오북센터 운영 등 출판산업의 디지털 전환과 혁신에 관심을 두고 있다.

최성구

(재)한국출판연구소 연구원. (사)대한출판문화협회, (사)출판유통진흥원에서 근무했으며, 국립중앙도서관 한국문헌정보 운영위원, 한국저작권위원회 국가콘텐츠식별체계 운영위원, 한국출판문화산업진흥원 출판유통통합시스템구축 PM으로 활동하였다. 주요 책임연구로는「출판물 수·발주 현황 및 온라인 수·발주 활성화 방안 연구」(2022),「지역서점의 공공도서관 납품서비스 개선방안 연구」(2022),「국제표준자료번호와 납본업무 연계 및 효과성 연구」(2021),「지역서점 실태조사 추진을 위한 기초 연구」(2021),「단행본의 반품 및 재생 실태 조사 연구」(2020),「출판물의 지역서점 공급 효율성 제고 방안 연구」(2019) 등이 있다. 주로 출판사, 유통사, 서점, 도서관, 독자 생태계 기반 개선을 위한 새로운 IT 비즈니스 모델 연구와 프로젝트 개발에 함께하고 있다.

출판에 대하여

초판 1쇄 발행 2026년 2월 27일
지은이 김동혁 김정명 박찬수 배진석 최성구
펴낸이 서재필

펴낸곳 마인드빌딩
출판등록 2018년 1월 11일 제 2024-000136호
이메일 mindbuilders@naver.com

ISBN 979-11-24086-14-8 (93300)

- 책값은 뒤 표지에 있습니다.
- 잘못된 책은 구입하신 곳에서 바꿔드립니다.
- AI훈련을 목적으로 책을 사용하거나 복제할 수 업습니다.

마인드빌딩에서는 여러분의 투고 원고를 기다리고 있습니다.
출판하고 싶은 원고가 있는 분은 mindbuilders@naver.com으로
기획 의도와 간단한 개요를 연락처와 함께 보내주시길 바랍니다.